城市治理与城市发展经典译丛

丛书主编 何艳玲

Paul E. Peterson

[美] 保罗·E. 彼得森 著

罗思东 译

City Limits

城市极限

格致出版社 上海人民出版社

总　序

迈向中国城市善治

毋庸置疑，城市治理是国家治理的核心。

当下，中国正处于越来越快速的城市化进程中，城市逐渐成为转型中国资源和问题集中之地。土地资源、环境资源、城市公用设施，这些对城市而言非常重要的资源已经变得越来越稀缺，并开始形成各种社会冲突和风险。可以毫不犹豫地说，未来政府所面临的问题大部分将是城市问题。城市如何实现善治，亦即“更少的损耗，更美的服务”，对每个国家的发展都至关重要，对中国也是如此。

从学科研究来看，在美国、英国等国家，城市研究历史由来已久，成果丰硕，城市研究是一门融合了政治学、社会学、人口学、经济学、规划学和地理学的显学。随着中国城市化进程的加快，城市的相关研究也在逐渐升温，但总体来说，城市研究，尤其是从政治与治理角度对城市问题的探讨，仍然是一个有待给予更多关注的领域。尤其是，中国的城市专门研究似乎主要由地理学者或城市规划学者来完成，而政治学与行政学者却较少涉及，这不仅制约了中国政治学与行政学的发展，也制约了中国城市研究的纵深拓展，更制约了我们对各类城市改革计划的理解与设计。

为了推动学科起步，并更好地回应中国问题，我们必须大规模引进和借鉴国外城市研究经典与前沿理论，以更好地了解研究动态，熟悉和掌握其研究方法；进而开展高质量的研究，以中国大国转型经验为基础，与国际学术界占据主流但主要是基于西方经验的理论展开平等的学术对话。有鉴于此，得益于上海世纪出版股份有限公司格致出版社的大力支持，中山大学中国公共管理研究中心组织编辑了“城市治理与城市发展经典译丛”。译丛精选了数本城市治理与城市发展领域的上乘佳作，内容涵盖城市政治、城市经济、城市社会、城市公共政策、城市规划等领域，其共同特点是选题精确、论述精妙、观点精彩、引人深思。

在传统上，城市研究有三个经典问题，即谁使用了城市权力，城市治理的性质，市民如何影响这些权力和治理以及如何被这些权力和治理所影响。可以说，从政治与治理角度来看，城市研究的关键词是权力、治理和市民。本译丛所选择的书都贯穿并回应了与这三个关键词相关的城市重大问题。而这些问题，无疑也是中国城市走向善治的关键环节。事实上，如同国外城市发展所经历的一样，促成城市善治的中国城市研究也必须回答如下问题：城市决策过程是怎样的？这一决策过程的参加者是谁？是哪些因素在影响他们各自在城市权力分配中的地位？哪些是中国城市中的重要决策议题？全球化以及城市政府主动推进的城市化对于城市政治与治理过程有没有影响？这些影响可能是什么？城市权力结构在多大程度上影响着城市公共服务供给与分配，这种分配对城市不同社会群体有什么影响？城市中是否存在城市治理所指向的网络？城市政治与治理过程有没有冲突？这些冲突如何得以解决并达成共同行动？对这些问题的回答，需要更多具有问题意识的研究者来参与，在扎实的理论基础上通过大量扎实的实证研究，建构本土解释，并与国外有关研究展开有质量的对话。我们期待这套丛书的出版，能让城市研究者、城市管理实践者以及有关专业的学生从中受益，并为促进政治与治理框架下的中国城市研究作出贡献。

中山大学夏书章教授是中国行政学创始人之一，同时也是中国市政学创始人之一。延续他所创立的学科根基，呼应当前中国实际，中山大学已将城市治理研究确定为未来学科发展的重中之重。“扎根真实世界，回应中国问题，建构本土理论，参与国际对话”，这是中山大学全体政治学与行政学人秉承的宗旨。我们衷心希望能够继续坚持这一宗旨，继续依托教育部文科重点研究基地中山大学中国公共管理研究中心，继续依靠国内外所有同仁的帮助与支持，竭尽全力在城市政治与城市治理研究领域搭建对话平台，促成学术共同体，构建一个属于全体学人的温暖家园！

目 录

前　言

第二次世界大战之前对地方政府的研究，只有 Harold Gosnell，或许还有 Charles Merriam 的工作，依然经得起哪怕是专家们的检验。战后，在短短一代人的时间里，地方政府的研究便超越了传统上对行政效率和结构改革的关注，转而思考以工业民主为核心的诸多问题。Robert Dahl、Edward Banfield、Morton Grodzins 和 Norton Long 不仅给这个新的研究领域增光添彩，而且在很大程度上，这些人的研究正是经过地方政治生活的检验，才让他们获得了专业上的领先地位。第二代学者，包括 James Wilson、Nelson Polsby、Aaron Wildavsky 和 Theodore Lowi 紧随其后，踏上了前辈们铺就的路径。城市政治学成为美国政治学会及其所属地区性组织中专业分组的支柱，专业系所增添了城市政治和地方政府方面的课程，新入学的研究生能够在这一飞速成长的专业分支当中发现前所未有的机会。

总体来说，城市政治研究中的主导议题处于政治科学的中心。谁拥有权力？城市民主具有何种含义？如何确保公共利益？社会阶级间的政治关系如何？种族政治有什么意义？与之前相比，21 世纪的种族冲突能够更平和地加以管理吗？政治学家们无法回答这些疑问，但他们至少能够进行讨论，借此赋予地方政治研究的生命力。

时过境迁。当今城市政治分析再次退至政治学专业的边缘。这一领域必须努力在专业分组中争得一席之地，课程设置已经饱和，对研究生的吸引力日趋式微。对此，虽然人们可以找到许多别的理由，但没有比该领域自身知识活力的丧失更好的解释了。基于学术礼貌，同行们可以忍住不对地方政府的专家们直言，说这个学术帝国的帝王们身无丝缕，但他们无声的行动就如直陈真相的童言。或许我的比喻不太恰当，因为不再有帝王，也不存在对王位的索取。实际情况就像许多封建诸侯，每一个都隔绝在偏远、落后的省份，耕种着对于外面的大千世界已无多大价值的土地。我们不再有城市政治学的学生；我们有交通、健康、教育、福利、住房以及地方政府所有其他部门的专家；非但如此，还有涉及种族政治所有方面的专家：黑人政治、奇卡诺人（Chicano）政治、波多黎各人政治、土著美国人政治；人们也能发现专长于地方公投、地方法院、地方税收、地方支出、地方官僚机构和市政联盟方面的行家里手；然后还有地域方面的专家：郊区、中心城市、西部城市、南部，尤其是纽约市的研究者。这些专业方面的研究没有害处；相反，一个人应该熟稔某些特定事物，否则，似乎就没有在事物普遍性方面的发言权。但是，人们依然希望，在一定程度上，20 世纪 80 年代的城市学家可以像 20 年前一样，带着活力和信念，讨论和解决政治生活中的核心问题。

至此，我谈论了这个学科的核心方面，该学科是实践研究的庞大实体，它还没有对其哲学基础或意识形态要义作出特别的反思。由于城市政治学的工作得到了社会科学众多专门领域长达一个世纪的实践活动的认可，这个学科的主流对研究的主题、分析技术或研究结论的政策含义也就没有什么特别的讲究。有人可能将该学科的研究者称为“实证主义者”，但城市政治研究对实然—应然相区分的原则却是破坏多，遵守少。也许称这些社会科学家为实用主义者更为恰当，因为他们的规范论断经常依赖于价值和判断，这本身也需要正当的理由。务请牢记，社会科学，特别是政治科学作为一个整体，是在进步时代自觉的实用主义中孕育成长的。如果今天的学者发现了很多他们所不喜欢的、与进步主义者有关的现象，产生出甄别那些早期改革者的错误情绪，那只不过是背弃了他们自己对于实用主义价值与信念的最终依赖。

这类实用主义的学术研究是如此适合于美国政治的理论与实践，以至于它将在这个国家学者共同体的脑力劳动中长期占据绝对的主导地位。至少,我希望如此。然而,一旦实用主义传统丧失了其思想锐气,它对来自更富于意识形态色彩和哲学自觉的左、右两翼的攻击就会变得尤其敏感。因此,20 世纪 70 年代末和 80 年代初期致力于城市政治研究的人都是一些功利主义者,戴着福利经济学家和结构马克思主义者的面具,就并不奇怪了。两派都谈及处于城市政治中心的关键问题,言之凿凿,使人不得不注意,若非如此,研究便会变得漫无目标。

福利经济学家带着新古典经济学所有有效的假设介入政治的研究:体制是由个体组成的;每个个体是理性的、价值最大化的投票者—消费者;政治市场或多或少带有竞争性;除明确限定之外,产出是彻底的政治博弈中策略互动的结果。福利经济学的分析家中有许多人宣称,他们有能力说出哪些是政府所应承担的责任;同时,比较而言,他们的理论出发点是一个连上帝都还没有设计出来的充分竞争的市场。对此,他们有绝对的自信。还有其他一些人更是能够为种族和族群冲突的解决出谋划策,其中最受人欢迎的一项建议,是在广为分散的环境中让不同趣味的人能够接受彼此间的隔绝,保持种族的同质性。这些信奉帕累托最优的个人主义者无惧无畏,令人肃然起敬地为诸多核心问题寻求对策——越是在学科核心圈子无力提出替代方案时,越是如此。

当前,只有坚定的左派提出了富有活力的另一种选择,在美国第一次出现了马克思主义思想合理的、令人信服的版本。这一被称为“结构马克思主义”的新流派,因为解决了早期马克思主义者遇到的两个难题,向不断壮大的西方学术界展现了其独特的吸引力。第一,先前的马克思主义者没有明确说明国家在何种意义上是资产阶级的执行委员会。几十年来,这一观点引发了对决策制定者社会背景的大量研究,许多人在争论决策到底在哪里制定、政策是如何成形的。倘若国家是资产阶级的执行委员会,那么具有相关中产阶级背景的个人则必定是参与者。然而,城市场景中的公开政治一直是典型的无产阶级政治。对此困境,结构主义者不再谈资本主义体制中决策者的社会特性甚至政治倾向,转而考虑资本主义对国家的结构性塑造,推动国家去关注资本积累和体制的合法性问题。最好心的社会主义——实际上,甚至是共产党——的领袖们都被资本主义国家的这些客观情况所困扰。第二，先前的马克思主义者无法解释西方工业民主的持久性和工作人口不断增长的富裕程度。但在对理论进行结构性修正之后，马克思主义者不断增加对资本主义的体制维护特征的关注。虽然社会矛盾一直是明摆着的，但国家机能正常。国家有时候甚至反对资产阶级某些特定部分表达的愿望，识别出资产阶级作为整体的长远利益，并在此基础上行动。矛盾被纸包住，工人们平静下来，社会裂隙潜藏蛰伏，呈现出不同的花样。由于 Talcott Parsons 和 David Easton 的著述，这些马克思主义者无法知道他们的分析到底有多大的价值。

读者们不久将发现，我对帕累托最优取向的个人主义者和结构马克思主义者心存感念。除了在后面的致谢中所提及的，我从前者那里学到的是，城市居民和城市领导者都不是傻子。相反，他们能够如你所愿，思考他们的处境，在所掌握信息的支持范围内，对面临的问题作出合理的处置。从后者那里，我得知，在政治当中，一切都是不可能的。特别是在城市政治里，城市身处社会和经济窠臼之中，难有太多选择。

话虽如此，我最大的目标还是在实用主义传统中对城市政治进行分析。我要做的更进一步的研究既非完全个人主义的，也不以对某种乌托邦的历史必然性的信仰为条件，实用主义传统令人信服地足以支撑这类研究。自治的个人以完全自由的行动来实现自身偏好的最大化效应，这个是虚构，即使在 19 世纪末也不可信。今天，相互依赖更为显著，福利经济学家们自己对于外部性、邻里效应和集体物品的关注足以说明这一点。而即便结构马克思主义者在他们的历史观中加入了体制维护的解释，他们仍然需要一种信念来支撑其对阶级利益至上的信守，这些阶级利益将以可预见的不同方式展示出来。但是，实践中的社会科学家几乎无人认同这种信念。社会生活包含了许多形形色色的个体间的交流，这些交流是结构化的，故此个体的选择是有限的。然而，这些结构的形态并不是太固定，让我们现在就能够得知其未来的样子。这就是城市政治的背景，与其他政治关系一样。城市政治生活的结构尚待充实。

致 谢

我向为这部书稿的写作提供帮助的个人和机构表达谢意。最要感谢的是芝加哥大学社会科学部一贯为学术研究和教学提供的无与伦比的环境。特别让我感念的是社会科学部在我构思的初期给予的小额资助,以及一定程度上对我在 1977 年至 1978 年的学术休假所给予的支持。还有以研究员形式获得的部分支持,来自 John Simon Guggenheim 基金会和 German Marshall 基金。在学术休假期间,我荣幸地对伦敦经济学院政府系进行学术访问。伦敦经济学院慷慨地为我提供研究空间,让我可以使用运行良好的图书馆、富有启发的讨论以及许多其他资源。

没有我在芝加哥大学开设的城市公共政策研讨课的学生们提出的批评意见,这本书稿会更为贫乏。还有更多专业的研究支持来自 Barry Rabe、Mark McCue 以及伦敦经济学院的 Deborah Woods。我要特别感激 Margaret Weir,即纽约市那一章的联合作者以及 Susan Karpluss,除了大量的其他帮助,她还完成了第 3 章和第 4 章的数据分析报告。很多打字员和"文字处理者"为此书付出了劳动,Carol Forster 在我最困难的时候,仍让我保持头脑的清醒。

我还受益于与朋友和同事们的大量交谈。Terry Clark、Jay Chambers、Stephen David、Benjamin Page、J. David Greenstone、David J. Olson、L. J. Sharpe、Peter Self、Paul Kantor、Nelson Polsby、George

Jones、Henry Levin、Frederick Wirt 都在写作过程中提出了有益的建议。

本书的一部分曾在其他地方发表。第 3 章和第 4 章部分早期的内容发表在《英国政治科学杂志》(1979 年 7 月)第 281 页至 314 页上(剑桥大学出版社,1979 年),重印于 Dale Rogers Marshall 编辑的《城市政策制订》(Beverly Hills, Calif: Sage Publications, 1979),第 147 页至 182 页,标题是“美国地方税收与支出政策的统一模型”。第 9 章是《美国地方政治中的再分配政策和公民参与模式》的修订版,见 L. J. Sharpe 编:《西方民主国家的分散主义趋势》(Beverly Hill, Calif: Sage Publications, 1979)。本书的许多部分还见于提交给 Committee on Evaluation of Poverty Research、National Research Council、Assembly of Behavioral and Social Science、National Academy of Science 的报告中,报告发表时的标题为“联邦制与伟大社会:贫困研究的政治视野”,见 Vincent T. Covello 编:《贫困研究与公共政策》(Cambridge, Mass: Shenckman, 1980)。

最后,还要感谢我的妻子 Carol 以及我的孩子们给予我的日复一日的支持。由于这本书稿的大部分是在这样一个城市和国家里准备的,即使时刻要考虑到经济的“极限”,这个城市和国家也知道如何去营造体面和轻松的环境,因此,我很高兴我的妻小所承受的负担要比预计的小。本书给读者造成的任何负担由我(以及在第 10 章,Margaret Weir)负责。

第一篇

城市政治的替代理论

城市极限与城市政治研究

城市往往被当成民族国家来看待。也就是说，我们关于国家政治的认知被应用于国内城市的政治；同时，从城市政治中所了解的一切也可用于国家政治。城市属小型政治系统、微型共和国，抑或是小到清晰可辨而易于研究的国家政治。从量化研究的偏向看，民族国家因其数量少而处于劣势，难以开展研究。而城市则数量众多，通过统计控制的应用或是基于大量案例的数据收集，足以识别变化的系统性形态。[1]而且，政治学家越是喜欢定性的经验性研究，对城市如果寄予什么的话，就越是寄予热情。政治学家个个生活在城市、乡镇，或者至少在村镇中，通过探究周围的政治，只要拥有些许研究资源，就能够得到所需要的丰富的相关信息，进行高质量的解释性分析，将分析结论一般化，并应用于作为整体的国家。[2]

大多数分析家所掌握的那些塑造城市公共政策的要素都内生于城市。集团间的竞争、联盟构成的形态、竞争性政党的有无、地方精英的权力或者难以预料的政治动态，都在影响政策输出；且政党、集团、新闻媒体、官僚和其他政治制度，在地方意义上和国家意义上的功能都相类似。这些政治实体的地方行为在一般化分析之后，一直适用于国家层次；反之亦然。

我的责任是要说明地方政治不同于国家政治。我的见解与上述观点相反：同国家政治相比，地方政治是最有限的。有许多关键性的公共政策地方政府就不能够执行。地方政府不能宣战或媾和，不能签发护照或禁止他人进入所辖地域，不能发行货币，不能控制进口或竖立关税壁垒。城市不能从事的还有其他一些事项，这些只是城市权力局限的最关键部分。

由于城市的所作所为受到限制，所有留给它们的权力是在非常显著的约束之下得以行使的。而且，它们甚至还采用了与全国政治过程不一样的外在形式。城市政治是有限的政治。

因为城市存在极限，所以一个人要从社会经济和政治大背景中的城市地位出发，去解读城市公共政策。城市在国家宏观政治经济学中的地位，从根本上影响了城市所做的政策选择。在作出这些决策时，城市以其作为一个整体的利益为导向。正是这些城市利益，而不是城市内部的权力斗争，对城市政策以及城市政府行动的条件构成了限制。

这一观点不同于体现城市政治和政府间关系研究现状的四类文献：关于社区①权力的争论、对政治机器及其改革运动之间冲突的分析、比较城市政策的表述、联邦主义的研究。这些研究中的每一种都以其各自的方式，将城市视为能够不同程度地进行自主决策的自治单位，具有民族国家的所有特性。在多数情况下，城市中的政治势力被看成解释城市作为的基本要素。结果，学者们投入了不必要的争论，误解了他们的发现，未能正确评价他们所掌握情况的完整意义。话虽如此，这些文献还是有相当大的参考价值的，我在进行相关分析时会毫不犹豫地引用他们的研究发现。在后面章节中所论及的，只是对美国城市内部政治丰富的研究文献的补充。一概忽略内部因素，会如同只从它们自身来对待城市政治和政策制定一样，产生误导作用。仅仅是因为这里提到的研究很清楚地阐述了城市政治的某个方面，才有必要对这些研究进行评述。

---

① 此处所说的社区与我们习惯上理解的含义不尽相同。它是不同地理范围内的共同体概念，可能是指邻里、城市或者乡镇，也可能是一个大都市区，要视文中的具体对象而定。此后文中提到的社区概念均参考此注。——译者注

社区权力的争论

战后城市政治的研究很大程度上得益于围绕地方社区权力分配而产生的争论，这一争论绵延不绝，至今仍引人入胜。争论成为人们关注的中心，是因为它聚焦的问题具有持久的重要性而又不可能得到一个令人满意的结果。争论的意义来自它对这个国家承诺的政府的民主形式具有重要的含义。尽管如此，问题仍然得不到解决，因为要厘清权力的分配，就意味着知道政府政策内在的决定性力量；而要得到完整的政治因果关系的理论，就要有一套关于政治的经验性理论，这会是一个令人瞩目的成就，可能会让社会科学家的聪明才智在未来一段时间内无计可施。

争论的三个派别众人皆知，无须赘述。[3]那些看到地方“权力结构”的人认为，社区被一小撮商界和金融界的头面人物所控制，他们和市长、贸易工会的领袖一起决定着社区的未来；[4]发现多元决策过程的人则把城市政策视为不同集团竞争活动的产物；[5]第三派承认地方政治过程的复杂性，还说社区公开的政治事件不过是政治权力分配的一个展现，而且还不是最重要的一个。理解权力需要对掌控地方议题的那些势力有所了解，之后，几乎看不见的精英之手便会再次被探识。[6]

依我看来，就目前的情况而言，三种论点都没有错。更确切地讲，全部三种理论都抓住了城市政治的一个方面，合在一起（见第 7、8、9 章）就会得到对地方政治场景的一个很令人信服的解释。但是，在认识这种综合性的效应之前，须知三种理论都有一个共同的重大缺陷：每一派都相信社区的政治大致可以理解为是与民族国家政治同一意义上的东西。他们都假定城市几乎没有受到什么限制（有的话，也非常少）。当“权力精英”的理论家甄别出一个掌权者的小集团时，他们认为这个集团作出的决策是决定地方政策的首要因素。实际上，这些领导人多半是对社区之外的影响因素作出反应，这些因素远在“权力精英”所能控制的范围之外。当多元论者看到地方政治中广泛而多样的参与时，他们相信那些争吵中的选项就是地方居民最为关心的议题。他们认为，任何能够让社区居民产生分裂的问题，很快就会引发争论。然而，我们应该知道，对大多数人的福利至关重要的许多问题，在地方层次很少成为公众讨论的事情。即便被提起了，支持者也稀稀拉拉，徒劳无获，其影响不过昙花一现。

难道这还不意味着，最重要的事情被刻意营造地方共识的统治精英排除在地方议程之外吗？最起码，难道没有对地方政治性质的议题存有“偏见”的规则和程序吗？回答只能是：“是的，但是……”是的，从一定意义上说，结构通常限制了适用于政治体制的选择。然而，“但是”显露出来的意义格外重要。那就是，从地方政治中筛选出的议题没有被地方选举的花招、官僚的操控或一边倒的新闻所抹杀，或者，被地方议程所排除的议题也没有必然地被全国政治一概淘汰。没有进入地方政治议程的需求，正是那些超越了有限的地方政治范围的需求。只有当地方政治被等同于全国政治的时候，才会有人仅仅由于找到了未呈现于地方议程中的事项，便宣称挖掘出了美国社会中有关权力的紧要之事。[7]

最显著的事例是国防。美国没有一个城市想到过要采取强有力的防卫措施去抵御可能来自苏联的进攻。以此来看，有人可能会说是某个共产党的精英将有关议题置于地方议程之外，还有人会说国防是中央政府，而非地方政府的职责。在第 4 章里我们会看到，不只是防卫和外交政策的问题，还有许多很好的国内议题更适合于全国层次而非地方层次。但还是有主张“权力的另一面”的学派把地方议程中这些议题缺失的现象视为权力的真谛。借此，他们对美国社会中的权力关系作出了毫无根据的推论。

政治机器与城市改革

几十年来，城市政治中具有类型学意义的典型冲突，是党派政治组织与非党派的“好政府”集团之间围绕着市政厅改革而进行的斗争。政治机器通过分肥制、关注竞争性的种族集团的诉求、通过党派渠道提供政府服务等方式，巩固了其政治权力；改革者则揭露了对公共资金的侵吞，促成了公务人员招募的质量标准，并试图将城市各个部分的服务配给标准化。[8]

对机器政治与改革政治之间冲突的标准解释采用了地方政治的阶级模型。[9]最具有说服力的说法是，从“机器政治”和“改革政治”这两个术语的“精髓”来讲，冲突发生在代表工人阶级移民的政治机器与代表上流社会奢华的盎格鲁—撒克逊商人和专业阶层的改革者之间。让机器政治与改革政治产生分野的那些问题根植于争夺北方城市主导权的两种不同的政治文化。一方面，天主教移民的文化注重家庭、邻里和友缘，将政治视为可以寻求特定的自身利益的另一个市场；另一方面，中产阶级的新教徒则置身于一个描绘人类的个体性、独立性和在上帝面前人人平等的历史背景之中，把政治理解为对“公正”的追求，人们可以借此创立一个“山巅之城”，泽被四方。

政治机器及其改革对手所编织的对立的制度网络反映了这些价值分歧。政治机器青睐选区选举、长选票、分散化的治理安排以及政府、政党、邻里和种族协会之间的密切联系。改革者喜欢城市范围的选举、短选票、集中的治理体制以及应用普遍的形式提供政府服务；与对邻里、政党和种族特征的责任相比，政府效率更为优先。

这种分析的例证有很多。在纽约、芝加哥、费城、圣路易、旧金山以及其他大城市，许多冲突正是沿着这些界线清晰地展开。不同种族的机器领袖和改革领袖彼此立场鲜明。随着时间的推移，公共机构部分地因为改革的压力而变得更为集中。但是，这些文化冲突和制度变革给地方政治中高水平的阶级冲突提供的只是些微弱的证据。第一，很难说政治机器的领导与地方工商业之间的联系比改革者更少。虽然改革者来自中上阶级这一观察无可争议，但也不是没有证据证明机器政治的领袖们是——或者至少变为——成功的商人、律师和房地产开发商。[10]第二，当考虑到区域性差异的时候，美国城市中改革的发生与城市的阶级构成之间已经没有什么关联了。[11]无论改革者的阶级倾向是什么，他们都不必一直明确地区分出机器政治的政治家们，让工人阶级支持者在数量允许的地方急着去保卫机器政治的制度与秩序。第三，机器城市的公共政策没有遵循政治的阶级模型方式，同改革城市的公共政策区分开来。几乎没有研究表明两者之间有着清晰的差异；那些显示两者差异的研究既不能展示工人阶级作为一个整体的存在，也无法表明失业者，尤其是贫困者在机器城市中被善待。[12]最后，也是根本的一点，政治机器是能够在快速工业化的社会中令人惊讶地满足商人需要的一类制度。美国工人同他们的欧洲同伴一样，经历过工作时间长、低工资、恶劣的劳动条件和就业机会的大幅波动。罢工、组织工会、社会主义者的煽动、工人和警察之间的暴力冲突、公司侦探和联邦法官对工会领袖们有计划的压制，构成了 19 世纪后期政治的固有特征。但是，工厂方面的这些争论很少对地方政治产生决定性的影响。虽然地方政党有时同工会领袖们合作，但绝没有对他们承担什么义务。政治机器很少给工人阶级抗议时的有力表现助长声势；总体而言，他们站在地方社区中的"法律和秩序"一边。[13]

Scott 关于新兴工业化社会中政治腐败的功能比较分析对于那些把阶级模型应用于机器政治和改革政治的人来说，是一种最为有用而恰当的分析方法。[14]他揭示了腐败发生的规律，无论什么时候，当形式上的政治平等伴随着私人财富和社会地位的巨大差别时，就会有腐败。大众在政治上活跃的地方，特权阶层支持那些不挑战现存社会经济现状而又能够对选民的不满实施管理的政治领袖。分肥和腐败可以对平等与特权间的摩擦产生润滑作用。这一过程在 19 世纪工业化的美国运行得最为顺畅。美国的政治机器很快就能够熟悉不同种族的移民和企业家，后者常常有做成交易的意愿。从资本家的角度看，政治机器没有必要被上层社会的改革者所取代。在许多城市当中，芝加哥只是最有名的例子，商人惯常回绝改革的诉求。[15]

因为机器与改革之间的矛盾用阶级类的词语表述时很少被人理

解，坚持应用这一理论解释的社会科学家和历史学家需要作出说明。其一，看似简单却又错误的是，在全国政治和地方政治之间画上等号。例如，市政改革者经常被不合时宜地同“新政”改革者进行比较。在Hofstadter的语义里，前者是一个力图挽留逝去的农业时代的保守集团，而后者则是寻求对极度滥用的资本主义体制进行调整的自由主义者。[16]在其他类别的比较中，市政改革者是为新的政治安排进行准备的结构性或者程序性的革新家，而“新政”改革者则关注社会与经济秩序的实质性变迁。[17]这些对比都假设，实质性的社会变革可以如同在全国层次一样，轻易地引入到地方层次中。没有什么可以限制城市的作为。正如我们将要看到的，这些假设鲜有依据。一旦认识到了城市的极限，机器政治与改革政治之间的矛盾便会在另一个灯光中显现出来。文化冲突依旧，但有了不同的社会和政治意义。

城市公共政策的比较分析

近年来，对城市公共政策日益增长的兴趣取代了对于社区权力和机器—改革冲突的传统研究。新的研究将政策产出放在与政治过程同样的焦点位置，因其庞大的数据资料和技术复杂性而备受关注。[18]然而，最有影响力的研究还应归功于较早的文献，这些研究同样在很大程度上根据不同的集团、机构、地方政治系统内部派系之间的冲突和交易来看待地方公共政策。例如，税收和支出政策的研究者主要依据地方政治关系，阐释他们的研究发现。在一份广为引用的研究中，作者认为与非改革的城市相比，在进行改革的城市里，支出与人口变量之间的相关性较低，是缘于改革体制的“责任性”较弱。[19]当Clark发现更为分散的政治体制具有更高的支出水平的时候，他的结论认为，分散使人们更易接近官员，且更多对公共福利的多元化要求得以表达。[20]现在，就连经济学家们在对州和地方支出模式进行变量的回归分析时，也把大量“有味道”的变量（非白人的比例、外来家族的比例）包含进去。[21]这些经济学家可以毫无愧色地作出粗略的假设，认为每位居民（无论年龄大小）对塑造地方社区的集体“味觉”功能都具有同等的影响。

然而，根据政治变量解释公共政策的所有努力，在美国不同的州与地方的支出模式方面的大量发现基本上是一团糟。在这种传统产生的 20 年之后，还没有出现一套存在着内在连贯性的命题。[22] 在一定程度上，是因为国内政治模型本身过于灵活，能够收放自如以涵盖几乎所有的发现。高度相关显示高度的政府责任，低度相关显示低度的政府责任。如果一项政府特征没有了解释性的效力，分析家要做的只是去寻找对另一项合适的特征进行定量分析的方法。最后，这个模型缺少了指导数据的选取和分析的理论架构，还比不上一张大致类似于这个社会的民主神话（一张红色、白色或者蓝色的大毯子，就像它应该是的那样）的床罩，可以罩住几乎任何经验性的结果。

当“环境的变量”——收入、财产价值、城市化等——成为变化的主要原因时，交易模型便难以将数量众多的实例收纳进去。我想，这个问题几乎一直是公共政策模型混乱的另一个原因。情况确实如 Thomas Dye 对于州的收入政策的研究所显示的那样困窘。Dye 的研究认为，决策的交易模型的内在变量对于政策几乎没有什么影响。[23]

最后，在寻找可供比较的分析单位时，整个研究传统已经陷入了一个似乎无法破解的两难境地。虽然美国的政府单位通常拥有相同的称谓——州、县、市，但这些实体即使在名称相同时，在理论上的关键方面也不尽相同，这使它们很难成为可以比较的系统。特别是将公共政策视为竞争性的集团和利益之间交易过程的产出的时候，这些系统之间的差异所产生的问题常常几近无解。对严重的问题，每个取舍都有讨论的空间。

看看那些把城市政府的支出当做因变量的研究是怎么得以解释的。[24] 对这些政府单位进行比较的出发点是，在每项研究当中，这些政府对于社区的治理都承担着首要的职责，所有的决策者都要服从于某一系列的集团压力和竞争性的利益需求。在差不多所有的研究案例中，正式的权力掌握在选任官员的手中。然而，在全国不同地区，各州为这些城市政府设计的功能性职责却大相径庭。在有些城市，政府不但要负责像治安和消防这些日常性的职能，还要对健康、福利和教育体系加以管理。而在其他城市，州为城市政府设计的只是一些基本的日常职能，其余的则由州政府自己来负责，或者把举办医院、学校、公园和福利的职能赋予县或专区。所有类别的职能组合都能被发现。换言之，同一个词语“城市”，意味着具有很不一样的功能性职责的政治实体；任何试图从地方政治压力的角度来解释总体支出模式的努力，都在事实面前碰壁。实际上，不同的功能性职责自身是支出变动首要的决定性因素。[25]

其他学者采用了一个替代的方案，就是在一个特定的地理区域合并所有地方政府的全部支出。[26]整个地方政府系统的全部支出总额被看做有待阐明的政策。此处的假设是，在每一个地理区域——城市、大都市区或者县——类似的政府职能由地方政府系统的整体来执行。通过观察与这个系统支出中的变化相联系的事物，你就能够阐明影响系统履职水平（从财政成本来看）的那些因素。

从一定程度上讲，对于只把单一形态地方政府的支出视为因变量的观点来说，这是一个值得考虑的改进。对于比较中的政府系统，人们可以大大地减少功能性职责的变动；虽然如此，还是有这种情况，即州政府保留了某些政府职能，在一定程度上，这些政府职能会有变化。比如，在有些州，对于福利的分配，地方政府在财政上不起什么作用；而在另一些州，地方政府的某种联合体承担了几乎一半的福利支出。

对于从内在的政治过程来解释政策的人而言，另一个问题更为严重。地方总支出是一种方法，用以衡量向一个地区提供服务的整个地方政府系统的活动总和。该系统的每个部分都有自己独特的办法去解决政治冲突。城市政府可以通过党派选举而产生；学校委员会可以由核心集团挑选，然后在一次低投票率的非党派选举中，由几乎全体一致的选举产生；卫生专区的委员们可以由一个政府委任，这个政府的边界甚至无法同它正在讨论的地理区域相吻合。怎样的一套政治变量能够与这几个政府合在一起的支出发生有意义的关联呢？难怪大多数政治学家对这种方案感到不适。

同样是这些对比的问题，一直在州的层次上令人大伤脑筋。有些研究把全州性的机构直接拨付的支出作为因变量。[27]但是，在这些研究里，分析者无法解决州之间在政府职能方面的巨大差异问题，这些职能是州政府为了区别于地方当局而留给自己的。[28]解决的办法是，将州与地方的全部支出合并为一个因变量。但如果政策是州内政治的产物，把州和地方的支出合二为一，作为衡量政府活动的手段，就难以辨明其合理性。就像 Ira Sharkansky 所看到的："当合并州和地方政府的支出时，研究者就混淆了许多不同的权力主体的决定。结果，他们掩盖了真实的政治过程，失去了对州或者地方层次的财政决策的理解。"[29]换言之，对于像州政党体制中的竞争，或者对全州性选举的参与这样的全州范围的政治活动，其研究方法如何能够像期望的那样，预测作为州和地方政府决策结果支出的总体水平呢？

这些方法上的问题有助于证明在支出方面的研究争论持久而无益，这些研究涉及政治与经济变量的相对重要性。功能性职责相似的政府单位互相比较时，在分析当中使用政治性的变量并不恰当。当 Dye 这么做的时候，他发现政治变量的影响很小，就不奇怪了。[30]另一方面，当人们能够获悉有意义的指标以判断政治过程的差异时，对支出的数据却无法轻易地作出比较，因为这些政府单位的职能不一样。结果，有关政治与环境变量相对重要性的争论，还在老路上做着它的无用功。[31]

一旦城市的极限得以界定，就可能有一个不同的研究路径。第 3 章将揭示，政治的变量不再与分析相关，因为城市本身的政治安排并非影响地方政策的决定性因素。同时，环境的变量也不再被理解为政策的非政治性决定因素。相反，它们成为城市外在因素的指标，精确地标示城市极限，让城市的政策制定者在极限范围之内作出他们的判断。人们不再对政治变量相对于环境变量的重要性感兴趣，转而关心不同的环境变量之间的相对重要性。每个社会和经济的因素都会提供信息，让人们了解限制城市行为选择的一系列约束。发掘这些环境变量的相对重要性的办法，是去了解地方政府结构在运行中限制政治选择的方式。曾经被视为政治系统外在因素的信息，现在被用于去理解地方政府的结构与利益。

现代联邦理论

传统的联邦理论认为，每个层次的政府必须履行适合于它的职能。现代联邦理论已经取代了这一旧观点，更为灵活，认为全国政府能够而且正在履行由州和地方政府执行的任何职能。Martin Grodzins 将其比喻为“大理石蛋糕”，这一比喻抓住了美国联邦体制中诸种关系的新含义。[32]他认为，权力已被广泛地扩散和分享。与联邦和州之间二元主权的矛盾冲突相比，新的权力模式因合作与相互援助而更有影响，政府间关系的特征是没完没了的分享与交换过程。结果，它的外形就像一个大理石蛋糕，没有任何可识别的结构。

这个比喻很快在联邦主义的研究文献中流传。它很好地契合了当前政治学学科整体上对过程导向的关注，像是为政府间关系的描述性研究给出了重点和方向。更多有创意的作者为这一比喻增添了他们自己的变型：栅栏、倒置的水果蛋糕、五颜六色的冰激凌砖，或者诸如此类的东西。[33]

虽然 Grodzins 复活了联邦理论，把关注焦点从过时的二元主权论转移到对当代政府间关系的理解；但是，后继者对他所做研究的推进，没有超越大理石蛋糕这一比喻太远。不管这一类比有多么恰当和引人注目，把联邦制比成一块没有结构的糕点，终归不是什么理论。理论的一个目标是在可能的范围内揭示简单性、模式和秩序；而这一类比表达的却是动荡、变化和复杂性。它把人们的注意力引向个体、集团和过程，而联邦制的真谛却是政府结构间的一种稳定的关系。

所以，我们仍然需要发展一种联邦制理论。当前的描述性分析有时确实能打动人心，但有几点不足：(1)无法给予联邦制一个独特的意涵；(2)没有给每个层级的政府界定出独特的职能；(3)没有找到什么模式来分析联邦体制中的合作性和冲突性的要素。在学科总体上的行为主义过程导向的影响下，这些分析差不多忽略了联邦体制中的结构性安排，而是将研究精力集中于各个政府层次上的集团、精英、选民和官僚的活动之上。

关键之处在于，当前研究对联邦制的定义很模糊，不可能将联邦制同单一制政府中的中央与派出机构之间的关系区分开来。Daniel Elazar 的研究比大多数的研究更为谨慎，但仍然把联邦制定义为：

> 在政治系统的总体架构中统一小规模政治实体的政治组织的样式。这种样式以旨在保护国家和次国家政治体制两者的存在和权限的方式，在一般的成员政府间进行权力的分配，使所有成员政府都能够分享整个政治体制的决策和执行过程。[34]

从这种无所不包的定义来看，美国林业局都可以是一种联邦体制。它的决策过程在中央和派出机构之间进行划分，又统一于规章制度手册的规定，以保护每个层级的存在和权限。但 Kaufman 还是把林业局看成一个高度集中的机构。[35]以 Elazar 的定义来看，联邦政府和国防承包商之间的关系也属于联邦体制的一个方面。Elazar 确实是这样认为的。在他联合主编的一本书里，有完整的一个部分涉及此类公私关系。[36]然而，联邦制的概念以这种方式使用时，显然涵盖了几乎全部的政治关系。也许这就是 Elazar 的意图，因为在同一段落中，他说联邦制“不仅限于政府结构的一个安排；它是政治活动的一种样式，需要通过它所激活的政治体制来展现某种类型的合作关系”[37]。这个松散的论断无疑把重点放在行为主义方法的过程特征上，而基本上没有关注政府间关系的研究。诚然，美国联邦主义的现代诠释者没有从狭义的宪法词句上去定义联邦制，这是可以理解的；但是，现代联邦主义理论家却没有给传统的联邦制定义提供一个受到充分关注的新解，以使一种独特的、中观层次的政府间关系理论得以浮现。

而且，没有联邦制的定义，现代的作者就不能够阐述每个政府层级的特征及其与之相适的职能。Grodzins 自己不愿意承担这个工作。Martin Diamond 在一篇出色的评论中提出了他对 Grodzins 的观察，认为 Grodzins“被地方性定义的难度逼入困境，拒绝给州与全国性政府之间进行的职能分配设定标准，他进而认为，‘地方即如地方所为’”[38]。理论蜕化为纯粹的叙事，把联邦体制从一个分散化的行政结构中辨别出来再一次变得不可能。

说现代的理论家缺乏研究政府间关系的观点也许有失厚道。毕竟，Grodzins、Elazar 和 Grodzins 的学生们已然对联邦式的“伙伴关系”进行了广泛的研究，也对不同政府层级间的合作性权力分享作出过睿智的阐释。[39]但是，即使他们的经验性研究清晰易懂、有所助益，对不同政府层级之间的合作与冲突模式的理论性解释仍未成形。

只有当城市、州和全国政府被按照它们各自的实质性特征得以理解时，现代的联邦制理论才有可能出现。如果城市类似于国家，那么，任何由国家从事的活动就能够被城市所执行。然而，一旦地方政府存在前文所界定的特定极限，就可以建立一种政府结构的理论，将一些职能赋予中央政府，另外的给地方政府。这是第 4 章的核心要点。

本书的设计

城市政治和政府间关系的许多研究已经把地方政府概念化为几近自治的主权体，几乎同全国性政府拥有同样多的自由裁量权。[40]当然，极少(如果有的话)有研究明确地作出这样的假设；相反，从许多这样的研究里可以发现外部影响的探讨、上级政府的作用以及在更大范围的社会背景中对社区进行认识的需求。然而，这些因素从未被整合到实际使用的分析框架之中。取而代之的是对内部政治关系的反复强调，这表明，需要寻求的公共政策的那些关键要素恰恰在城市内部。虽然在这个框架内还有许多事情可做，但地方政府的研究不能再忽略城市的极限了。

在后面的章节中，城市极限对于公共政策和地方政治的重要性得到了详尽的说明。第 2 章展示了分析的理论基础。我发现，城市最关心的是维持和促进它们的经济生产力。城市必须将生产性的劳动力和资本吸引到它们的地域。

第二篇是城市公共政策的研究。第 3 章提出了一种公共政策的类型学。那些促进城市生产力的政策被称为“发展政策”；那些不利于经济效益的政策，即使有利于社区穷人，也被视为“再分配政策”；而那些对经济效益的作用或多或少显示为中性的，则被标记为“分配政策”。由于每一种政策类型对城市利益的影响各不相同，生成这些政策的因素也会随政策领域的不同而不同。我对影响九类公共政策支出水平的要素进行了回归分析，展示了三个政策领域的差别。不愿意涉足统计分析技术的读者可以跳过这一章后半部分的表格，仍然能够领会我的基本观点。第 4 章阐述了不同层级的政府在分配政策上的责任。第 5 章的结论通过依赖于地方政府体制结构的政策变化而展现出来。在大城市，地方政府规模庞大，对大片土地拥有垄断性的控制，即使在地方层次也会出现一定程度的再分配现象。而在地方政府规模小、数量大且彼此之间高度竞争的地方，比如在郊区，再分配被保持在最小化状态。这个分析通过对学校政策的详细考察得到了说明，学校政策为地方纳税人带来的负担最重。

第三篇考察了城市政治过程。第 6 章考察政党和集团发挥的边缘性作用。第 7 章关注发展政策，得出的结论是，在这个政策舞台上，“权力精英”理论家的发现最为适用。第 8 章考察了分配政治的多元主义性质。第 9 章解释了为什么再分配议题能够模拟“权力的另一面”，将某些主题排除在地方议程之外。

最后,第四篇从经验和规范的角度,探究了改变地方政治极限的某些尝试。第 10 章考察了纽约市的个案,有人也许会认为这个案例同本书的主旨背道而驰。最后一章是结论,展示了将会快速扩展城市极限的一系列政策建议。

【注释】

[1] 参照 Fried 1975, p. 308,作者对"概念的自动转换和不同层级政府之间的经验性关联"提出告诫,但仍断言"城市层次提供的可资研究的政治空间,要比国家层次大得多,虽然也同样复杂"。

[2] Dahl 1976, p. 47 写道:"在美国体制当中(纽黑文是一个合适的原型)……寡头政治的成长受到了政治资源分配模式的抑制,也受到了政治资源实际使用方式的抑制。"

[3] Hawley and Wirt 1968 提供了一些有用的阅读材料和一个长长的书单。Polsby 1980 的一篇评论也提到了其他书目。

[4] 经典表述见于 Hunter 1953。还可参见 Miller 1970 和 Vidich and Bensman 1958。

[5] Dahl 1961; Banfield 1961; Sayre and Kaufman 1960.

[6] Bachrach and Baratz 1962, 1970.

[7] 另外,参见 Wolfinger 1971 和 Polsby 1980 对这种方法的批评。

[8] 我已经更为充分地讨论过了机器—改革两种政治间的冲突,见 Peterson 1976 以及与 J. David Greenstone 的合著,见 Greenstone and Peterson 1976,第 1 章。

[9] Banfield and Wilson 1963; Hofstadter 1955; Hays 1964; Elazar 1970; Tyack 1974; Cronin 1973; Wiebe 1962.

[10] Bryce 1910; Ostrogorski 1910.

[11] Wolfinger and Field 1966.

[12] Lineberry 和 Fowler 在 1967 年的发现经常被当做证据引用,以展现机器制度和改革制度与阶级相关的政策后果。但是,Liebert 1974 显示,他们的大多数发现是伪谬的。J. David Greenstone 和我发现,在五个最大的美国城市里,机器制度和改革制度对于贫困计划实施所产生的影响比阶级模型预计的要复杂得多。参见 Greenstone and Peterson 1976。

[13] 对照一下 Ira Katznelson 在《城市战壕》(*City Trenches*)中对于 19 世纪城市政治中工会冲突与党派冲突的分开讨论。

[14] Scott 1972;另见 Merton's 1957, pp. 71—82, 192—194,对于机器政治的讨论。

[15] Peterson 1976,第 1 章。

[16] Hofstadter 1955.

[17] Holli 1969 作出了这种区分,但随后又试图展示(不太成功)底特律对于社会改革的坚定承诺。

[18] Fried 1975 对这一研究作出了一个权威而又详尽的评论。

[19] Lineberry and Fowler 1967.

[20] Clark 1968.

[21] Weicher 1970.

[22] Fabricant 1952; Brazer 1959.

[23] Dye 1966.

[24] Clark 1968; Lineberry and Fowler 1967.

[25] Liebert 1974.

[26] Brazer 1959; Schmandt and Stephens 1963; Adams 1967.

[27] Sharkansky 1970，第 7 章。

[28] 例如，有些州把对于福利政策的财政责任几乎全部留给了自己，而其他州则把这种责任大多交给了地方政府。结果，州政府在一个州的州和地方总支出中所占份额的多少很不一样。而且，将这种多样性作为分析的一个自变量，包含到财政责任的配置当中并非很有益处。倘若这样做了，它就要说明全州性的机构在支出方面的大量差异，只把剩余部分留待其他变量去解释。这样产生的分析性问题以两种方式表现出来。从技术上讲，分析者犯下的最主要的错误是在等式的两边都加入了相同的变量，这样形成了一个虚假的关联。这个等式表示如下：

$$SE = a + b\left(\frac{SE}{SE + LE}\right) + b_1 x_1 \cdots b_n x_n$$

其中，SE = 州的支出，LE = 州内地方政府的支出，a = 一个不变值，而 $x_1 \cdots x_n$ = 所有其他的自变量。

如果不带什么技术色彩，你就可以问，职责的配置以什么方式被当成影响州的支出的一个自变量？给地方当局及其相关机构分配责任的决定降低了全州性机构的支出水平，这些机构是有关州与地方政府进行分工的单项政策的重要组成部分。通过某种关联性分析，根据这项政策的其他方面来“解释”某个方面，这很难解释得通。对这个问题扩展性的探讨以及一些有用的应对之策，见 Clark and Ferguson（即将出版）。

[29] Sharkansky 1968, p. 10.

[30] Dye 1966.

[31] 支出研究要应付的另一个问题是如何对待政府间的转移支付。一个通行的做法是将某一政府单位的所有支出都算在内，包括政府间转移支付资金。但是，当支出总额与州或地方的内生变量相关时，它是依据州的特征来解释政策产出的，而这些特征在某种程度上却是上一级政府决策的产物。有些分析家通过将政府间转移支付也视为自变量，以此“修正”上述误判。然而，这又是在等式的两边都加入同样的变量，产生了虚假的高度关联（Morss 1966）。它实质上带来了解释上的特殊问题。在一定程度上，上级政府在分配资金时考虑到了地方的“需要”（就像在公路和自然资源方面的分配那样），下级政府也在一定程度上对这些需要产生的经济需求作出回应，分配它的资源。这样，“需要”变量和“联邦援助”变量将形成高度的关联。在这两者均被置于回归分析当中时，需要变量的某些作用便被联邦援助变量的不当引入所掩盖。最好的——虽然不是完美的——解决方案，是在等式的两边同时减去政府间转移支付。我不清楚以往的研究在收集州的数据时，有没有采用过这种办法。

[32] Grodzins 1966.

[33] Wright 1975, p. 109；美国参议院政府运行委员会 1969。

[34] Elazar 1966, p. 2.

[35] Kaufman 1960.

[36] Elazar et al. 1969.

[37] Elazar 1966, p. 2.

[38] Diamond 1969.

[39] Grodzins 1966; Elazar 1966.

[40] 有一些例外。Brown 1978 独立地作出了一个出色的分析，堪与本文的分析相媲美。另外，Wirt 1974 给“地方政策”的“外部影响”留出了相当大的空间；Williams 1971 也意识到了地方和社会准入的重要性。

第2章 有限城市的利益

像所有的社会结构一样，城市也有利益。正如我们谈论工会利益、司法利益、政治家的利益那样，我们也谈论被我们称为“城市”的那种社会互动的结构系统的利益。公民、政治家、学界人士都很适合自由地谈论城市的利益。[1]

定义城市利益

说到城市利益，我并不是指生活在城市中的所有个体的利益总和。首先，这些利益很少为人所知。居民的愿望、需求和偏好在持续地变化，在特定城市中鲜有这方面的公众舆论调查。此外，城市居民的利益常常不相一致。有些人想要更多的公园用地和更好的学校；其他人则想得到更好的治安保护和更低的税收。有人想要一个用心经营的高速公路系统；还有人则希望街坊中不要有汽车进来。有些人想要更廉价、有公共补贴的住房；另一些人则希望拆除已经存在的公共住房。一些公民想改善给失业者和未成年人的福利援助；另一些则希望大幅削减这样的公共援助项目。一些公民想让言辞粗鲁的少数族裔政治家进入公共机构；另一些则希望市政管理是一种绅士的职业。特别是在大城市，多样化的阶级、种族、民族和职业集团通过汇聚城市居民个人的所有需求和愿望，竞相发出不和谐之音，使得任何整体的城市利益——换言之，任何公共利益——都不可能达成。

有些政治学家试图通过汇总范围广泛的个人利益，找出城市总体的公共利益。Edward Banfield 的早期研究仍然经得起推敲，或许是这类尝试中最有说服力的。[2] 他认为城市政治过程——或者至少在芝加哥——允许城市里几乎所有的特定利益都能得以表达。每一种重要利益都由某公司或志愿协会所代表，对那些触及其既得利益的公共政策施加影响。在这些不同的集团和公司相互争吵和竞争之后，政治领袖便要寻求妥协，顾及各方核心利益，制定出大家多少都满意和能够接受的方案。这样做是为了保住政治权力，这是政治领袖自身的利益所在。

Banfield 的观点很诱人，但很少有人会认为公共政策是为了城市的利益，就因为政策是通过特定的渠道制定出来的。政治领袖可能会出现误判；重要但在政治上虚弱的集团的利益也许从未有过表达；或者政策的效应从长远来看对城市是有害的。而且，大多数城市政策并非是在重大争论之后锤炼而成，而是日常决策静悄悄的产物。人们怎样评估何者代表了公共利益？尤其是，这种决定城市利益的机制缺乏评估城市政策真实价值的立场。在 Banfield 的观念中，不管城市政府做了什么，都被视为代表了社区的利益。然而，在呼吁改革之际，诉诸城市利益的概念是最有说服力的。它是一个用于评估现行措施的术语，也意味着要在承诺和舍弃之间作出区分。将城市利益等同于城市的作为，是在耗竭这一术语的内涵，让它变得毫无价值。

经济学家 Charles Tiebout 使用了甄别城市利益的另一种方法。[3] 与 Banfield 不同，他没有把城市的利益仅仅视为个人利益的总和，而是将其归结为完整的单一实体。正统的经济学家认为，企业的利益是争取利润的最大化，而福利经济学家则宣称政治家的利益在于获得最多的选票。作为经济学家，Tiebout 并未将他的工作同这两类经济学家相提并论，因为要界定城市的利益而陷入困境。当然，那些经济学家说那只是他们的模型，假设企业和政治家依此方式行事；至于说到他们相信模型具有经验的有效性，确实，他们事实上断言那些商人和政治家囿于他们的角色，必定追求某些利益。Tiebout 也是如此——当他说社区寻求达到最佳规模以实现由地方政府生产的批量服务的有效配送之时。用他的话来说就是："不足最佳规模的社区想吸引新的居民以降低平均成本，超过最佳规模的社区则相反；那些规模恰好的则力图保持人口的稳定。"[4]

Tiebout 的方法在许多方面非常诱人。通过确认城市要达到的最大战略目标——最佳规模，Tiebout 辨识出一种最高利益，肩负起解释城市实施的特定政策的重任。他提供了一个简单的分析工具，解释城市进行的选择，而不需要对市民的偏好以及区分与合并同类的政治机制进行复杂的调查。他还提供了一项标准，以决定一项特殊的政策是否代表了城市的利益：它有助于取得最佳规模吗？它能够帮助规模过小的城市取得增长吗？它能使超大的城市变得紧凑吗？它能使规模最佳的城市保持均衡吗？即使对最佳规模的精确测定不是在所有的情况下都能很快地得以科学地实现，但这一标准还是为谨慎的决策提供了最有用的指导。

Tiebout 假设的困境，在于他无法为其理论提供任何看似很好的理性缘由。大多数经济学家在设定追求最大化利益行为的确定形式的时候，一般都有一种人所共知的理性，相信人在那样的行为角色中追求最大化的战略目标，总会有某种利益。正统的经济学家认为商人要实现利润的最大化，同我们对于日常生活中人们从事商业活动就是为了赚钱的理解是一致的。钱赚得越多，人们就越喜欢这一活动。同理可知福利经济学家对于政治家追求选票最大化的观点。这种假设虽有嘲讽意味，却符合通常的信念，所以又似乎很有道理。

相反，Tiebout 最佳规模的论点与大多数人对于城市行为的想法有所差别。诚然，较小的社区经常想要扩大——推进主义（boosterism）大概是美国小城镇的典型特征。而 Tiebout 却主张将最佳规模作为战略目标，既非增长亦非规模最大。但是，Tiebout 在谈论大城市希望缩减至最佳规模的时候，他私底下的话又让人十分疑惑。他承认，"因为城市规模过大而舍弃居民，这种情形难以想象”。他甚至还说：“任何有正常政治思维的市议会议员，绝不会觉得城市规模太大。”“然而，”他补充道，“经济力量在发挥作用，把人们从城市中推走。每一个迁往郊区寻求更好的学校和更多公园等诸如此类服务的居民，部分地就是出于对城市模式的不认同。”[5]在这一关键性的段落中，Tiebout 既非针对地方官员，也不是在说地方公共政策，而是提到了“经济力量”。经济力量在城市的控制范围之外，也不受“每一个居民”的控制。居民中的每个人追求的可能是他自己的利益，而非社区的整体利益。

Tiebout 为那些追求最佳规模的城市给出的一个解释是，降低公共物品的平均成本。如果公共物品在某一最佳城市规模上能够得以最有效地配送，就会产生居民的迁移，直到达到这一规模为止。Tiebout 在一个方面是非常正确的：地方政府一定会尽可能地让地方服务有效运转，以保护城市的经济利益。但是，几乎没有证据证明这个最佳规模的存在能使服务以最大的效率得到配送。即使这一最佳规模真的存在，它也只会发生在缴纳同等地方税额的居民进行迁移的时候。而更可能存在的情况是，居民为公共服务支付了不同的价钱（比如，地方财产税的数额随财产价值的变化而不同）。在这种情况下，扩大城市规模至最佳水平并不能够降低居民的成本，除非新来者支付的税额至少达到了因为他们的到来而使城市政府承担的边际成本的增加一样的水平。[6]相反，如果一个城市要减少人口至最佳规模，居民的成本也不会下降，除非现有人口支付的税额少于提供政府服务的边际成本。大多数大城市在人口流失时，产生的实际情形是相反的。那些纳税额大于他们所获服务的价值的居民，才是迁出者。Tiebout 以最佳规模来对城市利益进行识别，没有将地方人口的质量与人口的数量加以同样的考虑。

城市利益既非个人利益的相加，也非对最佳规模的追求。无论何时，当政策是为了保持或增进城市整体的经济地位、社会声望或者政治权力时，政策和项目便被认为代表了城市的利益。[7]

城市具有这些利益，是因为城市包含了一系列社会交往；这些社会交往又因城市的区位，尤其是地域空间而被结构化。只要社会交往被结构化而成为反复出现的模式，形式化的结构便在其自身的维持和强化上形成为利益。就是在那种意义上，我们谈及组织的利益、体制的利益以及类似的利益。诚然，像在其他任何结构内部一样，在城市里能够发现形形色色的社会角色，每个角色都有其自身的一套利益。这些不同社会角色的利益也许存在分歧和竞争，但并不会分散我们对于更大结构实体的总体利益的注意力。[8]

这个观点可以用不那么抽象的方式来表述。学校体制是社会行为的一种结构化方式，所以在维护和改善它的物质资源、声望和政治权力上有它的利益。那些具有这样的积极效应的政策和活动，便被认为代表了学校体制的利益。一项增加州财政援助的行为或者篮球联赛的胜利，分别增进了学校的物质福利与声望，因此代表了学校体制的利益。平心而论，这是理所当然的事情，即使我们认为教师、学生、校长和学区委员会的委员作为学校里不同角色集团的成员，都有各自的利益。

城市里的各类社会角色虽然数量众多、行为各异，却受制于这样一个事实：他们的行为发生在一个特定的空间中，位于某个地方政府的管辖范围之内。城市的所有成员因此在政策上拥有同一种利益，这些政策影响了那块空间地域的福利。提升对该地域的期望值或增强其吸引力的政策代表了城市的利益，因为它们有利于所有的居民——作为这个社区的居民——的利益。当然，在他们任何其他的角色里，城市居民受到上述政策的影响也许截然不同。洛杉矶的毒品贩子——在他作为毒贩的角色里——很难从城市驱逐成瘾性毒品的成功行动中获益。另一方面，作为城市居民，他受益于增进城市作为生活和工作之地吸引力的政策。所以，在判断一项政策是否代表了一个城市利益的时候，你不必考虑该政策对每一个个体全方位的社会交往是否产生了积极的或消极的成效。那不可能。要了解一项政策是不是代表城市利益，你只须考虑它对于因城市界限而结构化的社会关系的影响。

最近一次有关我们的城市未来的政策争论揭示出，城市利益的观念正是在这个意义上得以通行。有些城市专家认为，应取消住房业主用于支付抵押借款利息的收入的税收减免。税收减免不符合中心城市的利益，因为它为购买郊区住房的家庭提供了公共补贴。很显然，取消这项税收减免政策并不符合那些想要在郊区买房的中心城市居民的利益。它不代表那些中心城市住房业主的利益(在有些城市，这些业主甚至构成了投票人口的主体)，这些人会因此缴纳更高的联邦税。但是，这项政策可能对中心城市的住房租赁市场带来很大的改观，而刺激中心城市的经济——正是出于这一点，这项建议被辩解为代表了中心城市的利益。

说人们知道什么在一般意义上代表了城市的利益，并不能消除围绕特定情况下的政策选项所进行的争论。城市利益的观念极其有用，即使在特定的环境之中精确使用这一概念会很成问题。在任何一个政策背景下，你都不能轻易地断言你“知道”什么是城市的利益，无论城市居民同意与否。但城市居民确实知道，要提供什么样的证据、列举什么样的理由，来形成一个令人信服的论据，证明一项政策代表了城市的利益。社区的领袖、市长和管理精英同样也知道。

经济利益

像所有结构化的社会系统一样，城市寻求在作为工业社会特征的所有三大分层系统——经济的、社会的、政治的——中，改善它们的处境。在大多数情况下，在任何一个系统中得到改进，都会有助于增强城市在其他两个系统中的地位。从短期来看，不可否认，城市也许不得不在经济所得、社会声望和政治影响之间作出选择。而且，由于不同的城市可能选择不同的目标，所以不能宣称任何一个首要目标——如提高财产价值——通常是城市头等重要的利益。但是，由于改善经济或市场地位似乎是对大多数城市来说具有很大重要性的一个目标，我将关注这一利益并只顺便论及社会地位和政治权力的重要性。

城市在不断地寻求提高它们的经济地位。同 Weber 一样，我说这话的意思是，城市寻求改进它们的市场地位，提高它们作为从事经济活动的地方的吸引力。在赋予西方社会特性的市场经济中，有利的经济地位意味着同其他地方相比，在所需商品的生产和分配方面的竞争优势。当这一点得以实现时，城市就能够向那些外面的地方出口商品和/或服务了。

有些区域经济学家甚至将城市的福利等同于其出口产业的繁荣。[9]出口扩张，城市就成长；出口紧缩，城市则衰退与破败。经济理性以非常简单易懂的说法支持这样的结论。当城市生产出一件能够在外部市场销售的商品时，劳动力和资本就会流入这个城市，以增加该商品的生产，直到外部市场饱和——也就是说，直到城市里生产的边际成本超出了城市以外该商品的边际价值。那些从事出口商品生产的人自己也要消费多种由别的行业提供的其他商品和服务。另外，附属产业在城市里的存在，或是因为它们有助于出口产业的供给，或是因为它们利用了出口产业的一些副产品，抑或是由于它们获益于因出口产业的存在而带来的一些规模经济。熟悉的乘数效应已经在发挥作用了。出口商品的销售每有增加，便有可能带来地方经济活力 4 倍或 5 倍的增长。

美国波音飞机市场的影响给西雅图大都市区的经济带来了希望，这说明了出口对于区域经济的重要性。20 世纪 60 年代末期，军用和商用飞机的订单减少，波音公司解雇了数以千计的工人，太平洋西北沿岸的经济骤然下挫，失业者流向别处，西雅图的土地价值暴跌。最近，波音的境况已经恢复，好于以往。随着波音生产的快速扩张，大都市区正在经历低失业、快增长以及土地价值的迅速增加。

在商品和服务是为了城市地域内部的消费而生产的情况下，就不会产生相同的乘数效应。生产商在社区里的所得被其他社区的居民消费了，这些居民实际上不过是在互相使用对方的洗衣房。除非生产率提高了，否则就不会有能力进行扩张。

如果这种经济分析是对的，也只是一种温和的过度简单化，在城市利益与城市出口产业的利益之间画上等号。无论什么帮助出口产业繁荣，都有助于社区整体的利益——也许有 4 倍和 5 倍的得利。正是这种经济分析影响了许多地方政府的政策。特别是小城镇，可以向即将进入的产业提供免费的土地、税收减免和优惠的公用事业费用。

城市地域越小、经济发展水平越落后，这种简单的出口论辩就越管用。但其余的经济学家则详尽地阐述了另一种发展的命题，在许多方面更具有说服力，尤其在涉及更大的城市地区的时候。这一命题认为，一张复杂而精密的地方公共服务和私人服务网络是经济长久增长的关键。既然世界经济在不断变化，任何特定的出口产业的经济活力也就充满了变数。结果，依赖于任何特定出口产业的社区，其经济前景也无序可循。然而，一个拥有良好基础设施服务的城市，就是一个对范围广泛的出口行业具有吸引力的地方。旧的出口衰退了，新的出口则取而代之，社区的繁荣进而得以维持。因此，保持高质量的地方基础设施，对于所有的工商业都具有吸引力，这就是城市的利益所在。

我无法评断这两种差异明显的经济学论点的优劣。在本文中，重要的是，两者都看到了出口对于城市福利的重大意义。一种观点建议对出口产业进行直接的扶持；另一种则主张只须维持基础设施服务，让市场去决定哪一种出口产业适于在社区发展。对于某一特定社区而言，无论哪一种观点都可成为良方，至少从短期来看。两者均认识到城市的未来依赖于出口地方产品。当一个城市能够出口它的产品，服务业繁荣，劳动力需求旺盛，工资上涨，晋升渠道拓宽，土地价值上升，税收增长时，城市的服务就能够得以改进，给慈善组织的捐赠就会更为慷慨，从而促进城市的社会和文化生活。

城市要成功地保持出口，就必须有效利用三大生产要素：土地、劳动力和资本。[10]

土地

土地属于城市控制的生产要素，也是与城市合为一体的要素。城市是疆域很少改变的空间单位，正是这一点赋予城市利益的永恒性。城市居民进进出出，有生有死，品位和偏好变化无常。然而，城市与土地连在一起并因之而受到祈福(或诅咒)。除非通过兼并或合并变更疆域，否则城市就必须确保那块土地的长远价值，对于在多大程度上获取土地利益作出一个恰当的概算。

土地是一项经济资源。没有空间区位的依托，生产就无法进行。城市的经济前景因土地经济潜质的不同而各异。从历史上看，影响城市增长最重要的变量，是城市地区与土地和水道的关系。

在美国东海岸，所有的大城市均有自然良港，与欧洲和其他沿海地区进行商业往来。在内陆，大的工业城市都位于大湖区或者俄亥俄—密西西比水系。西部城市，如 Elazar 所揭示的，因毗邻东西部贸易流而繁华。[11]丹佛由于坐落于贯穿落基山脉的陆上交通要道，而成为山区州的主导性城市。明尼苏达州的德卢斯即便是在大湖区，但因为它位于所有往西的交通干道以北，所以增长潜力有限。

接近水道或其他贸易通道并非城市生活受制于其地理位置的仅有方式。它的气候决定了居住的成本和愿景；土壤影响了周围地区的食品生产；地势影响了排水系统、空气污染的几率和景色。当然，地形、地貌的质量不会永远地决定城市的命运——那块土地和区位与范围更大的全国性经济、世界经济的交流才是关键。例如，城市因坐拥自然良港而扼守水道，一度独占区域内最有价值的土地，并据其地位而支配了内地；但因陆上和空中交通对水上交通发挥了取代而非补充的作用，这些一度占据优势的城市很快就衰落了。

虽然城市的经济前景受到外部力量的很大作用，影响了它的土地价值，但城市对于土地利用的控制还是给予了它决定未来的一些能力。虽然权限受到了宪法的限制，但地方政府在决定土地利用方面的自由裁量权仍然是实施地方自治的最大舞台。城市能够对地方空间进行规划，有征用财产的权力，通过分区法律可限制土地利用的所有类型；城市还能对其界限之内建筑构造的大小、内容和意图进行规制。而且，城市能够以这种方式提供公共服务，鼓励某种类型的土地利用形式。排污、燃气管线、道路、桥梁、隧道、运动场、学校和公园都对其周边地区的土地使用产生了作用。城市政治最重要的方面就是土地利用的政治，道理显而易见：土地是城市行使最大控制权的生产要素。

劳动力

城市必须吸引到它的土地之上的不仅有资本，还有生产性的劳动力。然而，美国地方政府控制这些要素流动的能力非常有限。由于缺乏像民族国家那样的直接控制，地方政府在其行使管辖权限的那些地区对于经济利益的追求，愈发受到制约。

劳动力明显是一个恰当的例子。由于民族国家控制了跨国人口流动，工业较发达的国家已经正式立法，仅有数量有限的外来者——如本国公民的亲属或者那些拥有流入国所需技能的人士——可以入境。大量人口远距离地流动在经济上是可行的，在这样一个世界，这种严格的立法看起来对于保持国家社会和经济的完整性不受损害是绝对必要的。显然，如果跨国的移民流动毫无障碍，像工资水平和福利援助项目这样的先进工业社会的特征就无法维系。

与民族国家不同，城市不能控制跨越城界的人口流动。城市不再有城墙，由它们的居民来守护和防卫。就像 Weber 所正确提示的，没有城墙，城市就不再拥有像中世纪的城市那样一度拥有的作出重大抉择的独立性了。[12]地方政府常常试图将流浪汉、乞丐、穷困潦倒者和少数种族排斥在城市之外，此言不谬。这些人被骚扰、逮捕、抛出城外，普遍地受到歧视。然而，地方政府的这些行为大多数不合宪法，但即使对于管制权力的非法使用也无法非常有效地控制移民。

尽管权力有限，城市还是寻求以比它的竞争对手低的工资，获得一个合适的熟练劳动力人口，以便能够有利可图地出口商品。大城市期望有一个多样化的劳动人口。为出口提供基础设施的服务业雇用了大量的非熟练工，而许多制造业则只需要半熟练工人。当处在这些熟练层次的工人出现短缺时，城市可能帮助工业界为本地区的工作和生活机会做广告宣传。在19世纪非熟练工人供给不足时，边疆城市就曾发布过溢美之词，欲在普工的供给上获得竞争优势。

在某些人口稀少的地区，如阿拉斯加，甚至在今天还偶尔有广告招聘非熟练劳工。但现在大多数城市间的竞争，是为了得到高度熟练的工人，特别是专业人才和管理人才。在一个未能达到充分就业的经济体中，多数社区的半熟练工和非熟练工还有剩余。非熟练工人的增加意味着增加社区社会服务的成本。由于国家有最低工资法，在那些失业人口集中的地区，社会服务成本的增加很少被非熟练劳工的低工资所冲销。但是，即使失业率很高，高度熟练的技术员和各种白领工人还是处在短缺状态。在短缺发展的地方，这些工人在劳动力市场上的要价可能攀升到一个水平，使地方出口与别的地方生产的商品相比，不再有竞争力。社区的经济健康因此受到专业与管理人才以及高熟练技术员的可用性的重要影响。

为了成功地追求经济利益，城市发展出一套政策，吸引更加熟练的工人和白领工人，同时又不会招来不能雇用的人。当然，城市能够做的事情数量有限。与民族国家相比，城市不能简单地禁止所有人进入而只要它们所需要的高技能人才。然而，通过分区法律，城市能够确保中产阶级居民有足够的土地可用。它们能为经济上最具生产力的人生活的地区提供公园、娱乐休闲区和优质的学校。它们能将中产阶级很少使用的社会服务成本保持在最低程度，进而保持地方税收的较低水平。大体上讲，对于那些对维持社区经济增长必不可少的高熟练工人、经理和专业人士，城市会保证公共服务的收益大于成本。

资本

资本是必须吸引到具有经济生产力的地域的第二种生产要素。民族国家同样对跨国资本流动实施有力的管制。许多国家严格限制携带出国的本国货币的金额，对进口货物设置配额与关税，对汇率实施管理。国家调控货币的供给，增长太快时提高利息，增长减缓时则把利息降下来。发行国债让民族国家能够保证资本支出，鼓励私人市场的增长。当前，民族国家对于资本流动的控制更为谨慎，代之而起的是新的跨国机构的发展。市场力量看起来比官方政策更有力量在主要的工业化社会之间建立汇率机制。关税和其他贸易限制容易招致他国的报复，所以必须谨慎使用。工业化国家经济之间的相互依赖正在形成，致使国际政治经济学的重大变革似乎迫在眉睫，这种迹象表现在大量国际会议的召开，以决定世界范围的增长率、通货膨胀率和失业率。假如这些趋势继续下去，民族国家看起来就会越来越像地方政府。

但是，国家层次的这些进展还仅仅是一个开端。在美国的地方层次，城市很少能控制资本的流动。首先，对宪法的解释是，各州不得妨碍货物和资金跨越州界的自由流动。各州怎么做，各州的附属管辖机构也得怎么做。其次，各州和地方不得涉足资金的供给。如果失业率是低的，它们就不能通过增加货币的流动性来刺激经济。如果通货膨胀压力在出口市场上对它们的竞争力产生了不利影响，各地既不能限制货币供应，也不能直接调控物价和工资。这些权力都保留给全国性政府。最后，地方政府的支出不能超出税收收入，否则就会损害信用，冒破产的风险。向企业注资是国家的特权，有时也是国家的一个毛病。

地方政府有许多招数来诱导资本进入本地。它们把对资本的征税和对投资收益的征税降到最低，通过提供像道路、排污、照明、治安和消防这样的低成本公用设施来降低投资成本；它们甚至为那些特别急需的投资者提供免费的公共土地，或者大幅减少投资的代价；它们还为商业运行环境免去过多的烦扰或规制。例如，它们能够无视生产的外部成本，如空气污染、水污染以及对树木、草地和其他各种土地景观特征的毁坏。最后，它们打消劳工组织工会念头，以保持工业劳动力成本的竞争性。

这并不意味着城市允许工厂收益最大化的任何的、所有的措施都是合适的。就城市多样化的经济增长愿望来说，不允许单个公司寻求严重损害地区对资本和生产性劳工综合吸引力的策略。税收不能低到政府无法为居民提供在有竞争力的地方都能发现的富有吸引力的一揽子服务。对任一特定产业的规制不能宽松到低于全国标准，以至于别的产业必须承担在其他地方从未遭遇过的外部成本。城市在吸引投资方面的利益不代表完全服从于任何特定公司的要求，而是满足建立一个普惠环境的需求。

总之，如同私人企业一样，城市相互竞争以取得最有利的经济地位。为达到这个目标，城市必须吸引尽可能多的资本和质量尽可能高的劳动力以利用它的土地资源。同私人企业一样，城市通过恰当的激励措施，诱导劳动力和资本的进入。与民族国家不同，美国城市没有管制劳动力和资本流动的规制权。这种缺失因而极大地限制了城市控制经济发展的行为，但同时也让城市尝试在塑造其政策选择的这些框架内实现利益的最大化。

地方政府与城市利益

地方政府领导们对他们社区的经济利益较为敏感。第一，经济繁荣对保护地方政府的财政基础是必要的。在美国，对地方资源的征税和对地方服务的收费是地方政府收入的重要组成部分。虽然战后以来，联邦政府和州政府对地方单位的财政转移支付增加了，但迟至1975年至1976年，地方政府筹集的资金占自身财政收入近59%。[13]从自己的经济资源筹集财政收入，需要地方经济的持续繁荣。第二，好政府就是好政治。通过寻求对地方社区的经济繁荣有所贡献的政策，地方政治家会挑选对其自身的政治优势有所助益的政策。渴望从地方政治的重压下解脱出来的地方政治家们勤恳工作，推动具有广泛利益的目标的达成。基本上，没有什么政策是为了更受大众欢迎，而不是为了经济增长和繁荣。第三，也是最重要的，地方官员通常具有社区责任的观念。他们明白，除非社区的经济福利能够维持，否则，地方商业将蒙受损失，工人会失去就业机会，文化生活将趋于凋敝，城市土地价值缩水。为避免这种惨淡前景，公职官员努力制定有助于社区经济繁荣的政策——或者，最起码不对经济繁荣造成严重损害。有充分的理由假设维持所辖地区的经济活力是地方政府的主要关切所在，即使不提经济繁荣对政府财政收入或地方投票行为所发挥的任何效用。

于是，地方政府被寄希望于努力将经济繁荣这一特定目标最大化——它们必须与大量来自外部环境的约束进行抗争。当政策选项设定之后，每一项都须依据其在多大程度上会有助于这个目标的达成而得到评估。尽管信息不尽完美，但也不能指望地方政府每次都能挑出最好的选项，时间长了还是可以发现，政策选择会局限于少数几个看上去似乎有益于促进经济繁荣的措施。内部的争吵和分歧也许会影响政策的边边角角，但地方财政收入政策的主要轮廓还将取决于经济繁荣这个战略目标。

经济利益与法律地位利益的分歧

到目前为止，我忽略了经济目标和地位目标产生分歧的可能性。大体上讲，美国城市的地位确实因为追求社区的“平衡”发展而过于依赖经济繁荣，以至于牺牲了居住的专有特性。但是在郊区，政府的管辖范围与经济交换的界限并不重合，结果，许多社区希望通过对它们自己辖区范围以外的生产性活动进行分区，将商业和工业活动的负面效应外部化。这种做法成功的地方是，社区的居住性质得以加强，而未危及社区与市场之间的通达。这样，社区目标的分歧在郊区尤为明显。在郊区，一个地方能够强调市场目标或居住地位的目标。

在经济目标与法律地位目标之间产生分歧的可能性，引发了根据社区追求的目标而对社区进行的分类。Williams 和 Adrian 首先对两类社区进行了区分:一类主要关注如何促进经济的增长,另一类关注如何提供舒适的生活。[14]最近,Eulau 和 Prewitt 注意到两种政策的重要性:那些促进经济增长的政策("规划、城市更新的分区、吸引商业等")和那些增进城市舒适度的政策("图书馆、市民中心、休闲娱乐等")。[15]

由于这两类目标只是当前地方社区的现状,因此上述两种研究的发现与我关于城市追求它们的经济、社会和政治利益的观点非常一致。尽管这两种研究是用归纳的方法构建其类型学的,而我对于城市利益的细致论述则是从更为人熟知的分层系统中演绎出来的,它们对社区意图的识别同我所勾勒的那些东西还是挺相像的。应当承认,没有一种研究发现了主要目标是在更广泛的政府体制里获取更大政治权力的社区。也许在公共部门当中还没有足够的资源来为许多城市制定一个支配性的目标。而且,也必须承认 Williams 和 Adrian 找出的社区似乎既没有经济目标,也没有地位目标,而仅仅是保留传统的服务和/或裁决集团间的冲突。但是,这些活动不是社区能够最大化的物质性目标,只是传统遗留下来的功能。这些功能在政府很没效率、无法强力追求经济或地位目标的时候,权且充当了社区目标。难怪 Eulau 和 Prewitt 在他们的研究中发现这些分类没什么用处。

很显然,没有一种研究发现有必要为那些目标是增进工人、贫困者或者少数族裔物质福利的社区划出类型。无论是在言语还是行动上,地方政府都没有太负责任地从范围广泛的政策领域中去主导政策的选择。相反,在旧金山湾区的市政议员们被问及他们社区最急迫的改善需求时,最常见的回答是公园和娱乐区、城市更新、市中心商业区的发展和一个新的市民中心。[16]低收入者的住房和给穷人的福利援助的确没有出现在他们的行动议程里。就算是在 Williams 和 Adrian 对工人阶级社区的研究中,地方政府看起来也只是对提供最低水平的服务感兴趣,不会考虑从更富有的人那里给穷人进行资源的再分配。

此外,两种研究中都有证据显示,作为本研究后续部分核心的经济利益比地位利益更为重要,至少在大城市是如此。城市规模在 Eulau 和

Prewitt 的研究中是最重要的变量之一。他们通过一套指标提出了值得考虑的证据，城市规模越大，市议会越是偏好“均衡”的经济增长，而不是与社区居住质量有关的居住专有性。[17] Williams 和 Adrian 更是认为：

> 推进主义的花言巧语在有关城市政策的讨论中占据了过多的部分。“吸引产业”和“优惠的商业环境”的观点几乎出现在每一个场合，与每项决策联系在一起，不管这种联系是多么牵强附会。[18]

总而言之，对于社区目标的经验性探寻，不会得出与我提出的城市利益定义根本不同的结论。虽然有些小社区对于地位利益的强调甚于经济利益，城市总体来说还是关心它们的经济利益——这只是一种谨慎的简化表述——我们将发现这也是最有用的表述。

财政政策

城市的经济福利明显受到它的税收和支出政策的影响。虽然货币政策、国际贸易协定及其他关键问题是国家政策制定者的专属职责，经济学家却已经展示过了，地方作出的决策具有它们自己的经济后果。当政府在想要的公共服务领域（如学校）增加开支时，财产的价值就得以提高。[19]反过来，当对地方财产课以重税时，土地价值就会因税收的资本还原价值的增加而下降。[20]如果州政府给福利受领人提供相对好一些的待遇，需要这类援助的人就会迁入这个地区。[21]而如果政府限制低收入者进入他们的社区，土地价值就会上升。[22]虽然对这些问题的研究刚刚开始，但一系列高度吻合的研究成果正初露端倪，证实地方政治实体与地方经济之间存在关联。

Tiebout 对这一关联提出了理论解释。[23]他注意到，由于居民可以在社区间自由迁徙，结果让他们可以计算地方政府的决策给他们对居住社区的挑选所带来的影响。根据 Tiebout 的理论，居民的自由迁徙使地方政府生产的公共服务的分配有可能达到帕累托最优。因为迁徙将持续到每个居民发现他最中意的一揽子税收和服务为止，所以，居民的偏好将与政府的生产相匹配。Tiebout不得已提供非常严格的假设（所有居民以红利为生，迁徙成本为零，等等），以导出他的帕累托最优均衡。但是，要得到一个如果不那么令人满意但却更简单的结论，不需要如此严格的假设。这个更简单的结论是，个体在挑选居住地的时候会考虑政府服务的相对成本和收益。

如果移居者计算公共服务的成本和收益，那么地方政府为了确保地方繁荣，必须预先考虑到潜在移居者的偏好。政府运用财政收入政策使其经济繁荣最大化，运行得像Tiebout认为的那样有效。政府准确地为每位居民提供他最喜欢的一揽子税收和福利。每位居民得到了他想要的福利作为纳税的回报，同时（必须）以纳税的形式支付所得福利的平均生产成本。在Tiebout的这个完美世界里，政府实现了使社区经济福利最大化的收入政策。因为每位居民从政府那里得到了他想要的作为纳税的回报，政府的收入政策则为在该社区生活和工作提供了最大的诱惑。

不幸的是，几乎可以肯定没有地方政府曾经实现Tiebout设计的理想。第一，给大量居民的政府服务必须是一样的。公路、街道、公园、学校和治安不可能为适合每个人的喜好而没完没了地改变。由于很多政府服务至少在一定程度上具有集体物品的特性，因此提供给一个人的服务就是提供给许多人的——如果不是所有的人。然而，打包的公共服务里面项目太多，你大可怀疑任何两个家庭会有一模一样的偏好。即使在那些收入相同的、住在一样的同质化郊区的人当中，在个人需求和偏好方面也存在着显著的差异。有孩子的家庭需要质量更好的学校；老年人想要更为便利的交通；在意娱乐活动的人想有更多的公园和体育设施；胆小的人想要更多的消防和治安保护；对于地方公路应保养到什么样的水平，舆论也在变化。争论当中不仅有公共物品的数量，还有它的质量。学校应提供性教育吗？它们应注重大学预备课程，还是职业培训？课堂应严格组织安排，还是允许孩子们有一定的自由时间？地方居民在公共服务偏好上的同质性只能在不同程度上概略估算出来；即使在最优惠的情况下，完全协议也是难以置信的。

第二，由于没有价格机制精确地描述公共资源配置的不合理之处，公共服务便无法有效地供给。即便社区所有的居民具有同样的偏好，他们得到的服务也不会以可能的最低成本提供。在社区内部，地方政府垄断了公共服务的分配。要以较低的成本得到同类的打包服务，居民既要承担发现服务更为有效的社区的搜寻成本，还要担负搬迁成本，因此，居民将对不超过迁移成本的无效服务持忍耐态度。因为存在着从一个公共服务政府专营体制的社区向另一个只具有粗略的价格机制的社区搬迁的趋向，城市政府必须运用等级制监督管理的官僚技术手段去限制生产的成本。正如组织理论家的理论建树所示，这是一种对价格机制的勉强替代。[24]

第三，地方政府不能根据公共服务每次消费的数量，向消费者收费。由于社区居民具有不同的品位和需求，所以消费的公共服务各不相同。而且，在多数情况下，地方政府不能根据每个人所获好处的多少来要求居民付钱，据此分摊服务成本。对于地方收入政策来说，宪法的约束大概是完全推行这一做法最严重的障碍。税收必须公平合理。从法理上说，对同样的收入、同等价值的财产和相同价格的产品的征税都必须是相等的。因此，对于两幢大小和价值相同的住房的征税应该是同样的，不管这所房子里是不是住了六口之家，是不是花费了该社区的教育和娱乐资源，而另一所房子里住的是一位上了年纪的寡妇。同样，城市也在法理上或在实践当中限制收费，不使其成为获取服务的障碍。学校不收学费；街道和人行道免费对公众开放；治安和消防服务不设付费条件。由于这些服务的费用与使用无关，有些居民便对其他获得福利的人提供了补贴。

因为这些约束，看不出有任何地方政府体制会贴近 Tiebout 的政府服务与公民偏好相匹配的理想世界，更看不出有任何地方政府会将其土地对潜在移民的有关吸引力最大化。相反，地方公共服务的边际成本通常大于一般纳税人可感知的边际收益，这些纳税人的边际收益与纳税的比率通常小于1.0。在纳税人增加的边际税收当中，有一部分是因为感受到了那个地方生活成本的额外上升。

这个一般纳税人从社区获得的收益常常少于他对税收的贡献，同时他还从未从地方政府得到他想购买的全部服务。在大多数场合，地方政府不能给社区的任何一个人提供其他人不能同时得到的服务。如果每一位纳税人的特定需要得以满足，多数其他人将得到同样的服务，即使他们对服务没有什么经济上的需求。在那个价位上，公共服务的总供给将大大超过总需求，收益与纳税的比率将直线下降。结果，政府给一般纳税人的服务供给常常小于该纳税人对于这些服务的经济需求，其供给需求比通常小于1.0。

政府在地方社区的总体支出水平，是这些收益纳税比和供给需求比的相互连带效应的一个函数，如图2.1所示。在一般纳税人的收益

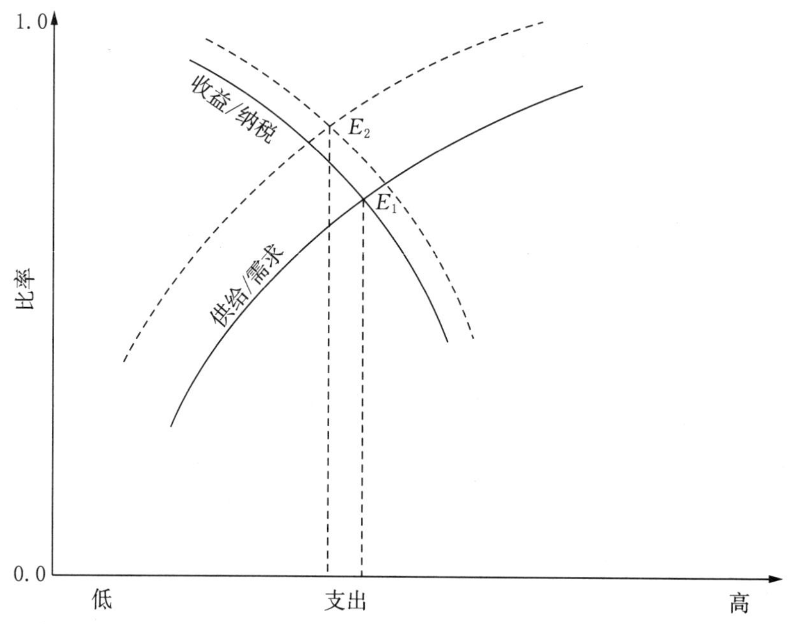

图2.1 不同支出水平上地方公共物品的供给与有效需求的比率和从地方公共物品所获收益与一般纳税人纳税的比率

纳税比等于供给需求比之前,支出水平会持续提高。在 Tiebout 的理论中,这两个比率是统一的,每个纳税人会得到他需要的服务,同时他获得的收益与他的纳税额是相同的。在信息和流动性都不完美的世界中,这两个比率的交叉点恰好位于这个统一性的下方,而政府提供服务的水平不得不接近这两个比率的交叉点。严重地偏离这个均衡点会危及社区的经济福利,尽可能地抬高这个均衡点符合社区的利益。例如,如果图 2.1 中的均衡点能够从 E_1 提高到 E_2,纳税人将有更多的需求以较低的费用获得满足。做到了这一点,社区就会成为更加称心如意的地方,生产性劳动力和资本便会被吸引到该地。

本章有几个地方需要强调和说明。首先,对一般纳税人,我不是指普通的财产业主,更不是中间选民或城市里的中间收入者。我所说的一般纳税人是实体单位——个人、商家、公司、等等——对这些实体来说,收益纳税比降到了中位数水平。所有缴纳的税收中有一半获得了更高的收益回报,而另一半的收益则比纳税要低。在计算中位数的时候,每个纳税人的加权与他支付的税额成正比。假设一个人或者实体在某一个社区支付了一半的税收,同时假设他的收益纳税比小于其他的纳税人(这有可能实现),那么,他就是一般纳税人。对地方政府来说,关键是对于财政基础的贡献,而不是实体在地方选举中投票的数量。一个城市关心的是经济利益,它不会平等地看待每个纳税人的收益纳税比,而是看他对地方财力贡献的比例。

其次,对于一般纳税人来说,地方政府的边际收益相对于边际税收成本的比率常常小于 1.0。他往往将所有政府服务的总和——包括全国政府和地方政府——的估值等同于他的纳税额。例如,多数人把公共秩序和安全、基本自由的保障、防卫国家免受外来入侵等服务的价格定得很高,远远超过了提供这些服务的实际成本,使垄断者能够自动地从他们那里得到这些服务的保障——既然垄断者有能力取消给那些未付费者的服务。但是,即使地方政府的安全保障权力被高估,某个城市也无法处在一种垄断的地位,肯定能从纳税人那里得到比提供安全保障服务的成本多得多的税款。别的地方能够通过以较低的成本提供同样的安保服务,从某个城市引来生产性的要素。在竞争能够约束服务提供者的收费价格的地方,就会有一种价格趋势,让服务价格回到恰好符合产品成本的那个点上。综上所述,地方政府服务虽然永远不能达到那个均衡点,但一个城市仍然能够通过追求这一均衡目标来增强它的经济地位。

最后,考虑到这个简略讨论的实践意义,你一定知道地方政府会尽量仔细斟酌它们征税的直接和间接的影响程度。虽然城市肯定意识到收益与纳税应相匹配,但城市的政府仍有足够的敏感度,顾及给城市带来税收之外的收入的生产性力量。据此,政府不但要重视直接的税收资源,还要考虑到间接的收入。不可否认,经济学家无法准确地判断税收的最终影响,地方政府也缺乏对间接收入的了解,使其能够考虑到政府决策的经济效应的整体情况,但是,这并不会阻止实践中的决策者作出合理的推断和估算。例如,设想一下这种情况:工业企业没有缴纳任何地方税(也许是因为在这家企业搬到本市之前,就签订了一项导致这一结果的特殊协议),但给地方带来了很大一部分的工薪职位。一个关心如何维护本地经济的政府,会对给企业提供所需要的服务感兴趣,因为这家企业在为它的雇员提供服务。实际上,地方政府认识到了企业是在间接地纳税,工人们必须被支付更多的工资,以涵盖他们为地方服务所缴纳的税款。简言之,地方政府考虑到了征税的直接的和间接的影响。

结论:效率与公平

地方政府的效率促进了城市利益。我所说的效率是一种状态,在此状态中,没有其他人的穷困,就不会有人生活得更为富裕。在Tiebout的世界里,地方政府运行得如此完善有效,每个人得到的服务都是他在经济上需要的;没有人会得到服务,除非他有此种需要。同时，支付的服务价格等于生产此服务的最低平均成本。没有其他人对费用的承担，就不会有人过得更好。

虽然这一乌托邦远在地方政府的能力范围之外，然而，任何一个地方，离税收与服务之间的这一理想状态越近，它为居民所展示的环境就越迷人，其土地也会变得越有价值。从帕累托最优的意义上看，尽可能地有效运转代表了地方政府的利益。

运转有效很难说是为了促进平等。正如许多对帕累托的效率定义的批评所言，像帕累托那样定义的资源的有效配置与总体的不平等是矛盾的。如果没有穷困与富裕的并存，任何人都无法对财富进行再分配。如果一个社会从一开始就存在巨大的不平等，仅仅依靠效率的增长是无法减轻这些不平等的。因此，对城市经济利益的追求，要求地方服务的有效供给，而不是给关照社会中的贫困者和不幸者提供补贴。的确，地方社区间的竞争几乎排除了对再分配的关注。

回头再看对一般纳税人的收益纳税比通常低于 1.0 的发现。纳税额达到中位数的人得到的福利收益通常少于他支付的税收额(同时对服务的需求未得到满足)。再想想这个情况，当地方政府再分配事项的数量增加时，这一收益纳税比下降了。既然纳税额达到中位数的人或者实体的境况比社区中低收入居民的要好，那么，增加从富人到穷人的再分配数额对支付中位数税额的人来说，意味着与他的纳税额比例相应的服务的减少。从这个一般纳税人的角度看，无论再分配服务配送系统的运行能力如何高强，地方政府的服务配送系统是很没有效率的。如果其他社区不怎么给穷困者提供服务，他就会发现迁居在经济上的一个好处。时间一长，就会对有意再分配的社区的经济福利产生负面的影响。

【注释】

[1] Flathman 1966.

[2] Banfield 1961，第 12 章。

[3] Tiebout 1956.

[4] 同上,p. 419。
[5] 同上,p. 420。
[6] Bruce Hamilton, "Property Taxes and the Tiebout Hypothesis: Some Empirical Evidence," and Michelle J. White, "Fiscal Zoning in Fragmented Metropolitan Areas," in Mills and Oates 1975,第 2 章和第 3 章。
[7] 见 Weber, "Class, Status, and Power," in Gerth and Mills 1946。
[8] 对于角色、结构和利益更为彻底的探讨,见 Greenstone and Peterson 1976, 第 2 章。
[9] 参照 Thompson 1965。
[10] 我把创业技能仅仅当成劳动力的另一种形式,尽管是一种供不应求的形式。
[11] Elazar 1970.
[12] Weber 1921.
[13] 美国商务部人口普查局 1977。
[14] Williams and Adrian 1963.
[15] Eulau and Prewitt 1973, p. 542.
[16] 同上,p. 543。
[17] 同上,第 26 章和第 27 章。
[18] Williams and Adrian 1963, p. 192.
[19] Oates 1969; Pollakowski 1973.
[20] Oates 1973; Pollakowski 1973; McDougall 1976; King 1977; Rosen andFullerton 1977.
[21] Cebula 1974.
[22] Babcock 1966; Mills and Oates 1975.
[23] Tiebout 1956.
[24] 这种无效的程度,可以通过纽约市公共和私人部门垃圾收集相对成本的比较而揭示出来。尽管收集的条件或多或少是一样的,但公共部门的收集成本还是比私人部门的多出一倍。见 Savas 1976。

第二篇

城市极限与公共政策

三种政策领域

由于促进城市经济福利的政策符合城市利益，地方公共政策依照对地方经济活力的影响而被区别对待。从这一事实出发，可以从逻辑上推断出公共政策的三种类别。[1]发展政策促进城市的经济地位。再分配政策让低收入居民获益，但同时对地方经济产生负面影响。分配政策对于城市经济的效应或多或少是中性的。这些定义非常粗略，需要进一步的阐释和说明。为此，我们会发现，正如许多政策具有各种各样的经济效应一样，它们也产自不同的经济和政治条件。一则，对于每种政策类型，不同的因素影响了州和地方政府能够和愿意提供的财政支持的水平。二来，政府在财政上对一项政策应有的支持水平随政策领域的变化而不同。最后，与每一种政策类型相联系的政治的形态也是变化多端的。现在言之过多，会让你预测到我的观点中许多未展开的部分。在这一章，我们将乐于展示这三种政策领域，看看导致财政支持水平变化的因素是如何随政策领域的转换而改变的。

发展政策是一个社区在同其他社区竞争的时候，促进社区经济地位的那些地方规划项目。它们增强地方经济，扩大地方税基，带来可用于社区福利的额外资源。它们得到许多人的赞同，反对的只是那些代表了与社区利益相冲突的狭隘利益的极少数人。

发展政策因为其积极的经济效应大于它们对社区居民产生的成本，而促进了地方经济。最明显的成本是项目要求的增税。其他成本也许还有指定土地用途而产生的机会成本。工业园区或者购物中心的建设可能是以牺牲原生态土地或居住邻里为代价的。任何与政策相伴的大气、水或者噪声的污染也是地方社区必须承担的成本。但是,作为这些成本的回报,社区可获得新的就业机会、增长的地方服务需求、土地价值的上升和更高的地方政府财政收入。

发展政策没必要经常把社区对工商业的吸引挂在嘴边。一个野生动物保护地的创建可能会大大提高周边住宅的吸引力,致使目的在于这类用途的土地分配产生的机会成本会被邻近地区土地市场价值的提高所补偿,补偿量将多于机会成本。在某些情况下,地方学校的改进会使一个地区成为吸引家庭的迁入之所,提供这一服务所增加的成本会被超额补偿,这种补偿源自居民在有优质学校的地方生活所带来的地方经济增加值。其他地方政府服务的情况也是如此。

粗略地估计一项政策是否代表城市利益的简便方法,是考察收益纳税比是比 1.0 大还是比 1.0 小,即一般纳税人的边际收益是否超过了边际成本。如果一般纳税人或者高级一般纳税人(above average taxpayer,从边际税收中所获得的边际收益水平没有达到均值的纳税人)发现他们的收益纳税比因为政策而提高,他们就会觉得留在这个社区更加值得。那些能够从社区居民支付的使用者费用当中,或者从对服务使用者征收的税收当中获得资金支持的政策,往往被视为发展政策。在这些情况里,接受服务的人以他们的行为表明,他们对服务的估值高于他们为提供服务所必须支付的价钱。收费公路能够仅仅从对驾驶员征收的费用中获得资金支持表明,建设这类公路是一种发展政策。

然而,虽然一项自我资助的项目通常是一项发展政策,但并不是所有的发展政策必须是一种狭义的、成本会计师术语意义上的自我资助。给社区内的工商企业实施税收减让不属于字面上的自我资助,但是这些企业选择该社区作为它们经济活动的中心而给这一地区带来的经济收益可以很大,以至于从长远来看,这一项目的收益足以支付其付出的费用。地方官员的判断是,一个项目从长远来看给社区带来的花费很小或是没有，是它属于发展政策的最好证明。

形成对照的另外一端是指那些不仅没有产出效益，实际上还损害了城市经济地位的政策。你可以想象许多种经济上有害的政策，但是其中的多数对于公共资金的真正竞争者来说并不可行。严肃的地方政治参与者都不会建议给每个城市雇员发一辆配备全职司机的黑色凯迪拉克。这些类别的政策除了让市政厅破产以外，没有别的结果。当然，在较小的范围里，税收减免让政策可以得到容忍。通过长时间建立的政治人脉，加勒比地区的一位消防委员会的委员能够在退休的时候获得一笔优厚的养老金，即使这一优待是纳税人的一种损失，没有明显的补偿性收益。然而，除了那些有意于政治腐败的政策之外，大多数经济上退让的政策基本上没有理论上的关联。

然而，一种没有产出的地方政策为了获得公众支持，会提出一个似是而非的说法。因为再分配政策帮助了穷人和不幸的人，并合理平等地为公民提供了获取公共服务的机会，这类政策有时候会归并在一起，成为地方政府的惯例，即使它们的经济影响是非常有害的。

我把对“再分配”一词的使用限定在两个方面：一是我只说从社区的富裕人群向生活困难人群的再分配。虽然从技术上看，再分配可以是任何形式的金钱转移，但近年来它已经被赋予了更加特定的含义，指收入从高收入人群向低收入人群的转移。二是我只说那些对地方经济产生负面效应的再分配政策。有时候，再分配可能在经济上是有益的。无论在何时，只要地方社区需要更多的低收入居民，给服务业增加人手，或者给制造业更多的非熟练工人，那么，城市就会给这些工人提供一些再分配服务，如低成本住房或免费医疗。但是，美国当前非熟练工人的短缺已经很少见了，必须认识到在大多数情况下再分配项目对经济的消极影响。在向地方经济最不需要的那些人提供福利的时候，就要向那些地方经济最需要的人征税。尽管地方政府经常躲避实施这些经济上艰难退让的再分配政策，但是这种能够代表贫困者利益的要求非常强烈，使其成为城市时不时要执行的一种退让政策。

一个人通过估计那些为服务缴纳地方税的人是否就是这些服务的接受者，就可以粗略地推断有关政策是不是再分配的政策。这两者没有任何重叠的地方，就是完全实施再分配的地方。给非纳税人的福利援助是最彻底的再分配情况。更笼统地说，增加收益纳税比在均值以上的那些纳税人的边际收益纳税比的任何服务，就是一种再分配的服务。这些人本来就是地方服务的受惠者，有了再分配服务，他们相对高水平的收益（与纳税相比）就会更多。因为通常低收入者纳税的绝对值是最低的（不过，税收占他们收入的比率还是高的），正是这些低收入居民拥有较高的收益纳税比，是再分配政策的最大受益者。

这只是判断一项政策是不是退让性再分配政策的又一个大概的办法。在某些情况下，非纳税人可能对地方经济作出如此重大的贡献，以至于他间接地支持了地方政府的收入基础。一所私人大学被免于缴纳财产税，但是它在其邻近地区产生了大量缴纳地方税的二次产业和服务业，就是一个很好的例证。然而在大多数时候，对那些收益纳税比已经较高的人有所助益的再分配项目，只不过是让社区成为一个对其更具生产性的成员来说，费用更高的地方。再分配项目也许在其他方面值得期待，对地方经济产生的是伤害。

分配政策既不是发展性的，也非再分配的。这类服务的边际支出对地方经济来说，既谈不上有多少积极作用，也没有什么消极的效应。从一定程度上讲，这一类别只是给予两种政策范围之间的中间点一个正式的分类，这两种政策是指那些有助于发展地方经济的政策以及那些在给非纳税人再分配有价值的事物方面发挥最大作用的政策。但是，由于地方政府的服务陷入了这个中间地带，且地方冲突又常常聚焦于分配政策，因此政策系列的中间点与两端一样，应予足够的关切。

地方政府的内部服务事项是最好的例子。这些服务从整体上看，既没有再分配的性质，也没有发展政策的性质。实际情况是，所有的社区成员都从治安和消防最具价值的方面得到了好处，从遍布社区范围系统化的垃圾、废弃物收集服务中获益。这些服务减少了灾难性的大火灾、对人身和财产的大规模侵害、社区传染病、公共空间成为废物垃圾场等发生的可能性。每个人对这些服务的估价可能不一样，但是所有人得蒙巨惠。而且，比较富裕的人似乎对这些服务的边际分配更为看重，因为他们有更多的东西需要保护。

这些内部服务在一个社区内纳税较多的地区实施得更有效益。在城市里财产更有价值、业主纳税更多的地方，犯罪率低、火灾损害小、街道干净等都具有特征性。[2]不能说这些特征性成果仅仅得益于市政部门的本职工作，事实上，政府的治安、消防和卫生工作更多地集中在低收入邻里。[3]较富裕地区的相对和平与安宁是环境变量的一个函数，这些环境更多地受到政府分区法律的影响，而非特定市政部门工作努力的影响。话虽如此，正是多项城市政府政策的结合，生成了城市服务，这些服务在财产价值较高的地方发挥了更高的效益。

内部服务被广泛而均匀地分配。一方面，它们没有牺牲一般纳税人的利益而特别照顾社区中有特殊需要的人群。另一方面，这些政策项目没有像发展政策那样进行自我支付。由地方垄断者管理的内部服务政策在执行效率方面并不完美，很少以向使用者收费的方式来促进对这些服务的合理使用。结果，收益的分配与成本的分配相脱节，在服务的绝对最小值的上方，一般纳税人的边际收益大于 1.0 的可能性很小。

地方政府的很多就业政策是分配政策的另一种类型。除了保持与其他城市相竞争的工资和收益水平之外，地方政府还能够追求一系列不损害地方经济的招工政策。一个城市可能喜欢依照特定的职业资格来录用人员，比如学校教育的时间、公民服务测试的分数等等这类东西；别的城市则喜欢用选任领导人的政治密友。有些城市严格地遵循功绩标准，有些则在城市不同的种族和社会集团之间平衡就业机会。既然这些渠道在发现自愿和有能力的新雇员方面机会也许是同样的，那么，其中任何一种渠道对于地方效率都不会有太多的影响。

从形式上看，分配政策给一般纳税人提供了平均的收益纳税比。

分配政策上的支出增长不会增强或者减弱城市对一般纳税人(当然,在财富上也许比一般人富有)的吸引力。这意味着分配政策的边际收益会低于地方税收的边际成本。例如,即使一般纳税人想要治安服务,他还是希望花在这类服务上的边际费用能够省下来。同时,会有某种别的分配政策,一般纳税人乐意增加税收上的支出去得到它。然而,假如他被提供了那种服务,他的收益纳税比将上升,而其他不愿意增加税收的个人则变成了一般纳税人,仍然要承担不太高的收益纳税比。这样,对一般纳税人来说,分配政策通常服务供给太少,成本太大。

公共服务供给水平的变化

地方政府提供的发展政策、再分配政策和分配政策的水平随社区的不同而变化,导致变化的因素也在不同的政策领域间变化。为给这些差异一个正式的解释,我将依赖于读者已经了解过的关于收益纳税比的表述。因此,有必要对这一观点给予精确的展示。但是,读者想必常常会觉察到,地方政府并非受到狭隘、琐碎的成本会计师们的驱使,斤斤计较于直接税收给付与直接服务获取之间的平衡。读者们最大的关注终归是对地方经济更为综合的影响。

三个因素影响到了发展政策、再分配政策和分配政策的供给:财政能力、服务供给的成本、服务需求。第一,在其他方面的情况同等时,社区的财政能力影响了它的支出水平。这是由于在地方之间,税收在地方资源中所占比率的变化程度相对较小。因为对大多数政府支出而言,一般纳税人的收益纳税比小于1.0,相对较高的地方税率会让社区吸引力相对减小。为了保护社区经济资源,防止资源的净流出现象,任何一个社区的税率同其竞争对手相比,一定不能高出太多。同时,社区花钱的数量将以竞争社区征税的税率为上限,因为一般纳税人对服务的需求通常小于服务的供给(见图2.1)。在财政能力更强的地方,更多的服务需求能够在不提高税率的情况下得到满足。地方社区有足够的动机去满足服务需求，只要收益纳税率不低于其竞争对手。

虽然有很多例外的情况，但在同样的市场上竞争的地方政府之间，税收在经济资源中所占比率还是会趋于相同。比如，看看州和地方政府的人均一般总支出就会发现，50 个州之间有相当大的不同。1973 年，每个州在支出上的标准偏差围绕均值 637 美元偏离了 229 美元，产生的标准差率为 0.36。从表 3.1 可以看出，美国联邦政府的援助减少了州际的这些差异，但程度不大。然而，州和地方政府从每 1 000 美元的个人收入中所得到的财政收入的数量，其标准偏差围绕均值 162 美元，偏离值仅在 19 美元之内，产生的标准差率只有 0.12。换言之，美国各州在公共服务的支出方面差异较大，但为提供这些服务而对个人收入征税的比率却非常相近。而且，税率的相近不能归因于联邦政府差异化的财政支持。

表 3.1　州和地方财政(1973 年)

	均值(美元)	标准偏差(美元)	标准差率
不包括联邦援助的人均一般支出	637	229	0.36
包括联邦援助的人均一般支出	860	276	0.32
从每 1 000 美元个人收入的自有资源中得到的一般财政收入	162	19	0.12

注：数据包括美国 50 个州。
资料来源：Maxwell and Aronson 1977，表 A-7 和 A-9。

这些数据显示，第一，税率上的相近导致了地方政府支出水平的本质差异。在税率相同的条件下，人均经济资源比较丰富的社区可用于公共支出的人均财政收入就比较多。因此可以假设，地方政府的支出与社区财政资源的指标具有正相关的关系，不管这些指标是家庭收入中位数、人均收入、财产价值中位数、销售收入总额或者是其中一些的组合。

第二，公共服务供给成本影响到州和地方政府间的支出水平。如果政府为提供一项福利而必须购买的劳动力和原材料的供给相对短缺,其成本就会上升,公共支出的水平相应也会提高。至少,对那些需求价格弹性小于1.0的政府服务而言,就是如此。尽管成本上升时,购买的单位数量将会下降,但服务的总支出还是会增加。

第三,政府支出是对公共服务经济需求的一个函数。在需求增长时,政府购买更多的服务,支出会增加。这类关系明显而直观,但要记住,需求的概念是在市场分析的意义上使用的。与公共政策的多数研究不同,这里所说的需求并不等同于中间选民的偏好。有潜在迁居倾向的纳税人的需求才是最关键的。在一定程度上,只有对那些愿意并且有能力为自己的服务意愿买单的个人来说,偏好才会转变为需求。居民的偏好成为重要的需求,只与他们的纳税水平相关(或者更一般地看,与他们为社区经济活力作出贡献的数量有关)。因此,不要指望发现地方政府为社区每一个居民或选民尽到了责任。只有高级一般纳税人关切的事项才会引起最高的重视。

这三种因素——财政能力、供给和需求——怎样随支出水平变化,取决于讨论中的公共政策的类型(见表3.2)。在执行再分配政策时,财政能力与支出水平之间的关联很强。因为政策的受益者不是纳税人,任何为再分配服务而提高税率的举动都会对经济产生特别有害的影响。结果,从一个社区到另一个社区,从资金上支持再分配政策的税率必须是完全一样的,财政能力的变化将决定支出变化的主要部分。另一方面,再分配政策的"需要"程度与支出会有微弱的关联。因为再分配政策的需要不会被社区纳税的居民感受到,这类需要没有渠道转变

表3.2　假设中的地方政府支出的决定性因素

政策类型	支出的决定性因素			
	财政能力	需　求	供　给	需　要
再分配	高	……	低	低或者负的
分　配	适中	适中	适中	……
发　展	低	高	适中	……

为有效的需求。[①]同样，不能假设在服务供给的成本与支出水平之间存在强有力的关联。因为收益纳税比低，所以再分配政策是地方政府服务的一种类型，对这种服务的需求弹性大约等于1.0。当服务成本上升时，服务的供给就会相应地下降，以保持支出水平的总体稳定。

恰恰相反的关联模式发生在发展政策领域。因为这些服务的边际收益纳税比高，所以可感知的收益甚至超过了成本，财政能力也不会对支出水平具有显著的效应。甚至那些财政能力较低的社区都会发现，花钱在有助于壮大财政基础的项目上，符合社区的利益。另一方面，需求程度与支出会有很强的关联。从旅游业获利的社区因为存在着服务需求，会在公园和娱乐项目上花费更多。地方政府承受的成本被旅游业的增加值所冲销。鉴于这种政策的需求弹性会低于1.0，供给变量预计也会影响到支出。再以旅游业为例，在娱乐服务的成本增长时，社区大概就不会提供多少这类服务，但是服务的削减也许将少于成本的增加，因此带来了总体上更高的支出水平。

分配政策的模式介于这两个极端之间的某个地方。因为收益纳税比小于1.0，财政能力会影响到服务提供的水平。财政能力弱小的社区无法仅为提供高水平的分配服务而承担更重的税负。另一方面，经济需求和服务的供给成本也会影响支出水平。不但在纳税人感觉有更多需要的地方服务供给会更多，而且，既然需求价格弹性比再分配领域的要小，服务供给成本的增长就不会完全被服务提供数量的减少所抵消。当警察服务花费更多时，基本上就不会有警察被雇用；而总体支出水平仍然会上升。

总之，不同的政策对于城市经济利益会有不同的影响效应，政策提供的水平因而由不同的经济因素所决定。发展政策促进一个城市的经济增长，对它的财政支持的数量取决于对这种政策的经济需求。需要更多产业的城市将对迁入的行业给予税收减免。需要更多旅游者的城市，花费在娱乐服务上的钱将会更多。地理上更为分散的城市，在街道

---

① 需要是need，需求是demand。——译者注

和公路上会有更多支出。这些需要在私人市场上是等量的经济需求，所以能够得以满足。地方政府对这些需要的满足促进了社区的经济福利，扩大了市政厅的财政基础。

再分配政策削弱了地方经济，仅仅在城市能够承担的水平上得以提供。一个财政根基薄弱的社区不会提供高水平的再分配服务，即使有许多贫困者。这样做要求有更高的税率，将会使社区对工商业、生产性劳动力以及全部维持地方经济所需要素的吸引力减退。注意这些关系恰恰与所希望的相反，是一些由城市内部政治决定的地方政策。贫困人口大量出现的地方，就希望有更高的再分配水平。但是，就贫困者的出现对地方财政基础削弱的程度来看，你一定想要找到在贫困与再分配支出之间关系的相反状态。

分配政策属于不伦不类的东西，对城市经济增长影响很小。它们提供的水平不单单是财政能力的一个函数，也是经济需求和服务供给成本的函数。

政策领域的经验性差异

三种政策之间的联系和一个城市进行自我定位时的处境简单而明了。然而，要轻易地获取有关城市政府的信息，展现这些政策之间的联系，并非易事。主要有两类问题。最麻烦的是要找到可资比较的分析单位。“城市”一词在各个地方并不是同一事物。有些“城市”运行了一大堆公共服务，而其他“城市”只有治安和消防部门。有些“城市”从自身资源筹集大部分财政收入，有些则从州政府弄到大笔援助。我们在第 1 章讨论过了别人在解决这个问题的时候所碰到的困难。

基于第 1 章所提到的理由，我已经得出的结论是，“城市”的支出无法从支出本身中检验出来。由于州与地方有着千丝万缕的联系，需要检验的是州与地方政府的共同开支。这样一来，可比较的分析单位变成了美国 50 个州—地方政府体制。从理论上讲，每个州—地方体制的共同活动之间可以相互比较。[4]它们的支出模式之间的任何差异与它们进行自我定位时所处的变化着的经济环境之间因此存在着有意义的关联。这一思路不但解决了分析单位的问题,它还有另外一个好处,就是避免了在检测已有的政策建议时出现"难以解决"的状况。由于州政府更为幅员广阔,与城市相比,州更少受到外部经济力量的影响,因此,我们对于地方政府的论断就不太适用于州政府。如果这些政策建议得到了州与地方政府合并支出的数据的支持,就基本上确定可以应用于城市和其他地方政府的管辖活动了。

第二个难题是州和地方政府未能恰当地将政府政策分为发展的、再分配的和分配的政策。没有必要将这套分类系统在政府有关领域的应用想象得太精确。在美国的统计中,按照政府支出得以分类的标准作出的统计分析,与我勾勒的纯理论上的政策分类有些接近。州与地方在福利与健康医疗方面的支出,似乎是相对意义上的再分配政策的非常明显的例子。一般而言,支付和得到这些服务的个体之间最多只有某种零散的对应性。对于跨越阶级界限进行福利的再分配,也许在一定程度上存在某个问题,即这些服务是否真的有利于它们想要帮助的人,主要的受益人是不是服务的接受者或者提供这些服务的从业人员。但是,最起码很少有人断言,在这些政策领域内,缴纳税收与接受服务之间存在着紧密的对应。还有一些观察福利政策的渠道,就是州与地方政府在老年人和未成年儿童援助、失业救济方面的平均支出。这些支出数额取决于州与地方的考虑,为州—地方体制在再分配目标方面的承诺提供了特别好的证据。

在美国,支出水平很高的发展政策更加难以辨别。受益者易于识别且能够收取相关费用的服务,大多数是由私人市场来承担的。但有些政府政策在纳税人和受益人之间至少有些粗略的对应关系。最显著的例子是政府对于全社会交通和通讯系统的改进。在许多情况下,这些服务的直接消费者支付的费用涵盖了服务的成本。燃油税、小汽车和卡车执照费用于支付公路建设的成本。从更一般的角度看,州和地方在经济上得益于同更广阔的外部世界的交通往来和密切联系。这样，在随后的分析当中，公路的支出就构成了发展政策的一个案例，数据容易获取。

分配政策的最佳例证是在治安和消防服务上的支出。如前所述，这些服务是为了社区的整体利益，再分配的色彩很少，但它们对于一般纳税人的边际收益实际上可能还是小于边际成本。

在后文的多个表格中，我将教育单列出来，因为这一政府职能的归类尤其困难。这个问题是第5章关注的核心，它描述了教育的再分配作用，这一作用在中心城市要比在郊区大得多。一般来说，大家肯定觉得教育服务具有些许再分配的含义——比治安和消防服务多些，但比福利和健康支出少。然而，教育服务在地方层次的花费巨大，是地方纳税人最大的单个开支项目(参见第4章)。由于它是地方政府财政中最贵的再分配项目，即使它的再分配程度适中，其支出水平可能仍然对社区的财政能力保持敏感。

有八个自变量被挑选出来，用以识别财政能力、需求—供给因素和非经济“需要”的相对重要性。州与地方政府财政能力的两项指标为中位数家庭收入和人均财产价值。城市化的三项标准——生活在大都市区的人口比例、人口密度和非农部门就业的比例——提供了对于多个因变量的供给的经济需求变化的指标和供给成本的变化指标。由于城市化与工资水平和多种原材料价格有关，它可以被认为是衡量政府服务成本变化的替代性指标。同时，城市化为增长的分配政策(如治安和消防)需求提供了指针。城市化与对道路和交通干道的经济需求也存在着负面的联系。除了城市化的这三项标准，作为政府服务供给更为直接的成本指标，制造业部门给付的平均工资也包含在自变量当中。最后，自变量中还包括不能在经济需求中体现出来的对于再分配需要的两项指标，它们是低收入者的比例和黑人的比例。对于全部自变量和因变量的完整描述见其他文献。[5]

在后文的表格中，我分析了这八项因素对于再分配的、分配的和发展的三方面支出的影响方式。为了展示它们之间稳固的联系，我以不同的方式分析了数据，在每张表中介绍了变量之间的不同组合。有些对于统计技术不太熟悉的读者可能觉得，这些展示技术性太强，不能保证对于细节的了解。我认为这些表格提供的信息大体上支持了我提出的假设，愿意接受这个判断的读者可以跳过这些表格，直接翻到本章的结论部分。希望仔细阅读这些表格的读者，要留意低度相关和负相关之间的区别。如果关联系数低，意味着两个变量之间明显没有关联。例如在表 3.3 中，财产价值与公路支出之间的关联系数低至 0.06，意味着与财产价值低的州相比，财产价值高的州在公路上的支出不会比前者更多。如果系数的负值高，表示两个变量之间的反向关联。例如，在同一张表中，大都市区人口与公路支出之间的关联系数为 -0.58，是指大都市区居民比例更高的州在公路方面的人均支出较少。从这一负相关的倒数可以推断，为了满足低密度人口的需要，农村地区公路的人均支出更高。

这八个自变量与九项公共政策中的每一项之间的简单关联，见表 3.3。一般而言，关联的模式与我提出的假设一致。财政能力的两项指标——中位数家庭收入和财产价值，是与再分配的和教育的支出关联最强的变量。与低收入者生活成本变化相联系的因素包括人口密度和城市性，与再分配水平呈正相关关系，但不是太强。显然，黑人的比

表 3.3　公共政策与财政能力、需求—供给、需要之间的简单关联

政策类型	支出的决定性因素							
	财政能力			需求—供给			需要但非需求	
	收入	财产价值	密度	大都市区人口	非农部门就业	平均工资	穷人(%)	黑人(%)
再分配								
老年人援助	0.50	0.44	0.12	0.20	0.32	0.26	-0.41	-0.25
未成年儿童援助	0.71	0.59	0.45	0.26	0.45	0.37	-0.76	-0.57
失业救济	0.81	0.74	0.46	0.53	0.58	0.47	-0.70	-0.33
福利支出	0.59	0.58	0.53	0.47	0.56	0.22	-0.50	-0.28
健康医疗	0.33	0.47	0.16	0.33	0.42	0.17	-0.14	0.19

(续表)

政策类型	支出的决定性因素							
	财政能力			需求—供给			需要但非需求	
	收入	财产价值	密度	大都市区人口	非农部门就业	平均工资	穷人(%)	黑人(%)
教育	0.74	0.54	0.11	0.22	0.35	0.70	-0.66	-0.46
分配								
治安	0.70	0.73	0.37	0.60	0.65	0.39	-0.50	-0.11
消防	0.69	0.73	0.55	0.64	0.71	0.28	-0.56	-0.20
发展								
公路	0.12	0.06	-0.35	-0.58	-0.25	0.38	-0.15	-0.44

资料来源:Peterson 1979a。

例和低收入者的比例作为判断需要和贫困集团政治权力的假设性指标,与再分配支出之间的关系为负相关。

发展政策支出水平的决定性因素与再分配领域的那些因素明显不同。公路支出并没有受到州—地方体制财政能力的显著影响,而是受到服务需求指标和供给成本指标的强烈影响。人口密度、大都市区居民的比例和非农部门就业比例与公路支出负相关,这是因为这个国家人口密度低的农村地区对于公路的经济需求更大。工资水平较高的地区支出也会更多。分配政策的决定性因素表现的形式不一样,对这类政策来说,财政能力变量和需求—供给变量对于解释支出水平差不多同等重要。

表3.3提供的简单关联会误导读者。在对变量进行控制时,明显强有力的关联证明可能是虚假的;一旦妨碍关系识别的变量被清除,原来明显微弱的关系会变得更加强大。与此同时,当若干个高度相关的自变量被一起进行回归分析的时候,多元共线性问题会导致其他解释性问题的产生。经过大量分析之后,我们试图将这些不同的,但又一样令人头痛的问题的干扰最小化,发现可以只用三个变量——收入、大都

市区人口和黑人的比例——来解释的公共政策的差异，这同包含两倍变量的回归分析所解释的公共政策的差异一样多。由于三个变量为每一种经过详细说明的重要理论概念提供了一个指标，表 3.4 中的简易回归分析是对假设的最好验证。

表 3.4　作为公共政策决定性因素的收入、大都市区人口和黑人比例

政策类型	支出的决定性因素			
	财政能力：收入	需求—供给：大都市区人口	需要但非需求：黑人(%)	复相关系数
再分配				
老年人援助	0.58**	−0.14	−0.01	0.51
未成年儿童援助	0.63**	−0.07	−0.32**	0.78
失业救济	0.71**	0.12	−0.07	0.81
福利支出	0.35*	0.29*	−0.18	0.63
健康医疗	0.48**	0.00	0.38**	0.48
教育	0.88**	−0.29*	−0.09	0.79
分配				
治安	0.59**	0.24*	0.08	0.74
消防	0.42**	0.40**	−0.10	0.75
发展				
公路	0.67**	−0.97**	−0.06	0.81

注：表中数值为标准变异系数。一个星号（*）表征 T 统计量的显著性水平为 0.05；双星号（**）表征 T 统计量的显著性水平为 0.01。

资料来源：Peterson 1979a。

在该表中，甚至更为明显的是，财政能力对于再分配政策的决策是多么重要。老年人援助的水平、对未成年儿童援助的数额和失业救济的水平等，都严重依赖于州和地方政府的财政资源。在福利和健康医疗方面的总体支出也依赖于当局的财政资源，只是程度上小一些。教育政策也是州的收入水平的一个函数。即使同其他再分配政策相比，教育的再分配性质稍弱一些，也得到了地方政府的大量资助，因此对于财政因素似乎特别敏感。

请注意，与再分配政策无关的变量同样重要。黑人在美国人口中虽然属于最贫困的集团之一，但在大多数再分配政策中，黑人在全州人口中的比重与接受福利的水平之间只有微弱的关联。事实确乎如此，表中的负号表明，黑人人口所占比重越大，再分配的支出就越少。如果用在州内生活的低收入居民的比重替代黑人的比重，结果也不会改变。如表3.3所示，黑人和贫困者的出现对再分配支出都只有负面的效果。这一模式的唯一例外是健康保障和医疗，黑人的比重同再分配支出呈正比例关系。在这个仅有的情形中存在一个迹象，即黑人对健康保障的需要确实增加了服务的开支。这一需要成为地方出资的公共健康保障的一个有效决定因素，促成这一转变的特定机制尤其值得关注。但是，如果黑人的存在增加了州与地方对健康保障的开支，这一结果就与福利政策相反。即使对州财政资源的有关变量进行控制时（如表3.4所示），黑人的存在还是冲减了对未成年儿童的援助力度。

正如预计的，分配政策对财政能力和需求—供给因素都有回应。在消防支出方面，两者的重要性看起来差不多。另外，对于治安支出的影响，财政能力似乎要比需求—供给因素大一些。这些数据的截止年份是1970年。到那年为止，地方当局开始相信，治安支出的边际增长对一般纳税人产生的边际收益较小，因此，只有在财政能力充裕的情况下才会为治安服务付出更多。

发展政策恰好是以我们预见的方式，被证明与需求—供给因素存在着很强的关联：州内农村地区越大，在公路上的开支就越多。倘若公路对州内农村经济有较大的重要性，这些政策当然就切合实际了。这一发展政策对于农村经济的需求还是作出了很强回应的，与作为再分配政策决定性因素的黑人和低收入集团需要的无力形成了鲜明的对比。另一方面，我的假设没有预见到的是，财政能力与公路支出之间虽然较小，但却是有力的关系。显然，在即便是经济上稳健的投资决策作出之前，也要保证有钱可用。

对此，持怀疑态度的人可能会提出三个反对意见：(1)对服务的经济需求效应与提供这些服务的费用之间没有区分开来;(2)一旦考虑到联邦援助的影响,变量之间的关系就可能改变;(3)研究发现受到了美国50个样本州里南部各州的严重影响。后续的数据分析基本上不支持所有这三种可能的批评意见。

首先,请看表3.5,将对服务的经济需求效应与服务供给成本的效应分开。收入仍是财政能力的指标,在这张表中,大都市区人口被视为分配性服务正向需求的一个指标,也是公路负向(因为农村地区的人均需要更大)需求的指标。我还列入了制造业的平均小时工资,作为公共服务供给成本合乎情理的一个指标。结果,几乎所有的发现都确认了我最初的假设和见解。再分配政策很精准地成为财政能力的一个函数,其他变量影响甚微。教育作为一项劳动密集型服务,教育政策正如所预期的一样,受到财政能力和教育供给成本的双重影响。分配政策

表3.5　作为公共政策决定性因素的收入、大都市区人口和平均工资

政策类型	支出的决定性因素[a]			
	财政能力:收入	需求:大都市区人口	供给成本:平均工资	复相关系数
再分配				
老年人援助	0.71**	−0.18	−0.16	0.52
未成年儿童援助	1.04**	−0.30**	−0.24*	0.76
失业救济	0.82	0.06	−0.08	0.81
福利支出	0.69**	0.13	−0.27*	0.64
健康医疗	0.25	0.20	−0.04	0.37
教育	0.71**	−0.28**	0.30**	0.82
分配				
治安	0.57**	0.28*	−0.05	0.74
消防	0.67**	0.30**	−0.23*	0.77
发展				
公路	0.47**	−0.93**	0.31**	0.84

注:a 参见表3.4注。
资料来源:Peterson 1979a。

的关系也大都与假设相符。虽然分配性服务的供给成本与支出水平没有正相关关系，但这些服务还是受到了财政能力和需求的正向影响。最后，作为发展政策的一个样本，公路的支出受到农村地区高水平需求的重大影响，但也受到了成本要素的影响，这与我们预计的相当一致。没有想到的是，公路的支出也是财政能力的一个函数。

接下来，考察联邦援助对地方财政支出的作用。观察时请记住，因变量只包括那些没有直接得到联邦援助资金资助的支出项目。尽管如此，表3.6显示，联邦援助地方福利支出和公路支出仍然有很强的联系。这种关系的必然方向不易把握。一方面，联邦援助的可用鼓励了地方在这些项目上的开支；另一方面，联邦援助的配套方程要求，只要地方支出贡献增加了，联邦承担的部分也应增加。无论何种关系都不是我主要的考虑；与本章提出的观点相关的是，联邦援助是否改变了支出与财政能力、需求和供给因素之间的关联。表3.6揭示出联邦对这些关系的作用很小。财政能力仍然是再分配支出的首要因素；需求—

表3.6　联邦援助与地方支出

政策类型	支出的决定性因素[a]				
	联邦援助	财政能力：收入	需求—供给：大都市区人口	需要但非需求：黑人(%)	复相关系数
再分配					
福利支出	0.67**	0.62**	0.02	-0.08	0.89
健康医疗	-0.06	0.47**	0.03	0.38**	0.49
教育	0.19*	0.88**	-0.37**	-0.14	0.81
分配					
治安	0.15	0.54**	0.33*	0.08	0.76
消防	0.12	0.38**	0.47**	-0.10	0.76
发展					
公路	0.65**	0.34**	-0.47**	0.02	0.94

注：a 参见表3.4注。
资料来源：Peterson 1979a。

供给变量还是发展支出的最重要决定性因素;分配政策受到财政能力和需求—供给因素的双重影响。例外的是健康医疗政策,少数人的需要对于支出水平没有显著的效应。

表 3.7　非南部州的公共政策决定性因素

政策类型	支出的决定性因素[a]				
	财政能力:收入	需求—供给		需要但非需求:黑人(%)	复相关系数
		大都市区人口	非农部门就业		
再分配					
老年人援助	0.54**	−0.17	0.09	−0.14	0.52
未成年儿童援助	0.58**	−0.01	0.01	−0.25	0.59
失业救济	0.61**	0.29	−0.07	−0.08	0.76
福利支出	0.13	0.28	0.32	−0.21	0.62
健康医疗	0.27	−0.18	0.39*	0.18	0.55
教育	0.98**	−0.28	−0.32*	0.04	0.70
分配					
治安	0.39*	0.13	0.24	0.09	0.72
消防	0.17	0.31*	0.42**	−0.17	0.76
发展					
公路	0.72**	−1.04**	−0.10	−0.01	0.84

注:a 参见表 3.4 注。
资料来源:Peterson 1979a。

最后,当南部(联盟)各州从分析中被剔除时,关系模式的变化很小。我不知道有什么特别好的理由将南部从分析中剔除,南部是美国市场经济的一部分,同其他地区一样容易受到相同外部压力的影响。文化差异不是太大,以至于变量之间的相互作用会产生完全不同的模式。但是,对于那些坚持在州际比较中考虑南部差异性的人来说,表 3.7 仅报告了 39 个非南部州的考察发现。在该表与表 3.5 进行比较时,须注意两表中的变异系数非常相近。再分配政策还是州财政能力最主要的一个函数,发展政策(公路)还是作为最重要变量的州内非大都市特征的函数,分配政策仍然受到财政能力和需求—供给因素的双重影响。

相关研究述评

虽然这一类型学以前没有用于分析州和地方政府财政，我的发现还是与前期很多基本上属于非理论的研究成果相一致。这些研究虽然应用了不同的统计技巧，用于检验数据的样本也不一样，甚至还有大量的方法论上的难题，其结果却与我的发现出奇地一致。[6]首先来看 Fisher 在 1960 年对美国州和地方政府支出的研究，这个研究记录了七个自变量的变异系数，这些自变量代表了许多政策领域的支出决定性要素。[7]在表 3.8 中，我提供了从他的分析中得到的特定发现，为我提出的假设进行最好的检验。第一，请注意在财政能力指标与政府再分配职能支出

表 3.8　州和地方支出的决定性因素——Fisher 的研究

政策类型	支出的决定性因素				
	财政能力		需求—供给		需要但非需求:教育
	收入	税收收入[a]	密度	城市化	
再分配					
健康医疗	0.38	0.41	0.22	……	……
教育					
学校	0.56	0.29	……	……	……
分配					
治安	0.40	……	0.36	0.25	0.35
消防	0.47	……	0.34	0.36	……
环境卫生	0.98	……	……	……	0.50
发展					
公路	0.30	0.31	-0.62	-0.22	……

注:表中给出的变异系数由七个变量的回归分析产生。相关系数如果在统计意义上不显著，就没有给出。

a 从各州使用的标准征税模式中得出的预期税收收入。

资料来源:Fisher 1964，表 2。

之间的适度关联，再留意支出与人口密度之间的微弱关联。人口密度是衡量这些公共物品供给成本的一个尺度。从平等的视角看，或许可以认为那些成人教育程度低的州十分需要教育和健康保障支出。然而，由于这个需要未必能够转变为对于产品的有效需求，因此这些服务很少在最需要它们的地方得到供给。第二，两种分配政策的支出——治安和消防——与财政能力要素和需求—供给要素之间都存在着适度的关联。只有环境卫生支出才是财政能力变量，而不是需求—供给变量的一个函数。除此之外，分配支出的模式与我自己的分析发现十分相像。最后，在 Fisher 的研究中，对于发展政策的一个样本来说，经济需求与支出水平之间的关系特别强。与经济需求最相关的一个指标——人口密度——的相关系数是一个很高的负值 0.62。尽管财政能力与同类支出之间也有一些关系，但比较适中。

下一个相关发现见表 3.9 中提交的 Dye 对州和地方政府支出的大型调查。[8] Dye 提出的数据仅限于再分配和发展政策，只记录了简单的相关系数，很难鉴别财政能力变量和需求—供给变量的不同效果。但是，即便在这些限制之下，再分配政策与发展政策之间的差距还是挺大的。虽然他设定的财政能力指标与再分配政策之间通常有强大的关联，但与公路支出之间却一点关系都没有。同样明显的是，教育、福利和健康支出并没有集中在从平等的视角看应该有最大需要的那些州。实际上，得出的模式相反。另一方面，在发展政策领域，在政策需要和支出水平之间存在牢固的关系。人口密度越低，在各类道路上人均花费更多的城市地区就越少。在这种情况下，需要可以转换为有效需求了。Dye 自己注意到了再分配政策领域与发展政策领域之间的这些差异。“在公路上花钱更多的州，”他说，“通过获取更多的州财政资源和个人收入而实现此目标。这和那些在教育和福利方面开支更多的州形成了对照，我们发现这些州更富有，能够为这些目的花更多钱，而不必加大对个人收入的占用份额。”[9]

表 3.9　州和地方支出的决定性因素——Dye 的研究

政策类型	支出的决定性因素			
	财政能力：收入	需求—供给		需要但非需求：教育
		工业化	城市化	
再分配				
失业补偿	0.80	0.30	0.55	0.67
未成年儿童援助	0.74	0.26	0.51	0.55
一般性援助	0.76	0.39	0.58	0.43
保健支出	0.56	0.39	0.45	0.42
教育	0.83	0.36	0.51	0.59
发展				
公路	0.02	−0.51	−0.37	0.04

注：表中数据为单相关系数。
资料来源：Dye 1966，表Ⅳ-2、表Ⅴ-5 和表Ⅵ-2。

Dye 的研究催生了相当多的对于州与地方支出决定性因素的研究，在统计上更为精细与复杂。这些研究多半关注环境变量的相对重要性，与我们在第 1 章谈到的政治变量的重要性截然不同。但是，即使并非特意为之，研究还是记录了再分配政策与发展政策的不同特征。最有影响的成果是在再分配政策方面，容易引起政治学家的兴趣。研究在这个方面令人信服地展现(通过一整套统计技巧)了州的财政基础对于再分配的持久意义。例如，Cnudde 和 McCrone 揭示出在回归分析中添加收入变量，几乎无一例外地显著削弱了显然很重要的政治变量的因果能力。[10]另一方面，他们展示了需求与供给的两个指标——城市化和非农部门的就业比例，对这些再分配政策不会产生相同的效应。[11]

最近，Tompkins 把经济变量和政治变量都加入到一项多元回归的分析当中，以展示经济变量借以解释福利政策的政治路径。[12]他再一次证明，一个解释能力能够贯穿于再分配项目分析过程始终的经济变量，就是州的财政能力的最好指标——人均收入。

Sharkansky 和 Hofferbert 的一项要素分析得出了一系列最有启发

意义的发现。[13]在试图区分不同类别的公共政策时，他们从经验上辨识了两组要素："福利与教育"和"公路与自然资源"。这两组要素能够毫无歧义地被轻易地贴上"再分配"和"发展"的标签。前者载入了多项指标，展示州所承担的对贫困人口的高福利支出；后者则意味着州应该建设道路，开发自然资源。这个发现最吸引人之处，是在被分析家们标为"丰裕"和"工业化"的两个环境要素之间的简单相关。[14]前者是州财政能力的最好标尺，后者则是一个很好的逆向标准，用以衡量对道路和其他在农村地区非均衡使用的资产的需求。四个项目之间的简单相关见表3.10。此处，我们能够见到丰裕和工业化与再分配政策和发展政策两者都有关联。然而，迄今为止，财政能力仍然是再分配政策更为重要的相关因素，而需求因素则是在公路和自然资源方面更为关键的支出要素。

表3.10 州和地方支出的决定性因素——Sharkansky-Hofferbert的研究

政策类型	支出的决定性因素	
	财政能力(丰裕)	需求(工业化)
再分配政策		
福利、教育	0.69	0.37
生产性政策		
公路、自然资源	0.43	−0.69

注：表中数据为单相关系数(等距变量 Pearson's ***R***)。
资料来源：Sharkansky and Hofferbert 1969，表8。

除了这些全州性的分析，对于地方政府财政的检验也包含了大量的发现，与我所勾勒的三大政策领域间的差异有关。在附录中，我介绍和讨论了许多这些方面的研究。总体而言，这些发现与本文已经介绍过的那些内容相当一致。

结论

再分配政策与发展政策不同，而分配政策则具有前两者的部分特征。再分配政策不能轻易地由地方政府来执行。从它们被颁布执行的程度看，这些政策出现于对它们具有最低需要的地方。只有在财政基础相对充实的社区，这些有利于少数族裔和穷人的政策才能得以实施。由于经济繁荣社区具有更雄厚的税收基础，允许更多的财政资源在不提高税率的情况下流向地方政府，因此这些社区能够提供一定程度上的再分配。但是在不怎么好的社区，低收入者的数量也许更多，再分配项目必须保持在一个最起码的水平上。在地方层次上对于再分配的最大讽刺是，再分配最多见于穷人较少的地方，反之亦然。

发展政策相对来说不受财政条件的约束。需要发展政策的地方，这种需要都会得到满足，无论社区的经济繁荣与否。在满足这一需要时，社区促进自身的经济繁荣，进而加强了提供其他方面服务的能力。在一定程度上对分配政策而言也是如此，就如我们将在第4章看到的，在这两个政策领域中，地方政府特别积极主动。

在所有政策领域里，财政支持的水平受到了在短期内离地方政治很远的那些因素的强烈影响。支出、财政能力、经济需求和服务供给成本之间的牢固关系十分明显，即便不用留意城市内部的政治过程。关于地方公共政策可以谈的东西很多，不需要考虑招聘、选任官员时的任何变化，或者政治的力量、组织化集团活动的程度和地方选举的产出水平。外在于城市的强大力量在地方决策中有着重大的影响。

我发现自己同 Thomas Dye 有一些共识，他对于公共政策的研究强调公共政策的环境要素而非政治要素。[15]然而，Dye 的研究所产生的争议是人为的，形成了一个错误的经济政治二分法，就好像我们的城市和州内复杂的政治经济学事件可以灵巧地置于社会科学任意的区分间隔当中。地方政府在发展、再分配和分配领域中的决策，是地方政府官员作出的政治决策。但是，这些男男女女的作为还是受到了某些约束，最重要的是，在他们的头脑中肯定有对于社区长远经济福利的考虑。虽然有例外的情况，但总的来说他们是一群清醒、理性、谨慎的个体，意识到了可能之事的界限。也就是说，环境限制了这些官员的作为，并不意味着政治的缺位。情况确实如此，在第三篇我将展示在发展政策、再分配政策和分配政策三个领域间，政治是如何变化的。但是，我首先将要考察的是，这些政策领域同美国联邦制结构之间相互交叉作用的方式。

【注释】

[1] 参照 Lowi 1964a。

[2] Levy，Meltsner，and Wildavsky 1974，第4章。

[3] Ostrom et al. 1973.

[4] 这也许因为我有一个州—地方政策制定过程的“一元”模型。详见 Peterson 1978，1979a。

[5] Peterson 1978，1979a.

[6] 困扰支出研究的一个难题是多元共线性问题。当自变量之间相互关联时，就难以分清楚它们各自的影响。在文中叙述的研究中，我给予单相关分析与多相关分析同样多的关注；同引入较多自变量的回归分析相比，我更喜欢从较少自变量的回归分析中所得到的发现；对于分析家们费尽心机减少多元共线性问题的研究，我还给予了特别的关注。在自变量的选择上，在对于发展一种理论上具有防御性的基本原理关心太少的研究领域以及在学者们利用高速计算机在数据中“狂奔”的领域，对于自变量的这种选择尤其重要。

[7] Fisher 1964.

[8] Dye 1966.

[9] 同上，p. 169。

[10] Cnudde and McCrone 1969.

[11] 同上，p. 864。

[12] Tompkins 1975.

[13] Sharkansky and Hofferbert 1969.

[14] 我们在使用 Sharkansky 和 Hofferbert 在第877页上提供的单相关而非偏相关，因为偏相关限于政治变量。Sharkansky 自己在别的地方指出，在对州与地方政府共同支出的分析中，这些属于在理论上应用不当的变量。

[15] Dye 1966.

通向新的联邦制理论

我们不再有联邦制理论。这一词汇已经变得如此包容，同时如此空泛，任何多层次的决策体制都能被冠以联邦的头衔。即使是中央政府同私人商业企业之间的关系，现在也被视为联邦制的一个要素。[1]而一旦联邦制的概念被剥离了特定的含义，我们就会失去在不同的政府层级之间进行恰当的政府责任分割的标准。联邦制即联邦制的作为。我们甚至没有定向性的概念，以帮助我们解释不同政府层次之间冲突与合作的模式。

传统的联邦制理论把在同一疆域内出现两个主权者视为理论的出发点。每一主权者在其应尽的职责方面，对其公民享有最高的权力；无权干涉另一主权者应有的地位；由一部宪法来界定二元主权者之间的权力分配。

为避免对自由的内外威胁，主权在中央和地方主体之间进行分割。小的共和国因为公民知道和理解贴近身边的国家事务，因而可以减小内部专制的可能性。他可随时被征召，保卫他的自由。然而，小的共和国易于被外敌征服。只有与其他共和国一起结合为联邦，才能进行共同的防卫。小的共和国易于为外来势力所渗透，证明了向更高一级主权者让渡某些权力的必要性。[2]

联邦制的这种二元主权论将政府结构与政治过程、政策输出联系起来。它为在联邦范围内中央和地方主体间的适当分权提供了正当的理由。它给予联邦制一个核心的定义:出现了一个契约安排——一部宪法——在主权者之间进行了分权。虽然环境的不断变化要求对宪法进行持续的解释,但这一理论为宪法的解释提供了概念工具。

在美国,内战之后对宪法的解释扩大了属于中央政府的权力,致使1789年以来在某种程度上强有力的二元主权概念越来越难以维系。内战结束之际,宪法的"民权"修正案决定性地宣示了联邦特权的支配地位。到1937年,最高法院承认几乎所有的商业都具备州际属性,因此大大扩展了联邦对工商业活动进行规制的权力(NLRB诉Jones & Laughlin公司)。法院还认可了几乎所有形式的联邦对州与地方援助的合法性(Steward机器公司诉Davis)。无论二元主权论在原则上如何有效,它基本上不适用于某个国家,这个国家趋于相信它的自由在中央政府的手中是安全的——如果不是更加安全。

现在无法再回到二元主权理论了,第一章谈到了Grodzins和其他人的研究明确地舍弃了这一理论。[3]但是任何新的理论,就像传统的二元主权理论,至少有三件事情要做:首先,它必须提供一个定义,为把联邦体制从一个分散的行政结构中区别出来开辟道路。其次,它必须使用它的定义,详尽阐述在联邦制的安排下,中央政府和地方政府的特征和应有的活动。最后,这一理论必须说明在不同层次的政府之间反复出现的冲突与合作模式。

定义清晰的联邦制

联邦制是一种政府体制,在这种体制当中,权力在上、下层政府之间进行了分割。这样,两个层次的政府对于生活在它们各自管辖范围内的那些人的社会和经济福利,承担大量不同而自主的职责。在联邦内部,中央政府承担外交职责,决定联邦各成员单位之间的交换关系。中央政府可以行使大量附加的权力,但为了维持联邦体制,较低层次的政府必须至少拥有两种关键性的权力。

第一，对于它们自身的政治和行政领导权力的运转须有实质性的控制。一个地方政府，它的领导人由中央政府的官员来挑选，或它的招聘过程由中央决定的严格标准加以控制，以致地方社区缺乏有效的选择，那它就是一个无权对其居民福利承担责任的地方政府。第二，地方政府必须拥有对其居民征税的权力，以提供必要的政府服务。如果一个地方政府总体上依赖于中央政府支配的援助，则它对于决定地方社区的福祉，承担的职责非常有限。它通常会依赖外部的资金来源，进而时常会感受到对更多这类资源的需要。由于联邦援助不是直接来源于自身资源，地方当局会服从中央政府的严格监督，以保证资金的支出指向中央政府认为必要和适当的目标。因为缺乏对于中央资源的独立性，地方政府丧失了代表其自身职责而行动的能力，因此仅仅是中央政府的代理人。

联邦制因此区别于简单的分散化，既没有在人员招聘方面，也没有在财政方面授权给较低的决策层次。比如，尽管美国林业局下放了相当多的自主权给它的派出办事处，但这些低层次的管理单位却并没有从地方资源获得财政收入，也无法在招聘人员方面独立行动。如果林业局或者其他部门和机构的中央管理者对他们的派出官员丧失了这两个方面的权力，则该组织就不再被视为单一的政府单位。的确，这些正是“联邦制”术语得以适当保留的情境，也曾经被赋予二元主权的特征。

在联邦体制内，中央和地方政府的目标彼此形成对照。地方政府更关注有效地运转，以保护其经济基础，而全国性政府的国内政策结构更关心在发展目标和再分配目标之间取得平衡。国家与地方间的这些差别不是由在特定时间内掌权的任一特定政治运动，抑或政党或集团所导致的。虽然党派和集团的压力可能加剧或减缓全国政府和地方政府目标间的张力，但对于经济生产力的地方强调和对于平等更多的全国性关注，却是联邦体制内两个层次之间结构性关系的表现。

全国政府和地方政府之间的对比

地方政府的利益要求地方政府强调社区的经济生产力，这是它对社区的责任所在。由于地方政府是开放的系统，它们对于外部的变化特别敏感。为保持地方经济的健康运行，地方政府必须维持地方效率，对平等的关心很少。这些我们已经详细论述过的对于地方政府的限制，要求地方政府专注于发展目标，而非再分配目标。

比较而言，中央政府关注的就不仅仅是发展目标。这并不是说中央政府对社会的经济能力不感兴趣。比如，中央政府通过对财政与货币政策的控制，承担起管理国内经济的责任。它们还通过大规模地投资于交通系统、研发和前所未有的对于能源和其他自然资源的管理来促进经济的增长。结果，许多联邦项目同州和地方执行的项目一样，关注发展目标。但是，这些发展事项常常与对在社会关系中争取一定程度的平等的持续关注联系起来。中央政府的税收、福利、住房、健康和教育政策同平等问题牵扯在一起，再分配通常与经济稳定和增长同等重要。对于再分配目标的承诺，部分地是因为可以运用权力去控制外界环境对国家经济的影响。这些权力中最重要的是发放护照和签证。通过这些权力的行使，近年来几乎所有的高度工业化国家均得以谨慎地限制移民。虽然这些移民法时常受到伦理道德上的困扰，但若没有它们，许多落后国家的居民将迁移至工业化地区，压垮这些地区的高工资经济，淹没这些地区的社会福利系统。越南“船民”提供了一个尤其令人心碎的事例，展示了富裕国家具有自由思想的公民所面对的两难困境。

倘若控制人类流动非常关键，那么全国政府通过对资本、货物和服务流动的大量控制，同样保护了经济免受国际势力的干扰。关税、配额、国家货币、对汇率的控制以及偿付自身债务的能力，这些都属于全国政府的权力，用以增强相对于外部力量的自主性。并非所有国家都能够同样有效地使用这些工具。美国很幸运,外汇总额少于经济活动总量的10%。小国家在经济上很少自给自足,很少有机会采取独立自主的行动。但是,除了最小和最具依赖性的以外,这些小国的经济比起地方政府负责的经济来,更少可渗透性。[4]

政制相对开放的地方,多元的政治实体有能力实施再分配,竞相争取大众的支持,为政党提供了重要的激励,主张收入应从少数高收入集团向大量的低收入人群进行再分配。虽然再分配的浪潮呈现出阶段性,只是对像20世纪30年代的大萧条和20世纪60年代对黑人不满的动员这样的外部影响作出反应,工业化社会的竞争性政治还是周期性地把这种再分配压力施于中央政府的政策之上。

一旦某一政策颁布施行,就会建立机构,负责执行政策的行政人员就形成了对政策项目实际运行的忠诚。[5]作为政府的组成部分,机构合法地在国家预算中持续地占有一个部分——也许这个部分一直在略微增长。为了让机构永久存续,行政人员请求其所服务的组织化的人群的支持,这些人在国会、其他行政部门、新闻媒体以及普通公众当中,为该机构的利益而竞相活动。

国家政策便因此充斥着发展目标和再分配目标,混杂多变。在国家主要关注经济增长之际实施的项目,几乎完全围绕着发展目标来运转。在政治势力喜欢再分配时通过的政策项目,具备了不同寻常的力量。在模棱两可的条件下制定的其他政府政策,就可能混合了多种取向。但是,总的说来,再分配的取向在国家层次强于在地方层次。

全国政治与地方政治的差异

由于地方政府和全国政府的利益分野,由两个层次的政府所颁布的公共政策的模式便有差别。最明显的是,全国政府与地方政府采用不同的原则去筹集财政资金。[6]全国政府多依靠纳税能力原则,使再分配合法化。它通过收入累进税制获得一般性财政收入的主要部分,对公司所得征税，对奢侈品课以消费税。相比之下，地方政府多依据获益原则，使发展政策合法化。它明确了个体得按照他们所获服务的水平加以征税。据此，每个个体为服务消费所支付的价钱不会多于服务的生产成本。对政府服务的需求受制于价格机制。如果说纳税能力原则受到平等的保护，获益原则提供的则是与平等相对应的效率标准。

地方政府以平等为代价来强调效率，并不是因为地方决策者承担了任何反平等主义的义务，而是由于地方政府运行所受的制约。为了保护社区的经济福利，政府必须将高级纳税人的收益纳税比加以最大化。实际上，与其他竞争地区相比，对地方经济作出超比例贡献的那些纳税人的收益纳税比显得尤其重要。假如居民按照他们的纳税能力被征税，高收入居民的收益纳税比会特别低。另一方面，假设居民按照他们所获服务水平被征税，则一般纳税人收益与纳税的比率就会上升。

尽管宪法和法律的限制阻止了它们采用严厉的获益原则，地方政府还是被允许向使用者收费，这种做法与获益原则非常接近。然而，地方政府对使用者收费面临着许多障碍。在很多情况下，政府服务的受益人难以精确判定；用另外的话说，收益不容易只给某些居民而不是给全部居民。这实际上是服务成为政府首要职能的原因。即使在使用者付费可行的地方，还存在其他约束。法院已经规定，在费用得以征收的地方，收费不得超过提供服务所需要的数额。而且，什么样的服务可以提供，得由法官作出狭义的界定。最后，使用者付费不能像财产税、所得税和销售税那样，可以在联邦所得税中抵扣。结果，这一特殊的地方收入筹集方式不能像地方税种那样，从联邦政府得到补贴。

但是，即使地方政府受到约束，不能将获益原则应用于所有的财政筹款方式，它们与同样采用这一原则的州或联邦政府相比，似乎更加依赖于该项原则。如表 4.1 所示，在过去的 20 年中，地方政府依靠使用者付费筹到的收入，超过了地方一般性财政总收入的 1/4，而州政府依靠这种方式只筹得财政收入的 12%，联邦政府仅 6%。可以肯定的是，许多地方无法充分地利用使用者付费这一方式，来尽可能地接近法律

表 4.1 地方、州、联邦的财政资源，不包括政府间转移支付(%)

财政资源	地方				州				联邦			
	1957	1962	1967	1973	1957	1962	1967	1973	1957	1962	1967	1973
使用者付费[a]	28.3	26.4	26.3	26.1	16.5	12.8	13.9	12.4	7.9	7.0	6.6	5.8
财产税	58.0	58.3	56.7	54.1	2.3	2.1	1.8	1.4	……	……	……	……
所得税	0.9	1.0	2.1	3.0	7.5	9.1	10.5	16.1	40.9	42.8	38.1	41.7
公司税	……	……	……	……	4.8	4.3	4.8	5.6	24.3	19.3	21.0	14.6
销售、总收入税[a]	5.5	5.1	4.8	6.4	45.8	43.7	42.8	40.3	12.8	12.6	9.8	8.0
遗产、捐赠、其他	0.5	2.0	2.0	1.8	4.3	7.2	6.5	5.4	2.1	2.6	2.4	2.6
杂项(一般收入)	4.9	5.2	6.0	6.4	3.3	3.1	3.6	3.9	2.0	2.2	3.2	3.1
保险	2.0	2.0	2.1	2.2	15.5	17.6	16.1	15.1	10.0	13.6	18.9	24.3
合计(%)	100.0	100.0	100.0	100.0	100.0	100.0	100.0	100.0	100.0	100.0	100.0	100.0
合计(百万美元)	21 357	31 598	44 419	81 216	20 728	30 117	46 794	97 108	87 006	106 441	161 351	247 849

注：a 本章中该表及其后续表格中的资料和其他注释，见 Peterson 1979a。

规定所允许的获益原则的界限。例如,奥克兰的官员设置使用者付费的水平,由已有的先例或者邻近社区的实际情况决定,没有必要完全收回服务成本。[7]另外,美国政府间关系咨询委员会(ACIR)在注意到"地方使用者付费对于财政的重要性在稳步地增长"之际,推动了使用者付费作为"当特定政府服务的具体受益人能够得以识别时,地方财政收入结构多样化"的一种机制在更广泛范围内的应用。[8]但是,即便使用者付费的潜在效应尚未完全发挥出来,地方政府对这种收费过多和持续的依赖,却值得关注。

即使充分加以利用,使用者付费创造财政收入的能力也并不强。结果是,大多数地方收入并不是由使用者付费产生的,而是税收。成为地方政府明显特色的税种是财产税,见表 4.1。应当承认,地方政府越来越依赖于从州和联邦当局获得政府间转移支出,从而减轻对任何一个地方税种的依赖。另外很清楚,州不再依靠财产税获得财政收入。然而,作为地方创造的一种财政资源,财产税的重要性一点也没有减弱。从 1957 年到 1972 年,从财产税中筹集的资源在地方收入中所占比例只下降了 4%(从 58%下降到 54%)。重要的是,在 1972 年从地方税资源筹到的所有财政收入中,有 82%来自财产税。[9]

地方政府对财产税的依赖已经成为在经济学家中争论的一件事情。批评意见认为:(1)它缺乏收入弹性;(2)它是对一种特定的经济物品的额外收费;(3)它是对低收入集团不成比例的征税。然而,最近的分析对每一种批评意见都作出了反驳。对于财产税没有跟随通货膨胀或经济增长而扩张的观点,支持者回应说,战后时期,从这一税种获得的财政收入增长很快。[10]第二种批评认为,财产税是对住房征收的消费税(excise tax),挫伤了对这一特定物品的消费。对此,辩护意见的回应是,地方政府间财产税的差异,是由财产所有者承担的,而不必是那些房产的消费者;而且,有诸多理由认为,财产税是对资产的征税,而不是一种消费税。[11]认为财产税是一种累退税的观点,是基于它主要是由消费者承担的消费税这一结论。鉴于这一结论所依赖的许多假设受到了质疑，现在可以放心地断言，财产税大体上是按照与收入相应的比例来征收的，既没有积极的，也没有消极的再分配效应。

有些人对发展税收政策的规范理论很感兴趣，经济学家的这些争论对他们很有用处。然而，他们对于地方政府持久地依赖于财产税，无法提供令人满意的解释。无论对财产税存在什么异议，地方政府总是更喜欢财产税，而不是所得税或者销售税，只是因为它是对那些很少能逃脱申报的产品的征税。其他主要税种就存在着征收的困难。对销售环节征税，是鼓励居民到征税范围以外的地方去买东西；对在某个地域内的获利征税，驱使工商业把最赚钱的生意搬到别处；对地方收入征税，激发了居民到外面去找工作的动力。相比而言，财产税是对不可移动的土地及其附着物的征税，被课税的是那些无法转移到别的地方的东西。要避免申报财产税，财产用户必定为持续不断的空间流动承受巨额的成本。当然，财产税对于社区新的投资有不利的作用，但从地方政府的视角看，已经尽可能久地减缓了税收的负面作用。所以，传统的财产税仍然是地方财政政策的组成部分，而当前流行的新的销售税和所得税作为地方财政收入的资源取得了一定的进展，但进展有限。

地方政府很难对地方工商业的收益直接征税。美国人口普查局也确实没有为对工商业直接征收的地方税进行单独的分类。原因不难发现。依照传统的经济理论，公司税是一种由消费者支付的消费税。这种消费税是当消费者购买一种产品时，同时被收取了与税收数额相当的产品附加费。但是，只有在这种税制统一、彻底地运用于一套完整的经济体制内时，公司税负的设计才是可用的。如果地方政府征收的公司税各不相同，而且通过涨价转移给了消费者，受影响的有关产品同低税收地区的厂商销售的产品相比，就不再有竞争力。高税负地区的厂商将被逐出市场。鲜有地方政府会想要通过这样的税负来消灭它们的财源。

另外，地方政府使用的其他税种很少有累进税，有时完全属于累退税。与联邦特种消费税只对奢侈品征收不同，州的销售税所征收的对象是低收入居民支出预算中比例较多的那些开销。那些省下收入中某些部分的人(越富的人省得越多),完全没有为其收入中省下的那些部分纳税。正是销售税,而不是累进的所得税,是州与地方政府最喜欢的财政资源。1973 年,不仅仅是州依靠销售税获得了它们财政收入的 40%,地方政府也利用这一税种得到了 6.4%的收入。比较来看,为联邦财政收入贡献 42%的所得税仅占州财政收入的 16%,占地方收入的比例只有 3%。而且,地方征收的那一点点所得税并非经常具有联邦所得税那样的累进式特征。事实上,“遵循统一的比例税率”正是州与地方税制的“惯例”。[12]

你不要以为是地方商界精英造成了地方政府喜欢累退税制的倾向。地方官员必须守护的城市经济利益,自然而然地给予这一倾向充分的解释。主导地方税收政策的纳税能力原则越坚定,被征的税收和得到的利益之间的差距越大,财政收入政策对于社区经济福利的负面影响就越大。另一方面,一种比例税制或者(甚至)一种累退税制更加接近于获益原则,这是一个一旦运用便会最好地强化地方经济的原则。

最后,有证据表明,地方变得越来越依赖于从州和联邦政府那里来的政府间转移支付。如表 4.2 所示,政府间转移支付占地方财政收入的比例,从 1957 年的 26.1%上升到 1973 年的 37.1%。地方活动得到了来自外部援助的补贴,当然符合地方的经济利益。结果,地方政府间彼此竞争,尽其所能地获得许多州和联邦的资源。但是,为支持地方性服务所需要的财源,不断从地方性财源向州和全国性的财源转移,其原

表 4.2　地方财政收入的地方部分和政府间转移部分(占比)

	1957	1962	1967	1973
地方资源	73.9	73.0	68.8	62.9
政府间转移	26.1	27.0	31.3	37.1
总计(%)	100.0	100.0	100.1	100.0
总计(百万美元)	28 896	43 278	64 608	129 082

因并不是只顾地方的利益而让别人埋单。这种转移通常属于馈赠的礼物。政府间转移支付的作用一直在增强，不过是地方政府越来越想发挥再分配作用的一个伴生物。

联邦税收政策家喻户晓，不同于地方对获益原则的强调，只需简要提及便可。首先，如表 4.1 所示，所得税占全国政府财政收入的比例超过 40%，相比之下，所得税占州政府财政收入的 16%，地方政府的 3%。同时，联邦所得税的累进色彩比州和地方所得税要强得多。其次，只有联邦政府通过向公司利润征收直接税，这在筹集到的财政收入中占了很大一部分。显然，这一税种的进款份额已经从 1957 年的 24%稳步下降到 1973 年的 14%。也许是资本流向海外的潜在可能，当前对全国性的税收政策产生了约束。20 年前，当美国有效地主导世界经济时，这是难以做到的。但联邦政府仍然是能够直接对公司利润征税的一级政府。最后，对奢侈品的特种消费税在联邦所得中占据的份额不多——这与各州严重依赖销售税形成鲜明的对比。依照获益原则征收的联邦税是社会保障税，在联邦财政收入中所占的比例不断在上升。如果世界经济变得更加统一了，民族国家政府越来越无法控制资本的流动，则可以预计对这一相对累退税种的依赖会不断增加。但在当前，几乎没有人怀疑联邦税收体制的再分配色彩要远远强于州和地方的税制。

总之，联邦体制的税收结构差异性很大。人们并没有找到一块收入产生策略的大理石蛋糕，在这一结构中，税收的任一形式和全部形式无一例外地受到了各级政府的青睐。虽然明显有些重叠，但政府间的直接比较还是揭示了各级政府在税收政策上不同的侧重。对于获益原则最大程度的强调似乎是在地方层次，在那里，使用者付费和其他累退税受到了热烈的欢迎。全国性政府最喜欢依据纳税能力原则收税。虽然州在一定程度上介于两者之间，但更多还是具有底层政府的特征。

三个政策领域

三个层次的政府在支出政策上同样具有结构性差异。分配是地方政府能够比中央政府更有效地执行的职能，因为分散化让公共服务的供给与变化的需求之间的匹配更为贴切。公民会向那些分配与需求曲线达到最佳匹配的社区迁移。另一方面，再分配是一项国家职能。地方社区介入再分配事务越多，一般纳税人的边际收益纳税率越是下降，地方经济蒙受的损失就越多。可以期待州的政策会在两者中间。最后，发展政策会受到各级政府同等的重视。例如，通过财政和货币政策寻求经济的稳定是一项最重要的发展事务，属于国家的特权。倘若一个地方社区试图从事这样的发展活动，它带来的任何正向效应会很快地扩散到周围的环境之中，而债务产生的利息将成为社区自己必须背负的负担。但是，其他一些发展政策也许会产生更为特定的地方影响，在这些情况下，地方政府能够调拨它们自身的资源。修建公路和配置公用事业服务属于明显的例子。哪一级政府将要承担特定发展政策的责任，取决于连锁效应的范围。

如表 4.3 所示，政府政策财政责任的模式与上述这些假设大体一致。再分配政策属于联邦政府的财政责任。即使在 20 世纪 60 年代初期，联邦政府用于再分配目标的资金便占据了国内预算的 47%，伟大社会计划之后，这一比例攀升至 55%。相比而言，1962 年地方收入用于再分配的比例仅为 12.9%。显然，即便民权运动想必会影响到地方服务传送体制，[13]在民权运动 10 年之后，地方收入用于再分配的比例上升还不到 1 个百分点。1973 年，州的预算贡献于再分配项目的比例差不多达到 35%，比地方的多，比国家的少。

表 4.4 提供了分析各个层次的政府之间财政责任划分的另一种方式。此表中的数据为百分数，是按行而不是按列来分布的。此表不是按照每一层次政府的总支出当中用于各项政府活动的比例来获取数据

表 4.3　政府从自身财政资源的支出(不同职能间的分配比例)

职　能	地方			州			联邦[a]		
	1962	1967	1973	1962	1967	1973	1962	1967	1973
再分配									
福利	2.5	2.5	2.0	6.2	6.4	11.2	12.2	11.9	12.6
健康与医院	6.1	6.7	8.4	7.4	7.2	6.2	3.3	3.7	3.5
住房	2.4	1.5	0.9	0.2	0.2	0.4	1.5	1.9	3.4
社会保险	1.9	2.2	2.3	14.4	9.4	17.0	29.7	34.0	35.6
小计	12.9	12.9	13.8	28.2	23.2	34.8	46.7	51.5	55.1
分配									
政府内部管理	26.8	26.4	28.5	12.4	12.9	8.4	4.6	4.5	3.8
发展									
公用事业	13.2	13.1	11.1	……	……	……	……	……	……
邮政	……	……	……	……	……	……	7.0	7.2	5.1
交通	8.1	6.6	5.7	17.8	16.0	11.3	6.2	5.8	4.2
自然资源	1.1	1.1	0.7	2.9	3.5	2.3	19.3	9.9	7.8
小计	22.4	20.8	17.5	20.7	19.5	13.6	32.5	22.9	17.1
利息	4.1	4.4	5.6	2.2	2.3	2.7	12.3	12.1	9.9
教育	33.4	35.2	34.2	33.6	39.5	38.4	3.2	7.2	8.2
其他	0.4	0.3	0.4	3.0	2.6	2.2	0.8	1.8	5.8
合计(%)	100.0	100.0	100.0	100.0	100.0	100.0	100.0	100.0	100.0
合计(百万美元)	33 591	45 853	77 886	29 356	45 288	89 504	58 960	86 852	186 172

注：a 仅限于国内。

的，而是按照用于每一特定活动的总支出当中各个层次的政府所分担的比例来获取数据的。以此种方式提供的数据更加令人关注。地方政府支出用于再分配的比例不仅在 1962 年不足 10%，而且从彼时起趋于下降。另一方面，联邦政府再次展现出越来越重要的作用。如果将福利政策和保健联邦化的政治压力是这一作用的显示迹象，那么这一联邦化的模式会持续下去。在美国继续成为一个不断整合的政治经济体之际，再分配职能会名正言顺地成为几乎由联邦政府独享的特权。

表 4.4　政府从自身财政资源的支出(不同政府间的比例分配)

职　能	地方			州			联邦			总计		
	1962	1967	1973	1962	1967	1973	1962	1967	1973	1962	1967	1973
再分配												
福利	8.5	7.8	4.3	18.4	20.1	28.7	73.1	72.1	67.2	100.0	100.0	100.0
健康与医院	33.2	32.2	35.4	35.2	34.0	29.6	31.6	33.8	35.0	100.0	100.0	100.0
住房	46.7	29.3	9.7	2.5	3.8	4.5	50.7	66.9	85.8	100.0	100.0	100.0
社会保险	2.9	2.9	2.2	18.9	12.3	18.2	78.1	84.8	79.6	100.0	100.0	100.0
小计	10.8	9.7	7.4	20.6	17.2	21.5	68.6	73.2	71.1	100.0	100.0	100.0
分配												
政府内部管理	58.7	55.4	60.2	23.7	26.6	20.4	17.5	17.8	19.4	100.0	100.0	100.0
发展												
邮政	……	……	……	……	……	……	100.0	100.0	100.0	100.0	100.0	100.0
公用事业	100.0	100.0	100.0	……	……	……	……	……	……	100.0	100.0	100.0
交通	23.3	19.7	20.1	45.1	47.3	45.0	31.6	33.0	34.9	100.0	100.0	100.0
自然资源	3.0	4.7	3.3	6.7	14.9	12.0	90.3	80.4	84.7	100.0	100.0	100.0
小计	23.0	24.9	23.8	18.5	23.1	21.0	58.5	52.0	55.2	100.0	100.0	100.0
利息	14.9	14.8	17.2	6.9	7.6	9.6	78.2	77.6	73.2	100.0	100.0	100.0
教育	48.9	40.0	34.9	43.0	44.4	45.0	8.1	15.6	20.0	100.0	100.0	100.0
其他	8.6	5.4	2.2	60.1	41.1	15.3	31.3	53.5	82.5	100.0	100.0	100.0

分配职能再清楚不过地成为地方政府的活动领域。社区所有成员均须依赖的政府内部管理服务，在传送上和财政上都是地方性的。例如从表4.3中可以看出，1973年超过28%的地方财政收入被用于这一服务。州发挥了支持性的作用，但是它的收入用于这类服务的份额还不到地方政府的一半。同时，联邦政府几乎不做这种事。[14]

发展职能得到了三个层次政府多多少少一致的关注，三类政府都有大约20%的财政收入用于发展类的活动。一旦考虑到在国债上的利息支出，联邦政府在促进经济生产力方面的作用就比这些数字显示的要大。由于这些数字多半要归因于联邦政府通过财政政策管理国家经济的责任，因此可以被视为实施发展政策的成本。[15]旨在发展目标的地方支出大部分被用于市政公用设施的运营。由于消费者为得到的服务付费，因此成本和收益基本上内部化了。正是这种类型的发展职能，才是一个地方政府最容易履行的。

我在表4.3和表4.4中又把教育单列出来，因为对这类政府职能的分类尤其困难。在第5章，我展示了政府教育政策可能的影响具有轻微的再分配性质，但是这种性质的影响比起福利、住房或者健康政策领域来，似乎要小得多。[16]因此，教育的财政责任才会在三个政府层次之间分担。地方政府把它们的大部分资源用于资助地方学校。1973年，地方政府总支出中的34%用于教育，如果教育是具有高度再分配性质的公共政策(见表4.3)，那么地方政府的教育支出要达到这个水平是行不通的。然而，还是存在长期的压力，要州与联邦增加对于学校的支持，而实际上，在1962年到1973年的10多年间，联邦国内预算中教育所占的比例从3.2%上升到了8.2%。当你检查表4.4中横排的百分数时，可以见到联邦的作用更为明显。而在1962年，地方政府支付了接近一半的公共教育经费，这一贡献到1973年时下滑到刚刚超过1/3。同时，联邦分担的比例则从8%增加到了20%。值得关注的是，教育经费支出的这个变化，正好发生在对于教育部门的再分配压力最大之际。

联邦政府在教育方面越来越重要的作用，大多是通过政府间转移支付机制来发挥的。政府间转移支付作为再分配性决策的伴生事物，也不仅仅出现在教育领域。表 4.5 展示的是，从联邦和州政府向下一级政府转移的政府间收入在不同政策领域的预算分配情况。各州把它们的政府间转移资金的大部分分配给了教育领域。但是，联邦政府的首要作用是资助州和地方的再分配支出。即使在 1973 年，在尼克松政府设立了税收分享项目之后，州与地方收到的政府间收入的 40%仍被特别设计给了再分配职能。那一年，未指定用途收入的增长，大多是以发展资金和教育资金的损失为代价的，而不是因为再分配活动的减少。

表 4.5　州与联邦政府的政府间支出(占比)

职　能	州			联邦		
	1962	1967	1973	1962	1967	1973
再分配						
福利	16.3	15.2	18.4	31.6	28.2	29.0
健康与医院	1.8	1.6	2.1	2.2	2.7	4.2
住房	0.3	0.4	0.4	4.1	4.5	5.1
社会保险	……	……	……	6.0	3.8	1.9
小计	18.4	17.1	20.9	43.9	39.2	40.2
分配						
政府内部管理	……	……	……	0.9	0.9	2.1
发展						
交通	12.2	9.9	7.4	36.3	27.4	13.2
自然资源	0.2	0.2	0.2	1.8	1.6	1.6
小计	12.4	10.1	7.6	38.1	29.0	14.8
教育	59.4	62.2	57.1	15.1	26.1	20.1
其他和未指定用途	9.7	10.6	14.4	2.0	4.9	22.0
合计(%)	100.0	100.0	100.0	100.0	100.0	100.0
合计(百万美元)	10 906	19 056	40 822	7 735	15 027	41 666

在美国的联邦体制中，公共政策的财政责任并非在各级政府间随意地进行分担。相反，中央政府和地方政府按照各自的特征承担不同的职能责任。地方政府按照社区的需要分配服务，在溢出效应不显著

的地方，则从事发展性的活动，以促进地方经济。全国性政府除了负有经济整体增长的责任、制定具有广泛影响的发展性政策之外，还承担了再分配的首要责任。

政府间合作与冲突

假设联邦政府和地方政府之间存在着结构性的差异，那么，需要互动的政府间项目在联邦体制中得以实施时，就会具有不同的经历，这些经历取决于它们属于发展性质还是再分配性质。在全国性政策属于发展政策的地方，地方和全国的目标将重叠，政策在实施当中会有很多的合作和相互的调适。但是，在中央政府追求更多的再分配目标的地方，它的目标容易同地方政府的目标相冲突。国家在平等方面的利益，将与追求效率以发展地方经济的地方利益相冲突。结果，执行国家项目的过程将会更加复杂。

发展项目和再分配项目之间的这些差异，在美国《国防教育法》(NDEA)第Ⅲ条和《初中等教育法》(ESEA)第Ⅰ条的目标和管理安排中，表现得最为典型。1958 年苏联人造地球卫星上天后不久，NDEA 第Ⅲ条很快被构思出来，属于一项发展性政策，也许只是对地方经济产生了积极的效应，而同时对教育公平贡献甚微。NDEA 第Ⅲ条下联邦基金开支的目的是加强数学、科学和外语的教学，这些项目的最大受益者是地方社区中以学术为导向的、与大学关系紧密的中产阶级群体。社区高质量的地方学校服务，使其具备额外的资源来吸引高收入家庭以及新产业的迁入和留驻。另外，由于州和地方必须以自有财源给予联邦基金一比一的配套，拥有最大财政资源的社区是发挥这一项目优势的最佳地区。

ESEA 第Ⅰ条通过于 1965 年，正值民权运动的高潮，关注的焦点恰恰相反。该法由国会制定、联邦教育办公室执行，项目资金用于来自低收入家庭中学习不足的儿童。这一项目以多种方式，极大地提高了达到改善教育公平目标的可能性，但是它对于地方经济的效益却大成问题。迄今为止，除了可能从长远上缓解社区的社会不安之外，这个项目没有给成功的中产阶级家庭提供特别的资源；这些成功家庭对于地方商业活动和社区税基贡献良多、非常重要。在任何一个特定地方，如果项目在为低收入者提供高质量服务方面颇为成功，它只会使该社区对其他地方的低收入家庭更具吸引力，引诱这些家庭迁往这个社区。全国性目标在地方社区取得的成就，只是让它的经济更加虚弱无力。

就如这两个项目在目标上的差别一样，它们在执行方式上也有差异。在发展性政策 NDEA 第Ⅲ条的个案中，联邦“伙伴关系”的运行是合作与互相强化的样板。即使法律要求各州以自身资源为同一个项目中联邦的每一块钱进行配套，但在一年时间内，除了亚利桑那州，每一个州都投票加入了这一项目。[17]教育办公室在 49 个州之间分配资金，却几乎没有关于该法意图的任何说明。在起草规划的时候，州只是“列出它要偿付地方项目的优先顺序，描述地方项目的种类和它要帮助支付的配备标准”[18]。由于全国标准和优先性没有得到清楚的定义，各州“在它们的规划中最遵循的是平淡和通用的描述……有人认为，实际上，标准将尽可能如项目要求的那样高”[19]。确实，制定目录的事情被留给了私人出版机构，这个目录列出了它觉得符合州与联邦给付标准的配套清单。简言之，“联邦援助（不仅）没有受到联邦控制的束缚，（而且）它也没有来自华盛顿的科学指导和建议”[20]。

在 NDEA 第Ⅲ条支出的资金被分配、项目被执行之后，教育办公室对于其资源被利用的方式几乎没有进行监管。各州报告说，第Ⅲ条的科学活动仅仅是以美元和项目来折算的，没有被要求去展示这些美元以什么样的方式改善了科学教育。[21]项目成效的评估实际上并不存在，项目中的这些“不足”仍然没有引起政治上的反响。这个项目在全国和地方两个层次皆受到欢迎，它的扩张是联邦政府在教育领域不断增长的作用的一部分。

再分配项目 ESEA 第Ⅰ条的实施，采用了完全不同的途径。[22]虽然所有的州从一开始就渴望加入这个项目，这也许要归因于在该立法中缺乏任何配套性的要求。在该法运行最初的六个月里，教育办公室因循旧例，在资金分配的方式上基本没有提供指导。但是，在第一年完结之前，教育办公室不断关注于州的项目与第Ⅰ条立法宣示的目标之间发生的重大偏离。为了较好地完成法案的再分配目标，该办公室开始限制在结构性改革、新的设备和其他“硬件”方面的支出金额，要求资金应集中使用于有大量低收入家庭儿童的学校；特别是在这些学校里，钱要花在缺乏学习的儿童身上。地方教育当局还被要求建立家长咨询委员会，使其得以加入到项目的发展中来。最重要的是，该法坚持用于教育服务的资金不得分配给南部农村地区种族隔离的学区。

教育办公室的成功，在于确保州和地方的行为与上述这些以及其他大量的管理规定相符合，这些混合在第Ⅰ条中的规定管理着第Ⅰ条基金的分配。在最初的几年中，教育办公室人手很少，反映地方学区表现的数据质量很差，在发挥第Ⅰ条所要求的监督作用方面只有有限的经验，还有一段不忍中断的同州与地方的伙伴学校专业人员间友好关系的历史。因此，很难排除地方对第Ⅰ条中优先性的修正。在全国许多地方，第Ⅰ条基金在全系统内进行分配，而不是集中于贫困儿童占有很高比例的学校；还有的地方，资金被用于维持学校的隔离状态，而非促进教育经验的融合。另外，家长咨询委员会很少成为第Ⅰ条决策过程的有效环节。

当教育办公室以及最近的教育部在项目管理方面更有经验时，在保证基金用于主要招收低收入家庭儿童的学校方面，能够做得更好。[23]然而，该办公室一直存在困难，无法保证第Ⅰ条基金属于补充基金；若不属于补充基金，它就会成为本该由州与地方资源来承担的开支的替代品。而且，学区似乎不愿意集中基金于几所特定的学校，以将这些基金的影响效应最大化。最近，地方学校的管理者已经开始发起一起运动，要以一种不受束缚的一揽子援助基金安排来取代 ESEA。

联邦制与伟大社会

中央与地方政府间的结构性差异，还有助于说明其他伟大社会项目在执行过程中遇到的许多问题。这些政策强调对贫困者的特殊援助，展示了中央政府对于再分配的强有力的承诺，其程度也许除了新政之外，无出其右者。不幸的是，任何对美国联邦制结构的充分认知都无法阻止对改革的渴望。相反，现在给人的感觉是，可以通过联邦资金的润滑，让联邦主义富有“创造性”。林登·约翰逊总统改革的热情支持者援引了认为美国联邦制是大理石蛋糕的那些理论家的言辞，来证明他们采用的再分配机制的合理性。其中一个人说：

> 联邦制是在中央权力与实质上独立于中央权力的其他权力之间的合作与竞争的关系。美国在关于州权的长期对话中，已经默认了权力总量是不变的，因此，联邦权力的任何增长都会减少州和/或“人民”的权力。创造性联邦制的出发点出自不同的信念，认为权力总量——私人的和公共的、个体的和组织的——在非常迅速地扩展。当有意选择的范围扩大了，就有可能会想到，联邦政府权力的巨大扩张不会侵害或者削弱任何其他权力。与此同时，州和地方政府的权力也将增长。[24]

约翰逊在美国社会政策领域进行改革的巨大热情，同样激起了州与地方政府执行这些政策的殷切承诺。1965 年，国会通过的法案包括 21 个健康项目、17 个教育项目、15 个经济发展项目、12 个针对城市问题的项目、4 个人力培训项目和 17 个资源开发项目。所有这些项目的执行，都是通过联邦与一个或多个较低层政府之间的联合行动实现的。[25]联邦给州和地方政府的政府间转移支付，从 1962 年的 77 亿美元增长到 1973 年的 417 亿美元。1962 年，政府间转移资金占据地方政府预算的27%,这一比例在1973年达到了37.1%。[26]伟大社会计划属于联邦项目,由中央政府各部门制定和资助,但由州和地方政府管理和执行。[27]

时间对“创造性联邦制”并不大度。许多伟大社会项目在实践中令人感到沮丧。与当初设想的合作伙伴关系不同,在大多数项目的执行中出现了冲突和混乱,甚至干脆放弃了项目的最初目标。由于在这些项目上缺乏联邦理论的指导,政治分析家在试图解释伟大社会计划成功的有限性时,提出了三种竞争性的假设:(1)地方统治精英的权力;(2)政府间关系的复杂性;(3)中央和地方政府不同的选民基础。每一种假设都看似有理,但最后对于规律性的解释都不足,正是这一规律性,让国家项目在地方层次遭受挫败。

地方统治精英

无论用大众话语还是学术语言来说,对伟大社会计划面临的困难,最通行的解释是地方统治精英的权力。据说,地方政治已被由银行家和商人构成的权力结构所主导,这些人同与他们有关的一些保守的劳工领袖和政治家一起,支配着地方政策的主要方面。[28]这一解释更为复杂的版本是,统治精英并没有作出每一项地方决策,仅仅是它的存在,就能够防止再分配事项出现在地方政治的议程当中。它的权力在于,对代表低收入集团和少数族裔利益的政策进行控制,甚至让地方社区的公众意识觉察不到这一利益的存在。[29]

对巴尔的摩社区行动项目的一项研究表明,Bachrach和Baratz有机会将这一观点直接应用于最为直观的反贫困项目的实施当中。[30]在这项研究中,他们声称巴尔的摩社区行动的政治被贴上了“非决策”(non-decision-making)的标签。他们发现:

> 黑人领袖把黑人群众内心的怨恨转化为议题的努力落空了,部分

> 是因为他们缺乏能够实践冲突政治的舞台，这种冲突政治明显不同于对抗政治；部分因为他们没有进入关键的决策中心。简言之，黑人领袖试图唤起他们的选民投身政治行动，但是社会盛行的偏见阻断了这些尝试，进而让黑人继续被“锁定”在政治体制之外。[31]

为了支持这一结论，他们特别提到，巴尔的摩没有一部开放职位的法规在公共就业和私人就业中歧视黑人，对反贫困项目的资助也颇为齐啬。[32]

Bachrach 和 Baratz 在有些事情上肯定是对的。如果巴尔的摩像其他地方政府那样，有关弱势集团社会经济福利的事情被关注了，民权运动和向贫困宣战就不会急速改变地方公共政策的进程。先前提到的证据显示，地方在再分配方面的支出增长甚微，看来是确有其事。但是，阻碍这一目标实现的机制看来与“非决策”模型并不相符。研究中的经验材料证实了再分配议题表现出的真诚与执著，引起巴尔的摩领袖经常性的关注，情况确实如此。正如作者指出的，“到 1967 年底为止，社区行动机构（CAA）的黑人主管冲在最前线，机构一直在全速运转，几乎公开地组织贫困黑人投入政治行动”[33]。Bachrach 和 Baratz 很喜欢扩展“非决策”的概念，以使这个概念与相反的情况相一致。例如，市长作出的建立一系列黑白双族特别工作组的决定就被贴上了“一个极其有效的非决策”的标签。[34]除非你准备接受 Bachrach 和 Baratz 对非决策概念的扩展，否则很难断言统治精英将种族和贫困的议题排除在地方政治的议程之外。

从根本上讲，统治精英的假设无法面对反贫困项目所取得的显著成绩——地方政治体制正在向以前被排除在外的集团开放。虽然这些项目的经济社会影响有限，它们还是改善了黑人和其他少数族裔政治参与的机会。在社区行动项目“最大可能的参与”这一重点的引导下和伟大社会立法中的大多数服务性项目中，都包含了要求低收入集团和少数族裔的代表在协商过程中积极参与的特征。尽管这些政策因地方和项目而异，但总体的影响是大大地增加了少数族裔作为反贫困项目有组织的支持者的参与，管理性职位对他们的招募也有增加。在改变地方政治议程方面，向贫困宣战是最为成功的。在城市政治当中，关心少数族裔集团的事情如果不是随处可见，也是经常有的。更有意义的是，黑人领袖和代表少数种族利益的集团成为制度化交易过程中的永久性因素，地方政策是经由这一过程而得以制定的。[35]

不幸的是，改善进入地方政治的机会，并没有从根本上改变少数族裔和低收入集团的经济社会境况。[36]但是，将此归咎于地方统治精英的权力，又一次误导了对贫困的研究。倘若少数族裔的贫困问题被简单地当成地方政治事项来看待，那么伟大社会计划想必已经解决了美国的贫困和种族主义问题。但如果地方政府履行的职能存在着固有的极限，那么，即使是少数族裔和穷人"最大可能"的政治参与，也不能改变这些极限。

组织的复杂性

对约翰逊总统反贫困项目完全不同的解释，来自对多元体制中政治与组织关系的多样性、复杂性和易变性的理解。从这个视角出发，政府间关系不只包含了联邦官员与地方精英之间的邂逅；相反，在所有政府层次（联邦、区域、州和地方）上有大量的公共和私人机构，在政府政策的执行过程中一定受到过咨询；这些机构在管理界限上存在交叉，争相获得客户资源。这些实体当中的任何一个都能够像"否决集团"一样行动，使政策的执行失败——或者至少推迟它的实施，直至政策最初的意图得到实质性的更改。

一旦美国政治的这种多元主义观点变得广为人知，[37] Pressman 和 Wildavsky 在关于经济发展管理局（EDA）改革性项目的分析中对这些观念富有想象力的利用，就值得加以特别的考虑。[38]这项研究详细地分析了 EDA 在加利福尼亚州奥克兰市碰到的令人困惑的问题，在那里，

EDA试图通过资助大量的公共建设项目来改善少数族裔的就业机会。项目开始时,期望值很高,预算支出数量庞大,在联邦官员和地方官员那里出现了合作,之后,EDA对于大量的延期感到沮丧;几乎没有可见的进展走向项目制定的初始目标。虽然在具有吸引力的细节上对项目遇到的特定问题进行了讨论,Pressman和Wildavsky也在更一般的意义上,对这个和其他伟大社会项目的失败作出了解释:

> 一个简单的问题变成了一个非常复杂的问题,涉及大量的参与者、一大堆多种多样的观点和布满决策关键点、需要清理的一条漫长而曲折的道路。在这些给定的条件之下,项目设计者所希望的赶快完成项目的机会——甚至是完成项目的机会——大量减少。[39]

这样,伟大社会的问题就是在一个多元政治体制当中任何一个政府项目所遇到的问题,在这种体制里,有许多参与者对政策施加影响。差别一定要协商,计划必定会延迟,政策肯定会被修改。解决的方案或者是制定更为简易的项目,放弃联邦政府干预社会经济关系的努力,或者是接受长时间的延迟和无可避免的重大修订。

尽管案例研究写得尖锐而有力,最终结论却被阉割殆尽。由于它可应用于所有政府项目,因此对伟大社会中再分配项目所遇到的特定问题,没有提出充分的解释。首先,复杂性并非约翰逊政府反贫困项目的独特属性。拥有许多项目已经变成了联邦体制的一个常规特征,这些项目——例如,高速公路、河流和港口、土地再生以及机场建设的特征——同样复杂,但还是结合成了联邦体制正在进行中的政治过程。在这些项目里,全国目标和地方目标太相似了,无论在特定的情况下碰到什么问题,都很难说项目失败了。事实上,地方政府竞相为这些项目争取资源,心急意切。对于各地在参与反贫困项目时表现出的踌躇胆怯,复杂性并不是一个充分的解释。

其次,Pressman和Wildavsky断言项目的失败是因为参与者七嘴八舌，对于复杂现象的言论最多不过是层次很低的理论陈述。[40]在这方面，Pressman 和 Wildavsky 与大理石蛋糕式联邦制的研究者相类似。这些研究者发现关系错综复杂，很难鉴别促成这种复杂性的关键要素。例如，纵然奥克兰市研究中的经验资料非常清楚地显示，“联邦”首要关注的是再分配（如雇用少数族裔），而“地方”首要关注的是获得援助谋求经济发展，但 Pressman 和 Wildavsky 并没有给两级政府之间差异模式的形成提供一般性的解释。

差异化的选民基础

选民理论立誓要给中央政府和地方政府之间的冲突提供辨别的模式。在最一般的形式上，选民理论认为，政治领袖追求的目标就是将他们选举为官的那些人的愿望。谈到中央和地方间的差异，McConnell 强调中央政府的选民基础庞大，在服务于更广大而宽泛的利益方面被寄予厚望。[41]对于选民基础少的地方政府，占据支配地位的经济利益体更容易控制政策，以将弱小、组织薄弱的利益体排斥在政策之外。在选民基础雄厚的政府，权势利益体之间的相互制约以及在不同利益体之间建立联盟的需要使弱小、广大而宽泛的利益关切，也许还包括穷人的利益关切得以考虑。

对于伟大社会项目失败的最好的一个案例研究，在选民分析的传统里得到了非常令人信服的解释。在对 1967 年后期发起的“城中新城”项目的研究中，Derthick 详细记录了一个项目的过程。该项目最开始是要通过对多余的联邦土地的低价分配，来提供低收入家庭的住房，最终却未能给穷人建造任何新房。[42]在结论章的思考中，Derthick 强调了全国政府和地方政府在价值承诺上的差异，并把这些差异同他们不同的选民基础联系起来：

> 在共同的项目中，联邦政府和地方政府都有一项政治职能：两者

> 都在界定公共行动目标的时候发挥作用，并对价值、利益和意见方面的差异作出回应。联邦政府超脱于特定的、狭隘的地方冲突之外，能够较好地表达理想、进步的目标。地方政府则更深地介入到这些矛盾冲突之中，能够较好地对活跃的政治利益的实际偏好作出回应。[43]

虽然 Derthick 很好地区别了由全国和地方制度所表现出来的不同的价值承诺，但她却未阐明那些精确的机制，地方选民借此产生出不同于全国性政策的需求。比如，在 Derthick 的案例研究中，利益集团和选民的压力处于显著的缺位状态，并没有制约政策的选择。尽管有些官员可能预计到了对低收入住房项目的反对，但对于大城市的市长而言，即使那个假设的反对也不代表他们的态度，因为他们能够预计来自一定规模的低收入选民和少数族裔选民的支持。

选民的论题最有助于说明地方对全国政策的不同反应。但是，Derthick、Pressman 和 Wildavsky、Bachrach 和 Baratz 以及其他研究者所记录的，是在全国性目标和地方目标之间冲突的连续性，包括城市目标与全国性目标的冲突；而在那些城市，地方选民最有理由支持再分配项目。[44]即使在地方选民中有大量的贫困人口，地方政府也经常击败约翰逊政府的政策目标。

通向新的联邦制理论

地方统治精英的权力、政府间关系的复杂性以及在全国和地方层次上选民基础的不同，都被用来解释伟大的社会计划在联邦体制中实施时所面临的困难。虽然所有三种假设都辨识了地方对于再分配的抵制，却没有任何一种对这种抵制作出充分的说明。问题在于，它们都是有关个体、集团和组织之间关系的理论。所有三种方法均受到了行为主义政治理论和对联邦制的大理石蛋糕比喻的影响，它们试图从全国、州和地方三个政府层次要素间的关系出发，找到对政府制度结构性差异的解释。我已经为联邦制的研究提供了一种替代性的方法，识别中央政府不同于地方制度的结构性特征，进而将这些结构性特征与政府间政策制定的过程联系起来。

迄今为止，联邦制理论只出现了纯粹的原理。为了突出根本的特征，进行了强烈的对比。我刻画了再分配政策与发展政策之间的显著差异，强调了全国性政府和地方政府在倾向方面的基本不同。它们之间还存在许多未明之处，我们至少可以对其中的一些进行更为深入的分析。第 5 章就是这个分析的开端。在对中心城市与其郊区腹地之间进行对照时，考虑到了地方政府之间的一些差别。同时，我在思考一项很难归结其一般特征的政策。在不同的时间、不同的地点，这一政策或是再分配政策、发展政策，或是分配政策。它的成效取决于政策在其中执行的政府背景。为什么很少有政策问题能够像学校的影响那样，得到这么多研究的关注，就并不奇怪了。

【注释】

[1] Elazar et al. 1969.

[2] Diamond 1969.

[3] Grodzins 1966.

[4] 更大的自治权允许从富人到穷人更多的再分配。即使在一个完全自给自足的经济体中，也许还存在着效率与平等之间的折中。为支撑一个过于精细的福利国家而让税率高企、太富进步主义色彩，会削弱资本形成的动力。话又说回来，福利供给的某种最低标准对于确保一个稳定、健康、有能力的工作人口似乎又是必要的。这些极具争议的问题超出了我们分析的范围(参见 O'Connor 1973)。但是，在地方再分配上存在一套对于国家决策没有约束力的制约因素：在国家层次，纳税人在社会分配系统即将充斥大量福利接受者时，无法轻易地逃离到别的管辖地区。在这个意义上，全国性政府比地方政府拥有更大的能力对商品和服务进行再分配。

[5] Greenstone and Peterson 1976，第 7 章。

[6] Musgrave 1959.

[7] Meltsner 1971.

[8] 美国政府间关系咨询委员会 1974。

[9] 我剔除了从使用者付费和政府间援助渠道所获得的地方财政收入。

[10] 美国政府间关系咨询委员会 1964，pp. 83—84。

[11] 此处不讨论有关争论的全部。首先，财产税在整个经济体系中都是相同的，还是随着地方管辖范围的不同而不同，人们必须分清这两者之间的差别。有差异地征税完全是由财产业主造成的，因为税收差异的资本还原价值会在财产的市场价格上反映出来。在整个

经济体系中相同的那部分税收，自身必须再分为对土地的征税和对建筑物及其改建的征税。对土地的征税是由土地所有者产生的。对于建筑物改建所征税收是一种由消费者产生的销售税，还是对资本的征税，取决于对一个经济体中资本供给有限限制的种种假设。这些问题的讨论见 Netzer 1966。

[12] 美国政府间关系咨询委员会 1974，p.55。

[13] Piven 1976.

[14] 我们把总的管理支出计入政府的内部管理服务，这部分在联邦政府分配性活动支出中占 3.8%。

[15] 州和地方政府寅吃卯粮没有联邦政府赤字所预期的那样的反周期效应(Hansen and Perloff 1944；Sharp 1965；Rafuse Jr. 1965)。因此，将地方支付的利息列为发展性政策的支出是不恰当的，除非债务资金支持的项目"自收自支"。

[16] 参见第 5 章。

[17] Marsh and Gortner 1963，p.53.

[18] 同上，p.40。

[19] 同上，p.41。

[20] 同上，p.42。

[21] 同上，p.87。

[22] Wirt and Kirst 1972；Murphy 1971；Orfield 1969；Hughes and Hughes 1972；Goettel 1978.

[23] 美国众议院 1977。

[24] Ways 1969，p.620.

[25] Macmahon 1972，p.84.

[26] Peterson 1978.

[27] "近年来，由全国性政府直接运作的国内计划没有太多的增加，但是由州和地方运行的计划在数量上则有很大的增长，这些计划由联邦资助并在不同程度上由联邦政策来管理。"参见 Reagan 1972，p.12。

[28] Hunter 1953，从这种研究文献中挑选的一批阅读材料和常用参考书目，参见 Hawley and Wirt 1968。

[29] Bachrach and Baratz 1962.

[30] Bachrach and Baratz 1970.

[31] 同上，pp.79—80。

[32] 同上，p.97。

[33] 同上，p.89。

[34] 同上，p.71。

[35] Greenstone and Peterson 1976；Peterson and Greenstone 1977.

[36] 芝加哥城市联盟 1977。

[37] Truman 1951；Riesman 1950；Dahl 1961.

[38] Pressman and Wildavsky 1973.

[39] 同上，p.94。

[40] McFarland 1969.

[41] McConnell 1966.

[42] Derthick 1972.

[43] 同上，p.101。

[44] Murphy 1971；Pressman 1975.

城市、郊区及其学校

地方政府并非铁板一块。有些地方政府完全有能力追求经济利益;而另一些地方政府的运行受到了约束,限制了开发经济基础的效率。地方政府间的这些差异在每一项重大的政府政策领域都可以找到,尤其是在地方学校的运行当中,最容易被辨识出来。学校教育是地方政府活动中最费钱的,它的运行直接触及了社区里许多——如果不是大多数——家庭的生活。城市学校的运行能够明显地影响社区的繁荣。同时,学校教育体制的结构影响了社会教育机会的平等。

这两个目标彼此相背而行。如前文所强调的,地方因为在经济增长上的利益而几乎排斥了对于再分配的承诺,其影响在教育方面特别显著。首先,美国人把教育机会的平等看得非常重。在比欧洲社会早很多的时候,美国就把教育体制扩展到初等的、中等的和高等的教育层次。虽然美国在提供社会保障和健康保险方面比其他工业化社会落后不少,但是直至最近,在美国由国家提供的教育服务比世界上任何其他地方都要充分和富足。[1]据说美国人追求的不是结果的平等,而是机会的平等。其次,美国人强调地方对教育体制实施资助和控制的重要性。而在欧洲,大多数国家的学校主要是由全国性政府来资助的。在美国,80%的教育资金由州和地方政府负责,如表4.4所示。表中这些包含了高等教育支出的数字,实际上夸大了联邦政府对初中等教育的资助数额;早期的学校教育尤其是地方政府的特权。具有讽刺意味的是,学校教育这一最能代表美国对于平等的承诺的服务传递系统，主要由再分配能力最小的政府层次来提供。

如前所述，学校教育没有必要是一项再分配政策。实际上，人们觉得学校体制对教育服务的分配多少与城市的经济利益相一致，因而将其归于发展政策这一类。在这样一类学校教育体制中，服务提供给了那些以等额市场价值相交换的家庭。由于家庭愿意付钱给学校，也由于那些学校愿意以提供教育作为回报，这类交换遂增加了社区的净效用。每个人都会因为这类交换而过得更好——这正好是发展政策的意涵。按照帕累托的理论，你也可以将这类体制标识为有效率的教育体制。在这一高效的体制中，为教育服务付出最多的人得到了最大的收益。[2]

另一方面，一个再分配性质的教育体制对所有年龄段的孩子（也许除残疾孩子之外）都一视同仁。每个孩子得到了相同的教育福利，而不管他的家庭收入、社会地位或者对地方税收的贡献如何。

简言之，学校教育的分类是更偏于发展政策，还是更偏于再分配政策，取决于学校教育的福利收益需要用金钱来支付的部分有多少，或者在多大程度上平等地分配给了社区的所有成员。

二元教育体制的出现

当前，有些证据表明，一种二元的教育体制已经在大都市地区出现。一是在中心城市，再分配的情形获得了一定程度的成功；二是在郊区，大量小规模社区以易于达到发展目标的方式组织起来。这种二元体制追求的社会目标之间的失衡，促成了当代城市的危机，妨碍了中心城市学校体制平等的进一步加深。

郊区的发展政策

在美国郊区，学区之间竞相提供范围广泛的教育服务，教育的质量、侧重点和价格不一而足。优质(优价)的教育成效显著,愿意或者需要为此花钱的消费者,在因顶尖学校而著名的社区觅得住所;而那些有效需求匮乏(即对高价教育没有什么兴趣或者收入低下)的人则选择住在大都市区内排斥性很小的地方。位于底层的是"问题"郊区,学校教育福利和购买的成本都很低,房租也很便宜。不同地方的税率也不一样,要看人均可征税的财富和对学校教育的有效需求而定。总而言之,这一体制虽然与 Tiebout 追求效率完美的理想有很大差距,[3]但大体上还是依据对教育服务的纳税额来分配教育福利。

郊区的教育福利大体上是按照对它们的经济需求来进行分配的,对于这种信念,有两种不同的研究传统都在一定程度上作出了证明。第一种传统强调了由地方财政供养的学区之间在支出方面的巨大差异。例如,Miner 在一个全国性的样本中,发现从州和地方获取资源的学区之间在支出方面的变异系数达到了 0.72。[4]而且,Miner 和其他的研究者都发现,这些差异同州和地方的财政能力有很强的相关性。[5]最近,Grubb 和 Michelson 提出论证,表明从 1955 年到 1968 年之间,州际不平等保持了相对的连续性。[6]即使联邦政府在教育财政上不断发挥作用,但在减轻州际差异上却几乎是无计可施。另外,州内学区间的严重不平等现象,均见于他们调研的全部 15 个州。[7]

学区间支出的变化也与家庭财政能力的差别有关。那些收入更高的家庭往往生活在支出更多的学区,结果,那些对教育有更多有效需求的家庭得到了更多的教育福利(如支出数据所示)。一项 1960 年家庭调查的结果显示,随着收入的增长,家庭财产税的纳税额增加了,获得的教育福利同样也得到了增加。[8]这些数据没有提供受调查家庭中每个孩子开销总额的精确信息,而是假设这些孩子得到的资源分配与他们所在学区孩子的平均数相同。因此,这些数据反映的大概是对家庭收入与教育福利相关度的一个保守估计。然而,他们清楚地论证了学区间支出的巨大差异,促成了不同收入集团间教育支出的落差。

这些数据是在全国范围内收集的。针对郊区模式的证据，只对特定的大都市区才有意义。在一项早期的研究中，Hirsch发现，在圣路易周围的大都市地区，地方财产价值的变化是学校支出最重要的影响要素。[9] Sacks和Hellmuth在一项对克利夫兰附近郊区学区的调查中发现，社区的个人财富同社区支出之间呈现出正相关的关系。[10]在对芝加哥和加利福尼亚州圣克拉拉的郊区的研究中，也发现人均收入和财产价值是支出的重要影响要素。[11]一般来看，那些拥有庞大经济资源的郊区社区，为学区儿童提供了在财政上更为奢侈的教育支出。以生均支出来衡量，纳税更多的那些家庭，接受的教育福利也越多。

第二种对教育服务的研究传统研究的是郊区家庭对地方学校体制提供的产品的估值水平。这一研究表明，首先，教育福利，比如以口语能力测试来估算的教育福利，就具有一种市场价值。有两项分开的研究，一项在新泽西郊区、一项在洛杉矶地区，揭示了当口语能力测试的表现改善时，社区的财产价值攀升。[12]在这两项研究中，还有许多其他的因素在影响财产价值，比如住房的大小与新旧、社区到达工作中心的便利性、社区的税率（最重要的）和中位数的家庭收入，这些因素在一个多元回归分析中得以检验。拿对家庭收入的检验来说，在财产价值高的社区长大的孩子，在测试中的表现良好，人们对此发现无法搪塞而过。显然，教育服务的消费者相信，学校确实影响了孩子们的表现水平，他们对那些让孩子们学得更多的学校给予了高度的评价。

该研究传统的第二个发现认为，郊区学校体制在促进地方经济发展上相当有效，这一点甚至更为明确。当教育福利被以支出水平，而非测试分数来评估时，学校服务就会继续对财产价值产生积极的效应。在新泽西州、伊利诺伊州、马萨诸塞州和加利福尼亚州的郊区社区，教育支出对财产价值显著的正面效应已经得到了确认。[13]在所有这些研究中，即使对中位数家庭收入、税率和住房的新旧与大小进行检验之后，这些研究发现仍然有效。

教育支出对财产价值具有正面的效应，是因为消费者意识到在对教育的金钱投入与学校教育的产出之间存在某种关联。当然，对资源的利用似乎不如促进经济增长那样有效率上的完美。大多数研究表明，不断增加教育支出的积极效应，只是抵消了在财产价值上增加地方税收的消极影响。而且，教育支出一般不会像口语能力测试的分数一样，对财产价值产生显著的效应，这说明在教育投入和产出之间有一定程度的脱节。然而，即使有这些限制，还是有相当多的证据证明郊区教育体制促进了地方经济的发展。郊区也许还没有接近 Tiebout 的理想世界，拥有分配公共物品的高效系统，但最起码市场力量作出了反应，就如消费者评价郊区政府提供的学校服务。

中心城市的再分配政策

如果郊区学校执行的是发展政策，那么在大都市区的二元教育体制中，中心城市的学校更偏于再分配方向。大城市的教育体制属于单一的大学区，由一个中央教育委员会统管，该委员会又将大多数权力转给了一个高度集中的管理人员队伍。这些管理者经常以效率之名，严格地将平等与公平的原则应用于中心城市邻里学校间的资源分配上。

部分缘于教育改革、部分缘于增强自身的权力，大城市学校的主管们为稀缺的教育资源的分配制定了通用的规则。[14]给所有学校配置的资源中，师生比相近，教室大小相近，课本学生比相近，课外的设施与供给相近，等等。变化多样的环境助长了来自校长、社区集团、政客和学区委员会成员的政治压力。分配教育资源的通用化原则保护了管理者，让他们能够辩称每个学生都得到了平等和公正的对待，以顶住外来的压力。这些原则还产生了让会计师称赞的某种类型的效率，虽然这种学区主管们标榜的效率与经济学家笔下的帕累托最优的效率鲜有共同点。恰恰相反，它保证了中心城市在教育供给方面拥有更多的平等，其程度比几乎任何一种社区权力理论预计的都要大。

对大城市学校体制的分配政策的系统化研究中，只有少数得以发表，但其研究发现出奇地一致。Burkhead 发现，在亚特兰大和假设“受到政治机器困扰”的芝加哥，分配给学校的资源一碗水端平，服务于所有收入水平的家庭，在生均的支出、师生比、配备方面的支出以及其他大多数的资源分配事项方面，都近乎平等一致。[15]

当 Katzman 将他在波士顿的研究成果与 Burkhead 的研究相比较时，他认为：“这三个城市(波士顿、亚特兰大和芝加哥)在每个学生相对平等的支出分配方面惊人地相似。”[16] Levy、Meltsner 和 Wildavsky 发现在加利福尼亚州的奥克兰，资源分配在总体上是公平的。[17]然而，在这一案例中存在一种倾向，即额外的资源同时分配给了最穷邻里的学校和最富邻里的学校。如果这四个来自全国不同地区的城市具有广泛的代表性，那么，Katzman 的结论就是对的：“相比于大量自治的郊区，大城市更加有效地弥合了教育机会上的鸿沟。”[18]

这种平等模式的一个例外是中心城市邻里学校间教师薪水的差距。Burkhead、Owen、Grubb 和 Michelson 都发现了邻里间支出差异的成因，是“允许有经验的教师选择到他们愿意去的学校去教书，导致有经验(和薪酬最高)的教师集中在白人中产阶级学校”[19]。但很少有证据能够证明，四五年以上的教育经验与学生的成绩之间是正相关的。[20]如果薪水差距是中心城市为了将教育资源向有利于高税收邻里倾斜而运用的主要机制，那么，这些城市就选择了最没有效率的机制来按税收贡献调节服务的传送。比较而言，在郊区，薪水的差距能让经济繁荣的郊区招聘更有才干的教师，从他在社区职业生涯的最开始就招聘他。但是，即使考虑到了中心城市不同邻里之间教师薪水的差距，城市内部的差距与城市之间的差距也并不相配。用 Owen 的话说，“(城市内部)薪水支出的收入弹性，只有城市间教育支出弹性的某个估算值的一半左右”[21]。这提供了一个“大致的手段，衡量大城市教育体制的集中化管理已经在多大程度上减少了基于收入差距的不平等”[22]。

从一定程度上讲，中心城市提供的教育资源的平等，是以大城市经济发展为代价的。那些在中心城市里为学校教育纳税更多的人，可能并没有在福利方面得到更多。相反，生活在中心城市里更富有的家庭，在教育上补贴了他们的穷邻居。

郊区—中心城市的差距：以口语能力方面的数据为证

如果中心城市和郊区学校体制之间的这些差距是显著的，它们就会被预期为影响孩子口语能力测试成绩的决定性因素。实际上，人们估计一个学校教育体制在多大程度上追求发展政策的方法之一，就是判断一个孩子的口语能力测试成绩与家庭为孩子的学校教育所付出的金钱之间关系的强度。假如体制有发展性导向，那么在孩子的成绩与家庭为教育服务付出的金钱之间就会有关系。而且，为教育服务支出更多的那些家庭的孩子与支出较少家庭的孩子之间的差别，伴随在校时间的差别而稳步地增加。如果体制属于再分配性质，口语能力的测试成绩与家庭背景之间仅有微弱的联系，而口语能力最初与家庭背景有关联的那些特征，也随着时间的推移而稳步地衰弱。

Coleman的研究

如要进行仔细的分析，美国教育办公室在James Coleman指导下采集的数据（以下称“Coleman研究”），揭示了1965年美国学校教育体制在北部一些州有限的再分配属性。[23]表5.1是从Coleman研究中提取出来的，它所展示的数据仅限于北部6年级、9年级和12年级的黑人和白人孩子，这是因为从南部、其他少数族裔和更小的孩子那里得到的数据的质量不太可靠。[24]这张表报告了Coleman研究的核心发现：(1)家庭背景特征对各年级学生的口语能力具有强烈的影响；(2)学校和教师方面的特征发挥的“独特”作用最小，也就是说，要不是同孩子的家庭背景结合在一起，它们的影响会很小。

表 5.1　家庭背景和学校特征在口语成绩变幅中所占百分比

	6 年级	9 年级	12 年级
家庭背景(包括独特效应以及那些与学校变量共同产生的效应)			
黑人(北部州)	9.51	7.68	7.53
白人(北部州)	14.10	16.49	14.28
教师和学校特征(在家庭背景特征限定的情况下,仅此变化所占百分比)			
黑人(北部州)	2.66	3.32	6.68
白人(北部州)	2.02	2.06	3.16

资料来源:Coleman et al. 1966,表 3.221.3 和表 3.25.3。

对这张表最多的解释是,学校带来的差异很小。但是对表 5.1 的这种解读有几点困境。一是这种解释对所使用的统计技术的精确含义不敏感。在解释这类表格的时候,重要的是要记住在多元回归的分析中,对因变量(此个案中为口语能力)变化的解释包括三个方面:(1)仅源于自变量 a 的变化(家庭背景);(2)仅源于自变量 b 的变化(教师和学校特征);(3)仅源于它们联合或重叠效应的变化。在表 5.1 中,同 Coleman 报告中的所有表格一样,数据只分成两个分析部分而不是三个。第一行和第二行包含了上述第(1)项和第(3)项的联合信息;它们将家庭背景的独特效应以及家庭背景和学校的联合效应放在一起加以分析。第三行和第四行提供了有关上述第(2)项的信息——仅源于教师和学校特征的效应。

当分析是以这种方式进行时,"只能"由学校特征解释的成绩变化量并不适于测量学校教育对儿童口语能力的影响。与家庭背景效应部分重叠的学校教育的成效全部被归于家庭因素,完全没有了学校的影响。这种重叠效应可能相当大。[25]比如,老师同中产阶级家庭的孩子更亲近一些,教得更好;同这类孩子的交流对教师和学生都更有益处;这些交流容易不断地变得积极和有力。相反的模式则容易发生在工人阶级家庭的孩子身上。

虽然这种对照模式产生于中产阶级和工人阶级的背景之中,但并不代表学校没有任何影响。但是，Coleman在自己的研究中却并没有说明学校的任何影响。相反，学校的作用只是扩大了报告当中家庭背景与口语能力之间关联的范围。由于所有的重叠效应都被视为家庭效应，因此学校可能产生的影响被错误地看成是完全受非学校因素影响的结果。

虽然在表5.1报告的数据中，Coleman基本上没有告诉我们学校对孩子们的口语能力产生的重叠影响，但这些数据仍然包含了有价值的信息。首先，如果说教育福利的分配与家庭对学校教育的金钱付出大概是一致的，那么，家庭背景与口语能力之间的关系告诉我们的是这种一致性的程度。虽然Coleman没有直接提供信息，告知父母为孩子的教育纳税的数量，但家庭背景的多个变量(是家庭社会地位非常精确的指标)大概还是能够反映家庭为学校教育支付的税额。[26]其次，“只能”归因于学校的成绩变化量，则可以提供学校教育在再分配影响方面的另外指标。在学校教育的成效当中，不与家庭背景效应重叠的地方，可能就属于再分配的效应。如果一种学校体制从高级纳税人那里向家庭情况不好的孩子转移资源，这可能就是明显的学校效应的形式，与家庭背景的特征没有关系。表5.1显示，教师和其他学校特征的这些“独特”效应对于变化产生的影响，在反映口语能力的6个样本中，有5个不足4%。从这些结果当中可以发现，学校对于教育机会的平等只作出了少量的贡献。学校教育在再分配方面的任何影响都很有限。

对Coleman研究中黑人—白人差异的反思

如果中心城市学校强调再分配，而郊区的学校强调发展，那么，对家庭和学校在口语能力方面的影响进行观察的Coleman研究中，这两种教育体制之间的差异显而易见。在Coleman研究的有关出版物中，对中心城市和郊区教育体制之间的不同效应未出现直接的检验，为重新分析而获取Coleman研究的数据也不可能。[27]然而，黑人和白人之间的比较是可行的。在Coleman的样本中，北方州只有32%的白人孩子在中心城市的学校入学,而黑人孩子的比例则为79%。既然如此,就有可能在黑人和白人之间差异的基础上,对城市和郊区之间的差异作出一些推论。假如在中心城市和郊区之间存在着差异,这些差异就会反映在黑人与白人相比较时的不同关系模式之间。

第一,人们假设在家庭背景变量与教育成绩之间通常微弱的关系会存在于黑人,而非白人当中。由于白人进入较好地奉行发展目标的郊区学校,对学校的期望就是要强化已有的社会阶级差异。由于黑人进入了更加平等的教育体制,社会阶级对教育成效的影响会更微弱。与这些预期相一致的是,表5.1实际上显示了在黑人当中,家庭背景差异对于成绩变化发挥的作用比在白人当中更小。第二,人们假设由学校因素解释的成绩变化量,黑人比白人的更大。学校体制的政治更富有再分配性的地方,被观察到的学校教育的"独特"效应更大,这第二个假设也得到了表5.1发现的支持;在所有的三个年级里,学校教育对黑人的"独特"效应比对白人的大,这一假设得到表5.2更进一步的支持。表5.2为四种家庭背景特征中的每一个提供了非标准化的回归系数,作为社会经济等级的最佳评估手段。我提出非标准化的回归系数,是因为它们允许对每一个家庭背景变量进行跨种族集团和跨年级的直接比较。[28]在进行这些比较的时候,对每一个年级而言,家庭背景不同的特征对于白人孩子成绩的影响要比对黑人孩子成绩的影响更为有力,这一点再清楚不过了。

表5.2 四个家庭背景变量的回归系数(限定于四组全校性的变量)

家庭背景变量	黑人			白人		
	6年级	9年级	12年级	6年级	9年级	12年级
阅读读物	1.4[a]	1.6[a]	1.0	2.7[a]	3.2[a]	5.0[a]
经济状况	2.2[a]	1.0	0.6	2.8[a]	1.6	−0.1
结构的完整性	0.6	1.1[a]	0.7	1.2[a]	1.9[a]	0.7
教　育	1.0[a]	1.3[a]	2.4[a]	2.4[a]	3.7[a]	3.2[a]

注:a统计显著性为0.05。
资料来源:Smith 1972,表12。

还有另外一个发现支持了这个观点，即郊区的学校体制比中心城市的学校体制的再分配属性更弱。随着时间的推移，在追求发展政策的学校体制中，家庭背景特征不断成为强有力的解释性变量。而在再分配体制中，家庭和教育成效之间的关联则稳步地减弱。再来看看表5.1，这次我们关注一个孩子在校期间有关情况的变化。家庭变量对黑人孩子的影响即使在6年级的时候，就相对微弱，在9年级和12年级进一步地下降。同时，学校和教师变量的“独特”贡献随着年级的上升而增加。对白人来说，家庭背景因素的影响持续有力，事实上在重要性方面甚至还有些微的增长。表5.2中的数据揭示出了相同的模式。到12年级，只有一个家庭背景变量对于黑人孩子保持了统计意义上的显著性；对白人来说，与低年级的时候相比，有两个家庭变量对高年级的学生更为重要。

到目前为止，数据所提示的是，因变量是学生成绩的变化总和。这个总数可以在分析上分为两个部分：任一学校内发生的学生成绩变化的数量和学校间出现的变化量。正是第二个部分——发生在学校间的变化数量，或者Coleman所谓的两校间变化，与对郊区学校间差异和中心城市学校间差异的分析最为相关。所以，对该假设最好的检验，是检验家庭背景因素对两校间学生成绩变化的影响程度。

幸运的是，在两校间学生成绩的变化中，现有公开发表的数据可用于由家庭背景特征产生的黑白学生间差异的分析。[29]如表5.3所示，数据强烈支持上述假设。对白人来说，两校间变化基本上可以由家庭背景特征作出解释，被解释的变化的数量随着年级的上升而增加。既然

表5.3　北部黑人和白人学生中由家庭背景特征产生的两校间变化的百分比

	6年级	9年级	12年级
白人	54.2	65.9	64.1
黑人	37.1	31.3	30.2

资料来源：Smith 1972，表7。

他们进入的是按照发展政策来运行的郊区学校，阶级间的差异就增加了。对黑人而言，两校间变化的数量非常小，而且这一数量随着孩子通过教育体制取得进步而减少。由于他们入学的中心城市奉行再分配政策，因此，阶级差异从一开始就绝不会加大，而是逐渐消退。

结论

郊区城镇很小，足以做很多事情让它们社区财产的价值最大化。因为它们的规模有限，所以这些城镇能够调节它们的地方政策，以适应数量规模相对较小的居民的特定偏好。通过分区法律，它们甚至可以从所有的居民那里取得大致相等的税收，从而使收益纳税比在居民间的差别最小化。如果它们愿意，这些郊区中最讨人喜欢的地方就能够吸引大都市地区最富生产力的要素。社区甚至能够通过分区，将那些虽有收益却令人讨厌的商业活动赶出去，以利于安静的居住花园小区成为大都市地区最具社会排斥性的独享之地。高质量的公共服务被提供给所有居民，而任何居民均无须承担于己尤为不利的收益纳税比，因为所有人的服务支出大致相同。再分配被控制在最小的限度之内。

中心城市则无法负担这样的排斥性分区政策，维持它的经济基础才是头等大事。中心城市的服务对象仍然是一大群多样化的居民，它不可能摆脱很大程度上属于再分配性质的事情。在一定程度上，服务供给能够按照邻里差异来实施，让支出更多的富裕者能够得到更多的服务。但是中心城市能力有限，无法按差异来分配资源。首先，宪法性法条规定，政府应该以大致相同的方式对待在相同环境中的居民。同纳税方面的重大差异相一致的公共服务供给上的重大差异，可能无法经受宪法的检验。但在郊区，政府分离为许多规模小而又相互竞争的部分，允许有不同水平的服务，这尚未受到立足于宪法的、成功的挑战。其次，标准化成为大城市里大规模公共服务传送的特征。部分是因为官僚体制对于统一规范的承诺，部分因为官僚体制欲在政治压力下求得自保，还有一部分是因为管理效率要求在组织的地理范围之内执行标准的运行程序，中心城市倾向于在它的全部管辖范围内提供同样的服务。统一性付诸再分配，再分配则损害了城市的经济利益。反观郊区，你会发现有许多地方政府的行政管辖权，每一个都有自己的政策，以不同的多样化水平服务于分散的人口。服务提供方面的再分配再次被控制在非常低的水平上。

在本章中，这些观点在教育政策上得到了佐证。教育是地方政府服务中规模最大、花费最多的事项，在政策效果方面，也有一套最高质量(虽然还不完美)的数据可用。而且这些发现似乎还可以通用于广泛的政策领域。中心城市学校的特征也许还是中心城市的消防部门、卫生部门、娱乐项目、公园区和街道维护项目的特征。当然，从这些服务中得到的收益还会有一些不平等。纳税更多的高收入集团可能得到了更多的收益。他们的街道大概更干净一些，公园的位置也许更为便利并得到了良好的维护，垃圾收集得更勤一些并更有效率。但是，即使中心城市的服务并不平等，至少还有一些再分配事项。服务供给的统一性趋势排除了将纳税与收益联系起来的仔细调校过程，而这一做法在郊区看起来相当可行。结果，在常规服务的日常运行上，同它们的郊区邻居相比，城市在追求经济利益方面准备得不够。

城市与郊区之间的这些差异一度被认为是琐屑小事。由于城市从前位于固定的水道和铁路交通网络的节点上，它们垄断了所在区域最有价值的土地。在地方税收和支出政策方面无论存在什么样的差异，在城市的空间位置占据重要地位的地方，这些差异都无足轻重。那些最大、最有权势的城市能够利用它们的区位带来的巨大财富提供公共服务，这些服务的水平是周边地区难以望其项背的。正如第3章显示的，再分配政策是那些支配相对大量的经济资源的地方政府的特权。在世纪之交，甚或到了第二次世界大战时期，中心城市还享有一边倒的比较优势，让它们能够忽视郊区的影响；而郊区已经找到了摆脱再分配成本的一条道路。

战后时期，发生了变化的交通和通讯系统对中心城市的支配地位形成挑战。交通系统不再是固定的，街道和高速公路或多或少地以公平的方式连接了大都市区内几乎所有的地方，没有任何地方能够像中心城市曾经做过的那样，对至关重要的土地进行垄断。在大都市区内和大都市区之间，社区之间竞争的水平大幅提高。政府想要强化的社区经济福利，变得更为关键。

中心城市对于发生在它们的经济和空间环境中的这些变化认识迟缓。作为对一个更加繁荣时代的一种看法，它们当前的政策仅仅对今天更为激烈的竞争环境作出了缓慢的调整。再分配一度可能的奢华正变得越来越难以为继。城市正开始削弱其最为炫耀的特色，并要求联邦政府施以援手。同时，中心城市的人口流失过程还在继续，居民们在寻求他们的收益与他们的纳税最相匹配的地方。正如我的一位医生朋友最近谈及他迁居的威斯康星小城时所说的，“我不在意这里的赋税，因为你看到你的税款正在为你效力”。

【注释】

[1] Heidenheimer，Heclo，and Adams 1976.

[2] 这个对于有效率的教育体制的定义假设教育没有社会回报，只有那些为教育付出成本的人会得到补偿。这一假设认为，不存在证明教育的公共补贴有理的连锁反应或者邻近效应。虽然有些教育经济学家认为这类连锁反应是存在的，但它的证据却让人半信半疑。量多质优的教育给个体提供资质，让他们在众多等待者中跃然于前，获得收入更高、更受人尊敬的职位。但是，通过更多地投资于人力资本而非实体资本，就能让社会生产力作为一个整体得以提升，这一点还不是很清楚。而且，只有社会收益远多于个体自身教育投资的回报所得，才可为教育的公共补贴——从效率标准出发——提供保证。

通过人力的再培训来减少贫困是一个例证。虽然在这类计划中受到培训的个人在失业队伍中脱颖而出，至少在短期内收入得以增加，然而他们的就业只是对其他工人的替代，除非培训计划在某种程度上增加了劳动力的总体就业。如果这种情况没有发生，那就只是一个“抢座位”的游戏。即使新的效应是提高生产力——在游戏中增加更多的座位——也没有使公共补贴产生效率，除非社会收益大于个体自己支付培训费用所获得的总收益。这些方面的论述，可参照 Psacharopoulos 1973；Becker 1964；Jencks et al. 1972；Levin 1977；Thurow 1972。

[3] Tiebout 1956.

[4] Miner 1963.

[5] Miner 1963；James，Thomas，and Dyck 1963；Sacks，Harris，and Carroll 1963；James，Kelly，and Garms 1966；Hickrod 1971.

[6] Grubb and Michelson 1974.
[7] 同上,p.56。
[8] Morgan et al. 1962.
[9] Hirsch 1960.
[10] Sacks and Hellmuth 1961.
[11] Fischer 1967; O'Shea 1970; Harvey 1969.
[12] Rosen and Fullerton 1977; McDougall 1976.
[13] Oates 1969; Peterson and Karpluss 1978; Rosen and Fullerton 1977; Meadows 1976; Edel and Sclar 1974。在 Pollakowski 1973 对旧金山湾区的一项研究中,结果是非结论性的,但研究受制于研究样本数量的不足(19个城市)。
[14] Callahan 1962; Tyack 1974; Peterson 1976.
[15] Burkhead et al. 1967.
[16] Katzman 1971, pp.135—136.
[17] Levy, Meltsner, and Wildavsky 1974.
[18] Katzman 1971, p.144.
[19] Grubb and Michelson 1974, pp.64 及以下;Owen 1972; Burkhead et al. 1971。
[20] Hanushek 1972; Murnane 1975; Summers and Wolfe 1977 发现,经验对高分学生产生了积极的影响,对低分学生产生消极的影响。
[21] Owen 1972, p.33.
[22] 同上,p.33 脚注。
[23] Coleman et al. 1966.
[24] Smith 1972; Jencks 1972.
[25] Heyns 1974; Alexander and McDill 1976; Summers and Wolfe 1977.
[26] Morgan et al. 1962.
[27] 国家教育统计中心负责保存这个在历史上重要的档案资源。这个中心告诉我,他们有权利把信息分配给在新泽西普林斯顿的教育考试机构(ETS)。非官方但明显灵通的消息来源称,国家中心所只是"丢失"了复制的录音带,也没有试图去获取新的拷贝。ETS 解释说,国家中心当前慷慨地提供给感兴趣的学者的那些录音带,对计算机不再是"可读的"。录音带实际包含的信息只是处于未分析状态的原始"原料",多年以来随便谁都可以使用,带子的质量已经严重损坏,数据再也无法恢复。大量的学者出版过从 Coleman 研究中所获得的发现,我跟他们都有联系。虽然没人有义务帮助我,但所有人却比国家中心更有助于我。但是,即使我被给予了许多"线索",并对每一项线索都探究到底,我仍然有待于获取该研究可用的复本。
[28] 然而,这种形式的数据不允许对四种家庭背景特征的相对重要性作出任何的比较。
[29] Smith 1972.

第三篇

城市极限与城市政治

地方政治中的政党和集团

根据对于地方政治的传统理解，政党竞争和集团压力是地方政治的标志，这与全国政治是一样的。在这个解释框架里，城市似乎很难对它们长远的经济利益进行合理的关注与评估，并实施与之相一致的政策。特别是在中心城市，经济利益寻求的政策与大量工人、少许族裔和穷人的再分配需求相反，内部的政治压力似乎要排除对于城市经济增长的正当关注。但是，这个观点对于政党和利益集团的作用看得过大。许多城市，像奥克兰，“因选举过程中利益的缺失和政党与集团的缺位而富有特色”[1]。虽然这些模式存在例外，但对全国和地方政治的比较分析还是表现出了显著的差异。与全国模式相比，地方政治没有典型地去适应压力集团的模式。相反，它们一般来讲是一个静悄悄的决策舞台，在这个舞台上，政治领袖能够给予城市作为一个整体的长远利益以理性的关注。正如地方政策受制于城市利益，地方政治过程也受到了限制。

受限城市中的党派与无党派

全国政治中的政党

在大多数工业化社会的全国政治当中，政党为选民和当权者提供了关键性的连接渠道。作为党派间权力竞争的副产品，政党提出政策建议，争取公众支持，促进或者调整必要的安排，并聚集关键性的力量，以推出它们计划中最受选民欢迎的部分。在两个或更多党派争夺选民支持的地方，这些党派必须关注公共舆论。它们可能试图改变公众的想法，或者只作出它们认为必需的些许政策让步，但是，它们无法忽视选民整体的力量。否则，就是给予党派对手获取公众好感的机会，最终夺取政府的控制权。

政党间的竞争无法保证公众舆论在政府咨议方面的完美表现。这种情况只会存在于具有完善的信息和十足确定性的乌托邦世界里。[2]在现实世界当中，选民以随意而轻率的态度对待政治问题，政治领袖因而被赋予在政策构建方面很大的自由裁量权。即使决策者很愿意选择最受公众欢迎的方案，也常常可能弄不清楚什么是公众想要的东西。这仍然是一个不完美的世界，信息不畅，未来也不确定，才使政治党派得以发挥它们最有价值的功能。年复一年，通过在相同的标签下提名类似的候选人组合，政党大大简化了选民要做的选择。V. O. Key 就看得很清楚，正是因为相同的政党拥有大致相同的观念、意识形态和支持的基础，彼此定期地竞争，使得选民不用太多的信息就可以知道哪一个竞争者能够最好地反映他的利益和观点。[3]假如一个工人知道民主党人更多地关注了失业而不是通胀，再假如一个商人知道共和党人更喜欢降低社会服务的成本，他们就不需要弄明白国会辩论的每一个细节，而在大选日就可以作出一个大概合理的选择。[4]如此，一场选举接着一场选举，在相同的政党之间定期的竞争建构和固化了政治关系，方便了选民对于公共政策的影响。

夸大政党竞争给选民带来的对于公共政策的控制也不对。很多公共政策是由小规模的公务员集团和利益集团的领袖在平心静气的讨论中制定出来的，这一过程吸引了只以非常特定的方式表达的利益的参与。[5]还有其他政策是在国家危急关头编造出来的，这时，领导者急切地要找出一些可行的方案，关注选举人的观点，这些观点只有为领导者的选择作出解释才会得到关注。[6]但如果因此不分青红皂白地完全摒弃政党政治也不可取。毫无疑问，自20世纪30年代以来福利国家的巨大扩张，包括给工人群体提供住房、福利和教育服务等，使民主党变成了多数党。而且，共和、民主两党对有关种族议题的公众压力都很敏感。

虽然政党的竞争功能让选民在全国政策上能够施加一些影响，但人们并不接受任何良善功能（eufunctional）理论，说政党竞争会自动从地下蹦出来。全国性的政治党派是在国家处于危机和冲突时刻创立的重大制度。无论政党在多大程度上使公民与其政府之间的联系成为惯例，政党的诞生却常常让人痛苦难忘。党派在重大事件的关头出现和消失，这些事件涉及战争与和平、萧条与复兴、种族与宗教、经济增长与社会平等。在法国和德国，每当战争或萧条导致一场宪法危机时，政党体制都经历了重建。在英国，仅仅是在自由派被爱尔兰问题撕裂以及在第一次世界大战结束时被工团主义和工人们不断增强的阶级意识所分裂时，自由党才被工党所取代。即使在相对温和的美国，当代政党的结构也是由重大的历史性危机塑造的：内战创立了共和主义；围绕工业化产生的地区冲突与1893年的经济萧条结合起来，重创民主党达1/3世纪；20世纪30年代的大萧条，加上民主党对工会和福利国家的皈依，使民主党时来运转；最近的种族冲突和国际冲突不仅让竞争性的全国性选举得以复原，还预示着政党体制的社会基础的再次重建。[7]

政党和地方政治

如果说重大事件制造了伟大的全国性政党，地方政治则太有限了，类似的事件不会发生在地方政治当中。地方政党不会由于海外的军事失利或者国内的经济灾难而受到处罚，因为它们不指挥军队或者控制——即便是想控制——经济变化的风向。退一步说，地方政党不能永久地弥补种族的不平并缓解宗教的纷争，或者把工会整合到国家的政治经济体制之中。虽然某些地方政治机构里的一些政治领袖可能经历过这些问题的处理过程，但是长远的解决方案通常是历经波折，最终才在国家层次完成的——全国政治领袖因其作出的抉择而集毁誉于一身。John Lindsay 的著名案例描绘了地方议题对于政党关系的有限影响。John Lindsay 于 1966 年至 1973 年担任美国最大城市的市长、共和党人。他试图将纽约市共和党传统的支持基础弃于一旁，打造一个主要依靠黑人和波多黎各人的选举联盟。他支持普通百姓对警察部门进行评议，允许少数族裔精英自由支配联邦反贫困计划和模范城市计划的资金，分散城市的学校体制，发起运动以改善少数族裔在住房市场的机会。这样做的话，他的政府就会被诸多的危机所分裂，并如想象的那样重构城市的政党体制。然而，他的努力对于两大政党在全国或者地方的定位几乎没有任何影响——于两大党选民对各自政党的认同影响更小。最后，Lindsay 除了改变自己的政党属性外，别无选择。[8]

这一案例的启示在于，在地方层次，一个新的政党体制产生的环境难以改善。本来，纽约拥有大量的爆炸性元素：一个规模庞大的大都市；一个曝光率很高的政治领袖；大量的种族和宗教问题；罢工、抵制和给每位市民生活产生直接影响的尖锐矛盾；短期内选举行为的飘忽不定。然而，在 Lindsay 之后，纽约市的政党体制与之前相比，基本上没有任何不同。通常，地方政治对纽约的这些事情没有什么兴趣，实际上是非常迟钝的。因为城市可以提供给这些问题的政策选择少之又少，政党的政治生活单调乏味，只有一项，那就是对全国的政治争论作出浅显的反应。这是一层虚饰，已经完全没有了从前理解的稳固的政党关系了。

有几个结论见之于地方政治过程。第一，全国性政党支配着地方政治体制。在大多数地方，把持地方官职的政党就是那些因为在全国政治中的作用而获得选民的支持，进而取得其地位的政党。在英国，大批当选地方官的地方议员属于工党、保守党和自由党的候选人；虽然近年来，地方纳税人的团体赢得了一些竞选，民族主义的政党也有了一些成功，但这在几乎所有的地方仍然属于边缘性的事件。[9]在欧洲大陆，全国性政党在地方事务中的支配地位甚至更加巩固了。[10]在美国那些允许地方选票贴上政党标签的城市，一般来说，获胜的候选人几乎不是共和党人，就是民主党人。

一个地方政党为了获得挑战一个全国性政党的足够声望，就必须在某个地方危机中行动起来，从根源上挑起本地各重要地区之间的政党忠诚问题。在有些全国性的政党忠诚一边倒的情况之下，地方政治具有显著的意义。例如，Robert Dahl 发现，纽黑文的意大利人由于他们的种族夙敌而投票给共和党人，而爱尔兰人则把持了地方的民主党。[11]显然，在其他地方的意大利人因为 Al Smith 和 Franklin Roosevelt 的党善待“窝囊”的天主教移民而支持这个党的时候，纽黑文的意大利人却坚持了共和主义。最近，由于候选人来自不同的种族，加里（Gary，印第安纳州）和底特律的选民没有计较城市竞选中的政党认同。但即便是这些地方政治的独特事例，展示的仍然是全国性趋势可以轻而易举地向地方政坛渗透。在意大利人发现他们的利益和文化更清晰地得到了美国民主党确认的情况下，纽黑文的共和党人很难继续维系他们潜在的政治权势。如果不是在美国加入第二次世界大战前夕，Roosevelt“在背后”捅了 Mussolini 一刀，共和党在纽黑文的地位或许会衰落得更早一些。另外，黑人选民与民主党现在的关系看起来比以前更加不可分离了。一般而言，地方政府不会去碰像战争与和平、萧条与复兴、对外联盟和控制移民等这样的烫手议题，这些议题会动摇政党忠诚的根基。结果，地方政党差不多常常褪去了全国色彩。

第二，因为全国性政党支配着地方政治，人们发现无论什么地方，只要在其地理界线之内包含的人口特征弱于全国人口大概的横截面特征，就会有地方一党制的强烈倾向。“稳固的南方”就是一个最著名的历史案例。最近，民主党中心城市和共和党郊区之间的分离，已经成为战后东部和中西部地方政治中稳定的构成要素。[12]由于美国民主党严重依赖于种族和宗教少数群体的政治忠诚，在这些少数群体集中的地方，民主党人就控制着地方政治的情景。而在白人新教徒多数占据主导优势的农村和郊区，共和党人通常持续地独享控制权。

第三，地方选举的结果很大程度上取决于有关全国性政党的公共舆论。这一模式的最好证据在英国，政党在全国水平上的胜利几乎都会在地方层次反映出来。选民对英国地方选举候选人的支持情况，要看该候选人属于哪一个全国性政党。在有些社区，一个烫手的议题，比如综合教育或者地方税率的提高，或者地方议会用房的出售等，都会影响到一个政党胜利的幅度。一位深孚众望的地方名人，会由于他对地方选区细致的服务，或者由于他对社区福利的关心广为人知，而收获额外的选票。但这些细小的变数无碍全国性条件约束下的地方政党关系的大局。[13]

Fletcher 已经阐明，在英国，地方政治家要想顽强抵抗全国性的浪潮会是多么困难。从 1962 年到 1964 年，在他分析的伦敦第 14 行政区，有超过一半的个人选民的摆幅是在所有行政区中位数摆幅 2.5%的偏离范围之内，有 3/4 的行政区在中位数 5%的范围之内。而且，在 Fletcher 调查的地方选举中，对于全国性政党态度的平均摆幅在全国摆幅 1%的变动范围之内，这是选举时盖洛普调查的测量数字。[14]换句话说，政党在国家范围内的行为就如在城市和选区中的行为。地方政治家对于他们的政治生命很少能够施加个人的影响。

在美国，近几十年来，全国性政党在地方的影响力已经减弱。但是，当政党当年在这个国家像今天在英国这样强盛的时候，在地方选举中，国家偏好的相同影响也是有据可查的。像 James Bryce 在近一个世纪之前看到的那样：

> 州选举中的每一次较量都被认为是全国选举的类似结果的预演……在实践当中精准运行的整个机制，就是假设州仅仅是选举联盟的一个分支机构。而摆在州议会面前的几乎所有问题更是与全国性政党的信条毫无关系……普通美国人极少操心州的事情。他在选举

> 中如同一个好党员那样投出政党选票，也对他所属政党的胜利感到高兴……他按照优先次序来认识的政治就是全国性的政治，特别是触及下次总统大选的事情。[15]

Bryce分析的一些案例具有持久的针对性。在城市选举具有党派性的那些城市，出现了全国选举和地方选举倾向的显著趋同。[16]在一般属于党派竞争的国会选举中，20世纪以来全国性影响已经越来越比地方选民的影响重要了。[17]倘若地方政治像国会选举一样具备了持续的党派性质，那么Bryce对于城市政治的评估今天也许比以往任何时候更有说服力。

在一定程度上，由于地方政党已经非常依赖全国政党的分支机构，因此地方上党派政治的合法性同以往相比大打折扣。我们再次援引Bryce的说法，改革者在美国超过70%的2.5万人以上的城市中，在选票上去掉了政党的痕迹。[18]大多数地方的政治是非党派政治。

在这些非党派性的城市中，地方选民与地方公职人员之间的联系进一步削弱了。首先，非党派选举的投票率比党派选举的要低。[19]显然，在政党不去竞争公职的地方，选民对于竞选就没多大兴趣，不容易被动员起来参加竞选。而且，投票率的下降在城市里不是到处都一样的，而是在工人阶级集中的邻里中尤其突出。[20]很明显，非党派的政治动员渠道——媒体、利益集团、朋友和邻居、竞选组织——在动员受过良好教育的高收入选民时是最有效的。结果，共和党人在非党派选举中比在以政党为基础的选举中表现更佳。[21]没有了政党标签，许多在全国性选举中选择民主党候选人的选民会把票投给虽然没有公开真实的政党属性，但实际上是共和党人的那些候选人，而相反的情形却很少发生，所以，更为保守的政党会具有政治上的优势。还有一些证据表明，商会、其他商人团体、中产阶级利益集团以及有商业倾向的保守媒体对于非党派色彩的城市的政策制定过程有相当大的影响。[22]

非党派性不仅是保守的，它通常还是无主题的政治。一则，与在党派竞争中不同，在非党派政治中，在职官员很少会被击败。[23] 在没有政党标签的地方，候选人之间能被一眼看出来的一个差别就是，谁在任，谁又处于挑战的姿态。如果没有别的导向，选民的经验就会很重要。为抵消在任者的优势，竞争对手的竞选活动就是以无主题的方式确保人们知道他的大名。在西雅图，一位挑战者用了一个很吸引人的广告，成功地给在任者制造了麻烦。在广告中，候选人飞奔着赶上一辆公共汽车（正好刚刚上车），配的文字是“Randy Ravelle 在竞选市议员”。在此类选举中，握有大量的资金以及来自像市政同盟或者全市性报纸这样有威望的集团的支持，是通向胜利的不二之选。如果要对政府的运行施加一定程度的公共影响，除了竞争性的政党外，别无他途。

简言之，地方政治是有限的政治。它的议题太小，不足以产生自己的政党政治生活。结果，对于任何仅仅寻求地方权力的纳税人团体、好政府联盟或者其他独立的集团来说，全国性政党轻易地就能将它们从地方政治中清除出去。在全国性选举的大胜或者惨败中，全国性政党的选民忠诚得以确认，仅仅靠着这种忠诚，全国性政党就能够在地方竞争中积聚压倒性的支持。地方政治党派只做一件事情，那就是反映全国的争论。近一个世纪以前，改革者把对这个问题的回答视为选举政治中非党派体制的建立。如果地方议题没有大到让地方党派独立于全国政党体制的地步，那么所有的政党就都应该被取缔。而选民们将能够聚焦地方政治议题，选择能最好地服务于地方社区利益的候选人。这一方案很有吸引力，直到人们发现，没有政党，选民们就失去了表达其需求和愿望的关键机制。

地方政治是非集团政治

自托克维尔以降，许多人认为地方政治是民主的源头。正是在草根这个层次上，人们能够最方便地聚集起来，对自己身边的事情采取直接的行动。议题明确，背景清楚，领袖为他们的选民所熟知，相互交流的形式也易于安排。地方政府接近民众,容易受到民众的影响。

关于地方政府的这些和其他一些主张,唤醒了人们对于新英格兰市镇会议的想象,市民们聚在一起决定他们共同的利益。但是,当代的地方社区规模过大,市民又被非政治性的事务分散了精力,无法通过公民参与的这种非中介形式来认识公共决策。大中心城市的地方政府所辖人口比许多民族国家都要多,甚至在小的郊区社区,人口数量也成千上万,这种规模对于让社区所有成年人都能够进行有意义的政治参与的模式来说,都太大了。即便是在地方政治里,公民参与都须由政治集团来组织,这些集团的行动必须代表其选民。否则,大多数人根本不可能参与地方的决策。如果情况确实如此,则公众对地方政策的影响远不会像草根民主的拥趸者想象的那么大。

集团和全国政治

多数精深的民主理论都认识到正式组织的政治集团作为公共舆论与公共政策之间联系渠道的重要性。[24]基于这个原因,当代民主理论中的集团理论给集团安插了一个位置,这个位置仅次于留给政党的首要地位。在民主理论的话语当中,政党尤其关乎选举的胜败和对权力的攫取,它们的代表功能因此限于对公民的需求进行汇聚、协调或者回应。只有政治集团才具有灵活性和特定性,能在第一时间清晰地表达这些需求,迫使政党和政客们解决公民们共有的问题。

集团理论的经验基础,主要还是来自全国政治舞台。在美国,正式组织的政治集团的重大影响已有相当部分记录在案。在华盛顿,正式注册的利益集团院外说客数量达到数千人;政治集团对竞选作出了很大贡献;不断有集团代言人在国会作证;集团对几乎所有正在讨论的政策问题作出公开表态;国会议员们至少注意到了已经与他们结为盟友的那些集团;集团在行政部门的咨询委员会当中被代言良多;集团领袖经常在有权力的监事会和委员会里占据要职;他们常常对总统的重大政策建议作出重要修改，或者直截了当地加以拒绝。除了少数几个人相信一小撮掌权的精英编制了重要的全国政策，学术界的争论很少涉及政治集团是不是有影响，而是在争论这些集团是代表了，还是破坏了普通大众的利益。[25]

集团和地方政治

在地方层次，正式组成的集团在政策的制定当中很少发挥突出的作用。虽然不容置疑地发生了许多集团影响地方政策的事例，但是它们的整体影响远不及集团理论的叙述所言。用 David Caputo 的话来讲，“很少有集团对(地方)决策过程具有显著而持久的影响”[26]。10 年前，Banfield 和 Wilson 对地方争议说过完全一样的话：“以它们宣称的目标来看，市民团体鲜有成效。”[27]他们对早期研究的成果作出一个总结，认为市民团体

> 站位不清；它们不能影响政治家，因为政治家不知道这些团体到底想要什么。在其他议题上，这些团体根本就没有立场；它们脱离了社会。还有一些它们确实发挥作用的议题，这些团体采取的策略又是无效的。[28]

对日常决策的研究也证实了有组织集团的边缘化影响。例如，基本上没有证据显示集团在地方预算过程中产生了很大的作用。根据一项研究，决策者很少遇到较大的集团压力；当遇到压力的时候，那些当权者会认为“城市只是没有必要的资源来满足这些要求”[29]。在另一项研究中，一位地方官报告，在公共听证会上面对集团的要求时，他和他的同事

> 要么知道他们未来的处境，要么不管公众说什么或做什么，他们都不

> 会动摇……只要说缺乏资金,或者觉得这是一项特定立法,不会对整个城市真的有利,则任何事情都能够推掉。[30]

Wood 对于非党派郊区的研究基本上也没有看出有组织集团的影响。在那里,决策是由城市经理和职业官僚作出的。“政治集团之间的冲突和关系必须在背地里发生。”[31]

在特定的政策领域,研究揭示了类似的模式。根据 Gardiner 对于地方警察部门对交通管制政策的研究,政策的变动主要取决于警察委员会成员的政策偏好。公众或者集团的影响成效甚微。警察局局长报告,安全委员会的努力对“司机的影响很少,对他们根本不起作用”[32]。同样,Derthick 认为地方福利政策方面的变化“无法从政治上表达的社区价值的差异中找到缘由”,而是行政职能中自由裁量的表现。[33] Dahl 确实说过在纽黑文发现了集团政治的显著影响,但他关于草根政治影响的证据主要局限于单个的案例研究,在此案例中,白人业主能够将黑人拒于他们的社区之外。[34]从以往的情况看,这个案例也许可以说明纽黑文种族关系的状况,而不是在广泛的政策议题上集团影响的状况。Wolfinger 对于纽黑文城市更新项目的研究在对决策过程的研究中,相比而言要详尽、准确、仔细得多。他的结论是,“市长在政策制定方面发挥了领导作用,调动和操控了利益集团。最为重要的是,城市更新政策源自他的雄心壮志,而不是那些私人集团”[35]。

在地方政治的大众参与方面的研究,确认了有关集团政治影响低下的这些报告。首先没有什么疑问的是,选民对于地方选举的参与要少于对全国性选举的参与。当然,选民参与从一场选举到另一场选举会有很大的不同,参与的确切百分比要看是注册选民还是全体成年人都被当做统计的基数。但是,无论如何计算,从全国到地方,选举的参与程度直线下降是显而易见的。在总统大选中,选民的投票率可以高达 60%,而在非同时举行的地方选举中,只有刚过 30% 的成年人在一场普通的选举中投下选票。[36]在 17 个城市里,1972 年至 1974 年期间，注册选民在市长选举中的平均投票率为 58%，明显低于这些城市 1972 年总统大选 72.2%的投票率。[37]虽然受访者因对采访者虚报他们的投票行为而臭名远扬，但还是仅有 47%的全国受访者宣称他们经常参与地方选举的投票，而对于全国性选举，号称经常投票的人则达到了 72%。[38]关于地方公民参与的其他指标也显示出类似的结果。Wildavsky 有一次问俄亥俄州奥伯林的居民，他们是否很关心在全国政治、州政治和地方政治中发生的事情。有 87%的居民关心全国政治，而关心州政治和地方政治的分别只有 61%和 65%。[39]全国范围的调查也显示，同地方政治相比，公民更加关注全国政治和国际政治。[40]

影响公民参与的条件

集团政治的理论家曾经作出假设，无论何时，在对公民具有重要意义的政策还在酝酿之际，公民会加入到政治争论当中并自发地形成集团。但是，Mancur Olson 和 James Wilson 的研究显示，集团的形成是一个不确定的、非常艰难的政治过程，饱受"搭便车者"问题的困扰。[41]人们可能会想，公民很自然地只是出于自利而形成集团。如果政府采取一项行动对部分人群的福利产生了不利影响，或者部分人群希望从某项政府改革中为他们自己谋得利益，那么，公民在政治上联合起来便很自然了。但是，实际上，个体的自利是在完全相反的方向上起作用的。在有政府行动的地方，一个人所得利益的任何变化能够由这个人自身的政治活动所导致，这通常只是一种可能性很小的事情。实际的情况有两种：一是即使这个人什么都没做，变化本来也会发生；二是即使在很大的个人努力之后，什么变化都没有发生。大多数人对此心领神会。常言说得好："你不能同市政厅对着干。"还有一个观察是，"参与你无能为力的事情毫无意义"[42]。

一个假设的事例能让这一点清晰起来。市民可能感到邻里的卫生服务完全不够。街道经常弄不干净，清扫的时候，活儿干得也不好。而且，垃圾收集很没规律，次数又少。人们不知道垃圾什么时候会被收走，没办法为垃圾车的到来做好准备。邻里居民怨声载道，在采取行动方面形成了共同的利益。人们可能指望一个政治集团能够很容易地形成，但还是有很多问题。街道清洁和垃圾收集服务可能是由两个不同的政府部门提供的。每一个部门也许都有抵制来自政客或者邻里集团压力的鲜明记录；每个部门的工人都有他们自己的工会，必定会对影响工作条件的事项进行咨询。多数邻里的居民质疑，如果他们确实形成了政治集团，又能做些什么。另一方面，没有他们的行动，事情也可能得以改善。新市长可能为这些部门任命更有力的首长，或者报纸的唠叨也许会慢慢给事情带来一些改进。再或者，也许邻里中的其他人会尽力向市政厅申诉，假如他们做到了，而且市政厅也确实对他们的需求作出了回应，那么即使那些一点也没有抱怨的人也将受益。考虑到所有这些方面，大多数人通常会等待。除非特定事件激起了社区的行动，或者某个具有公共精神的市民出面进行强有力的领导，否则问题会无限期地拖延下去。

总之，有两个基本因素影响到形成集团以影响政府行动的可能性。第一，政策对于集团利益的效应越强，集团活动越容易发生。这个观点属于集团理论的标准叙述。第二，也是重要的一点，集团行动修正公共政策的可能性越大，集团就越有可能成形。在 Olson 及其他类似的研究进行之前，后一个观点并未得到足够的重视。[43]就如我们将看到的，无论是第一个因素，还是第二个因素，在地方政治中对集团动员的贡献都不如在国际政治方面的贡献多。

公共政策的重要性

最重要的公共政策由全国政府作出。首先，民族国家决定了国家的战与和、军事准备的费用和程度以及哪些国家将成为盟友。结果，主和集团、国防承包商、受雇于国际承包商的工会、退伍军人集团以及爱国者协会，都将主要对国家的政策感兴趣。其次，民族国家决定了全面的财政和货币政策，影响到经济增长的水平、通货膨胀率和失业率。它还决定了与其他国家进行贸易的政策，包括进口关税、控制海外借贷的期限、汇率、本币兑换外币的条件、出口补贴、外籍劳工输入的条件以及对海外收益征税的办法。所有这些政策绝对影响到工商业界和工会运动最广泛的利益。同时，这些政策影响了特定行业和企业的特殊利益。结果，华盛顿非但云集了具有广泛基础的集团，比如商会和劳联—产联，还有代表石油、纺织、钢铁、食糖等行业的更加专业的集团。

相比而言，地方层次的利益只具有次级的重要性。但是，即使除了任何特定的政策问题对任一集团所具有的实际重要性之外，在地方政府架构中还有一个削弱地方公共政策重要性的基本要素：任何个人或者集团都受到了它能够“退出”到另一个行政管辖区的损害。[44]在地方政治中，与全国性政治的一个明显区别是，个人常常有可能在“战斗”和“转换”间进行选择。有大量的事例显示，社区内的冲突最终以失败者的离开而告终，这也许并非偶然现象。[45]毫无疑问，在地方层次而非国家层次上“退出”的存在，是在全国政府和地方政府两个层面上公民参与模式差异的原因。

对发挥集团影响的约束

有人可能会想，地方议题重要性的次要等级，因公民在小规模的地方政治空间中发挥影响的更大机会而得到更多的补偿。[46]由于人民觉得他们的努力能够产生影响，才有草根民主的存在。这种说法看似合情合理，但细想一下却站不住脚。主要是因为处于城市背景中的地方政府，在两三个人聚在一起就能够具有重大影响的地方，不会对规模这么小的人群作出负责任的回应。而且，地方政治过程结构性很强，不利于集团的形成。事实已经证明，政党不会像在全国层次上一样，在地方层次上为公民提供担任领袖的相同渠道。另外，公民参与和集团影响会受到以下几个因素的阻碍：(1)地方政府处理内部事务的封闭过程；(2)地方政治中新闻媒体的作用受到限制；(3)地方政治家进取心较小；(4)地方政治中民意调查技术使用较少。

封闭的决策过程

美国政治中的政策制定过程涉及许多参与主体，通常受制于密集的公众监督。总统在推荐法案之前，联邦政府部门或白宫幕僚会咨询有见识的外界人士和受影响的利益集团。即使在行政部门内部，各机构均承担了代表特殊利益集团的责任。总统的立法建议一旦经由广播向公众宣布，大众舆论和专业媒体都会分析建议的优势和局限。对大多数立法建议而言，这只是一个复杂而冗长的决策过程的开始。法案必须通过国会两院由委员会和小组委员会组成的复杂结构，法案涉及的任何拨款得在一个完全不同的立法活动中决定。委员会主持公众听证会，国会辩论被记载于《国会纪要》里，多数有利益关联的集团有时间同它们的成员进行沟通，作为结果的不同利益之间的交锋以记名投票的方式记录下来，以备利益集团及其成员查验。

美国立法过程方面的专家也许会怀疑，上面这一段是从高中公民课本中抄来的。他们不过是太熟悉这些情况了：美国总统习惯于躲在无名的白宫幕僚身后，伪装他们所作出的选择；国会小组委员会的主席具备埋葬他们不喜欢的法案的能力；议会则可以使用一些花招在程序性的投票中让实质性议题变得含糊不清；大会委员会——在秘密会议上——能够很方便地重新构建法案，使它不再反映众议院或者参议院的意愿。保守秘密、出其不意和虚与委蛇，对各级政府的决策来说是不可或缺的策略，许多这样的策略使公众进入国家决策领域的形式与实质之间产生了脱节。

但是，当这些间隙得以适当地考虑时，仍然要强调的是程序民主形式在国家和地方层次之间的断裂。在华盛顿，国会的大会、国会委员会会议、定期举行的听证会，甚至许多行政部门的内部会议，都正式声明向公众开放，且常常有许多人参加。在地方政治里，董事会或委员会的会议秘密举行，或者有时不通知普通民众。市议会和学校董事会经常召开执行会议，讨论特定的重大议题，比如那些影响人事或者土地利用的议题。这些会议公开举行时，通常仅限于日常议题，决策全体一致通过，对于事先闭门讨论时所提及的问题给予正式的批准。而且，公共机构的会议很少有记录；有记录的时候，记录稿一般也不对公众开放。在极少的情况下，公共机构确实主持了听证会，但听证会上的所有记录只保留给官员过目。没有什么东西会像《国会纪要》或者官方证词那样，交到国会委员会面前。地方会议议程很少宣布，协商审议后的官方文件在通过之前不会外流。决策的主体为单院制，法案通常不要求进行二读和三读。在华盛顿，决策有着复杂的过程，要给利益集团充分的机会去收集信息，以了解拟议法案的有关情况和大量的见解，在此基础上，法案的性质是可以改变的。值得注意的是，这一复杂过程在地方层次上是没有的。[47]

地方政治中的新闻界

美国的全国政治与地方政治之间的断裂，永远不会像新闻媒体发挥的作用之间的差异那样明显。每天都有数以百计的记者报道白宫、国会两院和大量委员会的活动、政府部门和日常机构的工作以及重要的司法事件。重要的政策动议至少在更为专业的新闻媒体中得到报道，它们会吸引综合性出版物的注意，如《华盛顿邮报》和《纽约时报》。除了日常的新闻报道计划外，电视和电台还在开发它们的深度报道能力。很显然，在水门事件余波的影响下，调查性的报道更加时髦了。有些批评家认为，新闻界变得如此强大，许多认真、有能力的人被拒绝，没有机会从事公共服务。还有批评家说，新闻界在权势面前太恭顺，明哲保身、奉行中庸之道，因害怕得罪人而放弃批评。但是在华盛顿，我们发现，新闻团体的精英竞相搜寻重大题材，这一点鲜有质疑。假如我们还相信报纸的编辑们，那么新闻自由便是我们自由的守护者。纵然对新闻媒体给全体公民提供有用信息的能力持更加怀疑的态度，我们还是很难想象，在没有全国性的新闻媒体尽其所能地提供强有力的监督的情况下，公众能够对公共政策施以更多的控制。

同对于全国政治无处不在的报道相比，新闻界的地位在地方上似乎尤其低调。第一，新闻媒体缺乏像在全国政治中那样的动力，对地方公共政策进行细致的检查。比如，地方媒体间较少有全国性报纸之间的那种竞争。在许多小规模的社区，或许只有一份周报或者一份严重依赖通讯社和地方宣传品的日报。甚至在较大的城市，最常见的是只有一份报纸，没有一个记者必须为了击败对手而尽力去挖掘“内幕消息”的竞争者。第二，通常全国性的新闻题材才用大字标题刊出以卖出报纸，所以地方报纸都知道巧妙地利用全国性的通讯社，这比花钱进行新闻采访生成地方新闻题材更为重要。另外有人观察到，“真正报道地方政府和民间事务的成本高，而以报纸的读者数量以及最终的广告量表现出来的回报通常较低”[48]。第三，报纸大肆宣传它们的家乡，深知家乡的繁荣和发展对自身有利。对本地缺点说个没完、深入调查肮脏的地方政治、揭露臭不可闻的地方丑闻以及强调本地政府的效率低下，只会为竞争城市提供唾手可得的档案资料，这些竞争对手会发现这样的信息有利于大力吸引劳工和产业。虽然大城市的新闻媒体会通过揭发地方丑闻来销售报纸，发挥媒体的影响，但是在中等规模的城市，报纸会更关注地方的成功性事件：本地学生赢得了奖学金，运动员以城市名义获得了胜利，揭幕新的公共设施以及任何与经济发展相关的事情。城市报纸了解为了城市繁荣所需要建立的自信，因此它们“必须为外人提供良好的印象”[49]，谨慎地用好它们制造议题的能力。[50]

地方新闻媒体除了温和地报道地方政治之外，根本就没有全国性的通讯社、广播公司或者拥有全国读者的主要报纸和杂志所具备的资源。新闻媒体的固定成本高。中等城市的报纸收集和解读一个复杂的新闻题材所必需的资源，同全国性通讯社一样多；但前者既没有与后者同等规模的受众，也没有相应的广告收入来冲抵这些成本。结果，除了最大的大都市地区的报纸，其他报纸都用不着人数众多而又专业化的新闻记者队伍。大多数报纸雇得起的那几个记者，必须具备从犯罪到学校教育、从财金到住房的专业知识。这就可以理解，这些记者趋于依赖政府机构官方的新闻发布以及熟悉决策过程的那些参与者的评论。甚至更为确定的是，基本上没有时间做深入的报道。由于资源有限，地方报纸根本没办法阻止最优秀的记者将地方的新闻工作作为他们报道全国和国际新闻职业生涯仅有的进身之阶。[51]

政治家的雄心壮志

全国和地方政治生涯的分野影响到公民参与的机会和集团的形成。在全国政治中，许多政治家渴望再次当选。对总统职位的竞争激烈，很少有人能够抵抗诱惑，在宪法允许的范围内在现职留任尽可能多的任期。Kennedy、Johnson、Humphrey、Nixon、Carter、Ford、Reagan，甚至Goldwater和McGovern，都有足够的雄心调适他们的计划，直到他们认为能够赢得选举。国会议员也变得更加职业化，为保住他们的议员位置而让选举技巧不断变得精细。[52]

地方政治家没有那么多的政治雄心——既不想留在现职，也不想继续高升。用Kenneth Prewitt的话说，他们是公职的“志愿者”，最开始是任命的，然后很少有异议地屡次获选连任，最终从志愿任职的位置上退休。[53]有几个结构性的特征阻止了雄心勃勃的人谋求官职。第一，相对来说，经济上的报酬非常有限。在华盛顿，你可以通过服务于你的国会选区而成为小有财富的人。除了高收入的专业职位之外，国会议员的薪水同其他职业相比具有竞争力，职务补贴很可观，包括人数众多的助手、宽敞的办公环境、国会山上便宜的优惠服务项目、免费的邮政服务和旅行以及通过演讲和著述取得额外收入的各种机会。地方政治家的服务通常没有报酬，或者只有少量的兼职薪水，他必须有获得个人收入的其他渠道。市议会议员难得有助手或办公场所，基本上没有来钱很多的其他外快。

第二，华盛顿的政治家被迫从事全职的政治生涯，为了维持这一生涯，他们必须对再次当选加以持续的关注。从家乡搬到华盛顿来，这个确凿的事实强调了华盛顿的职位对占据该职者的影响。地方政治家在占据某个职位时，更多地认为他的公职从属于为他带来大多数生计的活动。既然他不需要为了履行他的政治职能而搬离他的家乡和社区，那么他原来的朋友和熟人仍然是他的社会生活的主体——无论他当官与否，这些人同他的交往不变。这样，地方政治家能够保留他的公共生活，而不必经历一个国会议员所经历过的个人社会关系的破坏。

第三，对许多人来说，从地方层次的公共服务当中获得的心理满足要低于那些来自全国性服务的心理满足。地方服务没有像国家服务那样的机会去同名人交往、到遥远的国家进行公务旅行、看见自己同影响广泛的媒体交谈或者感觉到自己在重要的决定当中充当要角。诚然，地方权贵可以出席欢迎外国贵宾的典礼，发现他们自己的意见在地方新闻节目当中被讨论。对有些人而言，不管所在地方有多小，在小地方充当大人物的感觉非常好。然而，从政治职位上获得的精神酬劳——因此也包括离职的精神失落——在地方官员那里通常要小于国家的政治人物。

第四，即使对于最有雄心的地方政治家，政治升迁的机会仍必须受到限制。虽然对少数人来说，市政府中的地方职位是升迁之阶，但对大多数地方官员来说，这个途径并不可行。甚至大城市的市长也不是经常能够通过取得州长或参议员职位，来扩大他们在全州的影响。有些这样做过的人，很显然对地方社区内的集团作出了更多的回应。最为人所知的例子是 John Lindsay 和 Richard Lee。Lindsay 成为参议员和总统的雄心，让他更容易受到纽约的集团压力的影响。Raymond Wolfinger 对纽黑文政治令人称奇的解说，揭示了纽黑文政治是多么明显地受到了Lee对更高职位渴望的塑造。[54]其他有关市长雄心壮志的例子包括底特律的Cavanagh、费城的Clark和Dilworth、明尼阿波利斯的Humphrey和Naftalin、波士顿的White、西雅图的Ullman、洛杉矶的Yorty以及旧金山的Alioto。但是，除了Clark和Humphrey，在这些聪明过人的政治家里，没有一个人能够从大城市政治对选任官员的束缚中挣脱出来。通过长期的观察，Wolfinger发现，“城市政府对升官来说是没用的途径”[55]。面对这些事实，大多数市长接受了置于他们雄心之上的限制。难怪Prewitt得到的结论是，志愿主义“在地方之于州、州之于全国来说，毫无疑问更为普遍”[56]。

由于地方的政治家不如国家的政治家那样雄心勃勃，他们就没有动力去创立与选民和集团的沟通机制。与此同时，集团要想影响地方的决策会受到挫败，因为政治家也许不关心集团想要什么。而且，当集团和官员之间的沟通障碍竖立起来，集团组织起来的可能性从一开始就被减小了。

民意调查与通信

科学的民意调查和对选民意见的灵活抽样，已经不断成为华盛顿监视公共舆论的手段。在全国意义上，民意调查已经发展为主要的政治事务。不但像盖洛普和哈里斯这样的独立民调定期地对有关候选人、议题和当前问题的公众观点进行抽样，而且，那些杰出的全国性政治家，特别是在选举年份，都要发展他们自己的民意调查组织。对于总统竞选的大量报道证明了政治家调和他们民调专家的发现的重要性。[57]竞选类型、议题选择和竞选资源的集中等，都受到了随机抽取的公众群体所表达意见的影响。既然是在不同的选举之间，民意调查也就影响了华盛顿的政治进程。在其他方面，民意调查在总统同国会和利益集团谈判交易的时候，改变了总统的力量，影响了法案通过的难易，决定了反对党的政治战略。

除科学的民意调查之外，许多国家级的官员汇集的公众表达的正式样本很少。大多数国会议员有新闻通讯发给他们的许多选民，选民们被鼓励在这些通讯中交流他们的看法。国会议员进行了大量的个案调查，同很大一部分选民保持着固定的联系，至少有一部分个案调查触及了政策议题。国会的免费邮递特权、给国会议员配备的大量行政助手、对选民需求的专业化关注，都便利了公民与选任官员之间这种形式的交流。

这些因素中的多数在地方上找不到。在一个城市的范围内对一个相对小规模的人群进行公众舆论的调查，与在整个美国进行这样的调查几乎一样昂贵。然而，全国性的民意调查费用可以由拥有全国受众的全国性调查组织来承担，或者由拥有全国选民基础的全国性候选人来承担，与此相比，地方性民意调查的费用通常高得无法承担。有些报纸也对全州选民进行民意调查，有些地方，候选人也的确为准备竞选运动而做他们自己科学的民意调查。但是，这种情况也发生在竞选地方重要职位的候选人身上；而且即使那样，也无法做到在全国性的选举政治中才有的完整性和复杂性。大多数地方选任官员根本没有科学的方法来准确地测算地方民意；他们也无法像国会议员那样，拥有灵活的方式对民意进行抽样。没有免费的邮递特权，没有那么多行政助手，也没有实施个案调查活动的资源，大多数地方选任官员只得依靠老套的技术手段来感受公众的意愿。你不知道现代科学政治的复杂程序实际上给全国政治生活带来的民主化程度到底有多大，但是不管怎样，它的影响在全国层次上可能是有的，而在地方层次上的影响则相当小。

总而言之，在地方层次上，公民参与借以发生的结构并没有特别有助于集团影响的产生。官方事务的安排比较隐秘，地方新闻媒体的覆盖面并不广，议题的导向也不强，地方政治家对再次当选缺乏雄心，地方官员也没什么钱评估公共舆论的状况。所有这些因素让公共官员孤立于他们的选举人之外。公民参与或者集团施压的任何特定行为将引起官员的积极回应，这样的机会因此而减少。所以，个体不太愿意参与，集团形成的可能性不大。

结论

地方政治中公民参与的低水平可以被理解为对影响公众的结构性因素的理性反应。在全国政治中能够方便政治参与的那些东西，在许多案例中明显没有。在多数时候，政党不会制造冲突，议题没有火烧眉毛般重要，候选人也没有雄心去竞争公职。从报纸里很难获取有关地方问题的信息，地方官员的决策环境模糊不清，利益集团也不去识别动员大众参与的缘由。

地方上的低压力政治有两个结果，它们都有利于对城市利益的追求。首先，参与和沟通的正式渠道是工人、少数族裔、失业者和穷人尤其依赖的机制。正如许多人看到的，主要是通过选举、政党、工会和集团活动，大量的普通公民才得以抗衡少数权贵的特权。[58]没有这些因素的存在，接近决策者的机会更有可能留给成功的经济人士、杰出的社会人士和有权势的官僚。

从一定程度上讲，地方政治削弱了群众施压的能力，允许对城市经济利益的合理考虑。间或有这个或那个显贵的利益可能与整个城市的经济利益相对立，但是，一向与经济利益导向的政策相冲突，正是弱势者的利益所在。通过将地方上的大众参与保持在最低限度，能够避免产生严重的压力，以寻求与城市经济利益相反的政策。

其次，在政治压力低的地方，非正式的沟通渠道代替了正式的渠道。在这些渠道里起作用的政治资源有专业技术技能、说服力和稳健思辨的能力。从另一个方面看，非正式渠道可能对选举造成的不利影响只是反向的作用。在这种情况下，对一项政策的推动必须展示这一政策如何同城市整体的经济利益相一致。在这个关联当中，值得考虑的是思辨和说服在地方政治中所发挥的作用。当这些因素被视为对政策构建有贡献的时候，通常意味着理性自身不如说服者的辞令技巧、社会声望或者特许机会那么重要。这件事情从来没有受到过系统的调查，而极有可能的情况是，在作为整体的城市经济利益塑造了政策选择时，正是理性分析影响了政策的输出。如果某一特定政策表现得能够代表城市长远的经济利益，那么它得到采用的机会就增加了。而说服决策者的方式是据理力争、展示相关的事实以及从一般意义上说，通过一个新的理性分析案例来说明拟议中的政策立法会得到理想的结果。

最后，全国和地方政治模式之间这些广泛的对比，不一定代表了对地方政治的完整考虑。在后面的各章里，我们将辨别出在地方公共政策的三个不同领域中政治实践的明显差异。在第 7 章中，我们将看到地方政治的“权力精英”理论在应用于发展政治的时候最具有说服力，即使在这个领域中要建构权力结构理论适用的重要条件。在第 8 章中，我们将要看到分配政治包括了集团冲突和交易的多元主义政治，政治机器和城市改革者之间的竞争构成了某些社区的首要分歧。在第 9 章中，再分配政治表现为无主题政治。为了充分体会地方政治的多样性和复杂性，必须牢记这三个领域之间的差异。正是这个差异性，必须在我们已经提供的宏观背景中加以领会。因为政党和集团生活在地方上发挥的作用很小，你会发现在三个政策领域当中，政策制定的模式存在着显著的不同。

【注释】

[1] Pressman 1972，p. 513.
[2] Downs 1957.
[3] Key 1949，1964.
[4] Hibbs 1977.
[5] McConnell 1966.
[6] Piven and Cloward 1971.
[7] Burnham 1970；Ladd 1970.
[8] Bellush and David 1971 对 Lindsay 治下的纽约政治给予了完全、彻底的评论。
[9] Peterson and Kantor 1977.
[10] Fried 1975.
[11] Dahl 1961，pp. 44—51.
[12] Banfield and Wilson 1963，p. 46.

[13] 这一段以及紧接下来的三个段落与 Peterson and Kantor 1977 提出的观点几近一致。我感谢 Paul Kantor 授权在此使用这个材料。

[14] Fletcher 1967.

[15] Bryce 1891，pp.543—544，550.

[16] Gilbert 1964.

[17] Stokes 1967，pp.192—198.

[18] Lee 1963，p.80，表7。

[19] Alford and Lee 1968.

[20] Hansen 1975.

[21] Hawley 1973.

[22] Lee 1960.

[23] Prewitt 1970.

[24] Downs 1957，第12章；Truman 1951。

[25] Truman 1951；Latham 1952；Lowi 1969；McConnell 1966。与此不同的意见，参见 Bauer，Pool，and Dexter 1972。

[26] Caputo 1976，p.196.

[27] Banfield and Wilson 1963，p.254.

[28] 同上，p.255。它们源自 Clark 1959。

[29] Crecine 1969，p.189.

[30] Caputo 1976，p.195.

[31] Wood 1958，p.186；还见于 pp.161—166。在奥克兰，存在这种"政治上有组织的利益集团的缺乏"现象，致使一群学生试图组成一个联盟时，他们发现"没有一个人可以联合"。见 Pressman 1972，pp.513—514。

[32] Gardiner 1968，p.167.

[33] Derthick 1968，p.256.

[34] Dahl 1961.

[35] Wolfinger 1974，p.12.

[36] Alford and Lee 1968，p.803，Eulau and Prewitt 1973，p.380 谈到，"在82个湾区城市里，只有大约1/3的合格选民在市议会选举中投票"。

[37] Caraley 1977，p.338；数据从表15-1中算出。1948年到1952年间，在18个城市里，成年人口在总统大选中的投票率平均为59%，而市长选举的平均投票率为41%。从 Banfield and Wilson 1963，p.225 的数据计算得出。

[38] Verba and Nie 1972，p.31.

[39] Wildavsky 1964，p.289.

[40] 调查的引用见 Caraley 1977，p.339。

[41] Olson 1968；Wilson 1973.

[42] Derthick 1968，p.255 中一位地方官员的话。

[43] Olson 1968，我们发现最令人信服的程式化表述见 Frohlich，Oppenheimer，and Young 1971。

[44] Hirschman 1070.

[45] 见 Agger，Goldrich，and Swanson 1964，pp.504—505。

[46] Olson 1968 指出，即便大集团不能形成，小集团却可以。因为在小集团里，每个人都有可能注意到他对于集团行动的贡献是如何影响到其他人的行动的，如此便易于联合各种力量。但是，在参与者之间，这种个人间的易识性只会在非常小的集团中才有可能存

在——而且,在此处应用的情况,是在非常小的社区中才有可能。在大多数地方,成千上万,甚至上百万居民生活在一个地方政府的管辖范围里,形成一个集团规模太大,无法适用 Olson 的小集团命题。

[47] 地方决策过程的经典描述见 Vidich and Bensman 1958, pp. 109—114。另外,还见 Peterson 1976,第 5 章当中我对于芝加哥学校委员会决策过程的描述。甚至在纽约市,Gittell 1973, p. 213 发现,“学校政策的形成缺乏可见的决策,公众在大多数议题上缺少可用的信息,参与的途径不足,公共参与被这些因素所限制”。至于奥克兰,Pressman 1972, p. 516 写道:“(市议会)的大多数决定是在市政大会之前,于一个特定的‘工作会议’上作出的,(即使)公民集团和报纸针对这类会议的隐秘性提出了尖锐的质疑。”

[48] Banfield and Wilson 1963, p. 321.

[49] Cox and Morgan 1973, p. 136.

[50] Banfield and Wilson 1963, p. 321.

[51] 一份地方报纸“将新手训练成职业的从业者,为的只是失去他们中的许多最优秀者”。见 Cox and Morgan 1973, p. 8。

[52] Fiorina 1977.

[53] Prewitt 1970,参与公职人员招聘的动机多种多样,Barber 1965 描绘了这些特征。

[54] Wolfinger 1974.

[55] 同上,p. 398。

[56] Prewitt 1970, p. 14.

[57] 有些事例见 White 1969, pp. 61, 145, 279。

[58] Key 1964,第 1 章。

发展的政治

公共政策塑造了政治关系。政府确实影响集团构造模式的方面是联盟组成的方式、接近决策者的渠道和向政策制定者传达的广泛需求。这些方面是由 Eckstein 在他对英国医学会极具影响力的研究中率先提出的。[1]他揭示出，正如医生影响健康政策那样，政府对于健康服务的干预改变了利益集团的活动。其他的分析家以 Theodore Lowi 最为知名，展现了有关公共政策的类型影响到政治过程得以组织的方式，借此扩展了 Eckstein 对该领域的深刻理解。[2]在接下来的三章里，我将通过辨别在三个政策领域之中变化的政治过程来继续 Lowi 的研究。然而，我的分类原则不同于 Lowi，而将在地方政治舞台上求诸特定的势力。

三种政策类型

如第二篇所展现的，政策经常可以根据它们对于城市经济利益的影响而被分类。我认为，每一种政策的成形都取决于不同系列的社会和经济因素，分别由不同层级的政府按照政策特性来执行。在接下来的三章里，我将提出，每一种政策都已经同下列集团形成和公民参与的独特模式联系在一起了。

发展政策是指那些贡献于城市的经济福利的政策。发展建议的实施寄望于产生能够保护社区财政资源的经济收益。这种政策甚至还导致增长和扩张。吸引产业入驻社区、扩展社区的交通系统或者更新城市破败地区的那些计划,便具有发展政策的类型特征。这类政策通常是经由高度集中的决策过程来颁布的,与有名望的商人和专业人员相关。[3]在政策计划完美收场之前,城市内部的冲突趋于最小,决策过程趋于封闭,地方支持广泛而持久,且如果有任何集团目标的话,它也未必可以获得多少支持。只有通过法律诉讼,才有可能延迟或者预先阻止计划的实施。假如存在着更为重要的对立面,那常常是由地方政治体制之外的机构或组织造成的——也许是一个城市竞争对手,或者一个联邦机构,再或是一个期望在同城市谈判的过程中取得更好条件的私人公司。

分配政策对于城市利益只有一些边际的和不可预期的效应。它们只是在居民中间以一类或者另一类标准来分配地方资源,每一类标准似乎都与该地的经济繁荣相一致。[4]虽然从城市外部竞争获利的观点来看,分配政策涉及的议题都是些小事,但城市居民对此的感觉可是利益攸关。他们觉得分配议题可以带来大量的交易和竞争,产生的结果是在不同竞争者的诉求之间达成妥协。每个集团都会宣称它的政策建议代表了城市整体的利益,而大量可供选择的建议在这一点上或多或少都具有同等的说服力。

再分配政策是那些虽对地方经济增长会产生消极影响,却仍然能够获得一些政治支持的政策,因为此类政策项目是为社会的贫困群体提供服务的。[5]单单是站在人道主义的立场上,就能够为某种程度的再分配提供充分的理由。而且,倘若在中心城市存在着大量的低收入居民,那么这些地方的许多再分配项目在政治上就会流行起来。故此,再分配政策就有可能成为一种带有经常性的地方公共政策,即使这些政策的经济后果或许是不利的。但是,由于再分配政策与城市的经济利益经常处于矛盾状态,因此这些政策的拥趸者发现很难将支持力量聚集起来。[6]

有两个因素可以说明公共政策与政治过程之间的这些关系。第一,公民参与和集团形成只是在一项政策经济后果的范围之内受到影响——也就是说,在中期范围内——这被政策制定者所认可。它们之间的区别不能应用于那些对城市的效应——不管是积极的还是消极的——根本无法预期的政策。然而,如果说政策制定者起码能够大概意识到他们的政策至少在中短期内可能产生的效应,也不是太过分。大多数政治领袖都是在理智上能力很强的男人和女人,拥有相当完备的信息系统。尽管对政策的预期很值得做一个偏差个案分析,但如果得到地方当局委托的那部分人在一定程度上拥有智慧、理性和通情达理的话,对政策制定的有关概括归纳可能更为恰当。

第二,这些是不同类别的政策之间的分析性差异。在公民议程方面的任何特定的政策建议可能都包含发展性的要素,也有再分配性的,还有一些则纯粹是分配性的。例如,在设计上致力于公民生活改进和经济增长的发展性政策具有分配政策的一些方面。一项创立工业园区的建议在牵涉确切选址问题的时候,可能激起分配性政治的过程。为了解释政策和政治过程之间的关联,需要在分析工业园区这个事例的时候,将决定建立园区的政治背景与决定把园区建在某个特定地区的政治背景区别开来。

记住这些保留的意见,在三种不同的政策领域之间不同的公民参与模式的差异就非常突出了。分配的政治和再分配的政治在第 8 章和第 9 章中会进行讨论。本章的后续部分仅限于界定发展的政治,这可以通过三种研究传统识别出来:对独立权限的研究、社区权力研究和对城市更新政治的分析。通过把这三种研究的发现汇聚在一起,就可以识别发展政治的关键性特征。

独立的发展当局

发展的政治是全体一致的,这一点被反复提及,意味着发展政策的责任被赋予在地方政治主流之外的集团和实体。在较小规模的社区中，商会就像一个地方政治机构那样，指导着发展项目。例如，Williams和Adrian研究的四个城市中，有两个城市“工业发展由非政府实体所控制”，商会比市议会提供的领导作用更多。[7]在大城市和大都市地区，重要的发展政策置于独立的管理当局的指导之下。最著名的事例是纽约港口管理局和三区（Triborough）桥隧管理局，这两个权力实体对于纽约市区的交通和其他增长计划具有最重大的影响。[8]美国的其他城市也有类似的机构。波士顿有马萨诸塞收费公路管理局、马萨诸塞港口管理局和波士顿再开发管理局，奥克兰和西雅图有它们的港口管理局，旧金山有发展管理局。另外，“已经倾向于自己行使权力”的州的公路管理部门作出的重要决策对大都市地区的发展产生了重大影响。[9]

这些独立管理当局独立自主的秘密，在于它们自身的财政能力。从这些管理当局内部决策者的角度来看，目标是提供“交通设施，由使用者付费……来满足现有的或者预计的需求”[10]。依靠通行费、燃油税和执照税给予它们机构工作任务的专项拨款，那些负责主要发展政策的机构有了独立的收入，而免于常见的政治约束。结果，这些机构把钱投资于有可能产生最大回报的项目。纽约港口管理局的负责人曾经非常清晰而坦率地陈述了这些自治机构的目标：

> 设计一个管理局的目的是为了获得财政收入，以独立自主、自负全责地生产公共设施；是为了让它们不受政治、官僚主义和官僚习气的干扰……这是对广为人知的私人企业的管理和行政标准的检验，是对这些标准应用于（管理局的）职责和义务的检验。[11]

这些独立的管理当局像私人公司那样运营，极少进入公共讨论的视野。因为它是为了城市的利益而开发自我资助的项目，是为了促进社区的生产力，不会像在其他政策领域那样，存在着引发集团冲突的争议空间。这样，“在下午时间开放每月例会之前，马萨诸塞港口管理局一直是以闭门会议的形式处理其内部事务的，这已经持续多年了。如果有什么激烈的争论或者引起争议的问题，管理委员会成员又不想让外人知道，就只能以闭门会议的形式处理了”[12]。

在运用独立管理当局的结构所固有的潜在性权力方面，没有人比Robert Moses用得更好。即使人们不太在意Robert Caro对这个“政治掮客”不甚可信却又引人入胜的描述中过多的片面之辞，但他讲的故事还是揭示了在关系到发展政策时，权力得以集中的方式。[13] Moses不断更新他的权力和威望的资源，由使用他所控制的隧道和桥梁的那些人支付费用。只要他的资源能够不断地扩张，他的政治触角也就能够得以延伸。而且，由于对公路的经济需求在持续地增长，因此Moses能够采取隐秘而快捷的行动，赢得一任又一任纽约市长的青睐，编造一张覆盖范围令人敬畏的政治网络。Caro将Moses拥有的政治权力归因于他对管理职权的滥用、对反对者冷酷无情的打击以及以改革的名义对纽约民主党组织坦慕尼厅(Tammany Hall)策略手段的运用。Moses似乎在方方面面都犯下罪过，但这些手段都不是他权力的源头。Moses影响的秘诀在于他在全国最大的城市里，控制了自主产生的公共财政收入的最大来源。假如Moses不是纽约交通系统形成过程中的关键人物，他永远都不可能支配他所享有的巨大影响。

20世纪60年代中期，在他的职业生涯走到尽头之际，Moses遭遇了来自邻里和环境集团不断高涨的反对，挑战他的经济增长计划。在波士顿、芝加哥、旧金山和其他许多城市，对于公路扩张的类似挑战也取得了令人瞩目的成就。[14] 传统上一直以全体一致的决策过程为特征的发展政策，开始激起更多政治上的争论。产生这些变化的因素既是插曲式的，又是长远的。也许只有短暂影响，这个时期的民权运动所产生的大量集团和组织，对地方政府形成了多方面的挑战。10年之后，这些组织中的大部分丧失了活力。从长远来看，交通运输在美国经济中地位的变化更有意义。一个越来越复杂而精细的公路系统的经济收益甚至已经更加边际化。当公路扩张的经济动因减弱时，那些关心环境或者关心的其他事情与公路规划者的目标相矛盾的人，获得了政治上的力量。公路议题大概正由发展领域转移到了分配领域，公路的政治也许在将来会呈现出不同的特性。

然而，即便公路政治像能源资源变得更加紧张那样，变得更加复杂，几十年来，它们还是为发展政策提供了一个如此清晰的事例，把公路政策实施的责任交给了高度自治的独立当局。在政策目标清晰、完成手段又很具体时，这种责任的移交运转得最好。在其他的案例中，发展政策的效果如此不同，横跨了这么多的管辖界限，致使权力和影响的非正式网络必须建构起来，才能取得发展目标。为了理解这些过程，必须转而关注对社区权力的描述。

社区的权力结构

Hunter、Miller 和其他许多使用声誉方法研究社区权力的人，对于发展的政治，得到了大量明显不讨人喜欢的发现。[15]因为他们使用的研究方法容易识别出那些在发展政治中最活跃的人，也因为他们的研究案例是从发展政策领域中典型抽取的，所以他们的研究工作具有特殊的重要性。在这个领域里，他们大多发现商人最为活跃，决策过程封闭而须全体一致，在发展政治中活跃的个人被社区中的其他成员赋予了相当高的威望。由于使用这一研究方法的那些人想要将他们的发现推广到所有的地方政治当中，因此他们敞开接受严肃的批评，而这种批评从来没有得到过有效的回应。因此，他们些许而又真实的贡献没有得到完全的认同。

的确，当今任何受人尊敬的学术派别，几乎都没有给 Floyd Hunter 及其追随者的工作以足够的重视。[16]对于大多数城市专家来说，他们的研究仅有一些历史方面的重要性，其意义在于把探究问题的方向再次从聚焦于正式的政府结构，转向对广泛的权力和民主问题的关注。人们广泛地认为，Hunter 所使用的方法论对于辨别权力的分配，很遗憾是不够的。Hunter 识别的只是一些社区最杰出的居民才享有的赢得权力所需要的声誉(reputation for power,以下译为"权力声誉");他没有研究这些居民影响力的真实发挥。Polsby、Wolfinger 及其他人关键性的研究工作,不仅让多元主义者确信他们将使用替代性的决策方法论,还说服新精英论和马克思主义的城市专家相信,声誉的方法存在严重的缺陷。在寻找"权力的另一面"[17]的过程中,他们既拒绝了决策的方法论,也拒绝了声誉的方法论。Polsby 最近在谈到他早期对于声誉论者的批评时说:"我的结论是,关于声誉方法缺陷的观点和社区权力的分层理论,一般都能被接受。"[18]

Polsby 对于 Hunter 的许多批评,无疑被证明是有道理的。Hunter 的研究是以一种随意的方式进行的;他的描写从社会学上的蒙昧主义到新闻业界的哗众取宠,起伏不定;他得出的推论也无法从研究的发现中得到证实。但是,现在时间已经过去了很久,有可能辨别出 Hunter 及其他声誉论者作出的实质性贡献。如果把 Hunter 的推论放在一边,集中关注他的发现以及其他人用这种传统写下的东西,你就会留意到某种规律性,这种规律性需要的不仅仅是方法论上的解释。

最具有持久性的发现是,商界的杰出代表被地方政治中见多识广的观察家提名为社区范围委员会的理想成员,这种情况频繁出现。能够获得这种承认的其他人有:市长、工会领袖、也许一个社会知名的女捐助人、也许一位在州或者全国具有极好人脉的地方政治家。而如果在这个名单里有一些不同之处,那么最经常出现的名字就包括工业家、金融家和大型商业企业的负责人。

为什么这种模式的出现几乎每次都有如此构成的一个名单?声誉论者对这一问题给出的回答或者他们的批评者提供的解释,都不是非常可信。Hunter 自己的解释是,这一串名字识别的是有权势的人,他们为社区作出重大决定。他们聚在一起,喊出"开始吧"之后,就让"头面人物"和"跑腿的助手"制定出政策的细节。然后,Hunter 道出了大量的趣闻轶事,描绘但极少展示他的推论的精确性。正如其他人已经指出的,他的推论几乎不可能是正确的。大商人不会在所有的问题上都是统一的，他们没有时间去检验地方政府面对的整体范围的政策问题，而其他参与者可能会施加影响的，是与他们的特定利益有关的政策。[19]假如声誉论者从他们的发现中作出的推论太多，他们的批评家就会不恰当地宣称，他们关于地方政治的信息没有一点用处。虽然对于地方政治的各种潜在参与者的声誉，Hunter 和其他人也许已经收集了一些信息，但是，他们对实际的权力关系没有提供任何线索。名单上的个人如果确实介入了政治议题，可能会有一些影响，但据说这个信息没有什么价值，因为大多数人不参与大多数的政治争论。[20]

对我来说，这个观点似乎同 Hunter 本人的观点一样，亟须交待清楚。即便这个名单没有说到有关权力的每件事情，也不能说该名单什么信息都没有提供。一个社会系统中的声誉不是从天上掉下来的；一个人的过去一定会有一些事情，让见多识广的观察家承认他是一个政治地位高的人。在棒球运动中，获得作为伟大的投手的声誉是理所应当的。虽然投手可以在任何一天的比赛中产生，但该投手的声誉也不是与他表现出来的能力完全无关的。政治角逐也是一样。尽管政治不是棒球，胜利者和失败者能够如此精确地认定，但它也“不是装豆子的小布袋”。一个借声誉发挥影响的人也许并不会在每场特定的政治冲突中达到他的目标，但要是不发挥某些政策的影响力，他就不可能长久地保持他的声誉。

如果声誉方法没有对影响力关系提供任何信息，如果我们接受多元主义者的观点，决策的方法对于社区中权力的分配提供了精确的信息，那么，由声誉方法识别的人物名单就不会有任何实际上的重叠，决策制定者的名单也是如此。甚至在一个小规模的社区中，比如俄亥俄的奥柏林，年龄在 25 岁以上的居民只有 3 603 人，任何一个人随机地出现在一份最有影响力的 43 人名单中的机会，只等于在 3 603 人中取 43 个，或者 0.012。然而在一项上述两种方法都用上的研究中，一个拥有权力声誉的人出现在决策名单中的机会接近在两人中取一人，或者 0.5。[21]也就是说，如果一个人被声誉论者认为是“有影响的”，他将真正地参与一项决策的机会增加了40倍(或者,更精确地说,翻了41.6倍)。

如果我们知道表7.1中四个数据格中每一个的人数,则"现实"与权力声誉间的紧密关系就能很合理地确定下来。需要明白的是,权力和声誉的关系是连续的,不是二元对立的;像社会科学中大多数四格表一样,这个四格表仅仅是对真实社会关系的一个粗略导向。但是,以这种方式对信息进行压缩,确实突出了权力—声誉等式中的所有四个因数。表格左上格中的那些人是因为他们配得起他们享有的声誉而确实"有权力";"未被赏识"的那些人是参与了决策制定但未被认为有影响的人;"大人物"是指那些徒有虚名的人,他们攫取了本不该有的荣誉;"无名之辈"指那些既没有影响又无声誉的人。

表7.1　声誉与"现实"之间的关系

权力声誉	"实际"行使的权力	
	高	低
高	有权力(22)	大人物(21)
低	未被赏识(86)	无名之辈(3 474)

虽然很少有关于声誉和现实的研究能够提供足够的信息,让我们用数字去填满这四个格子,但Wildavsky对于奥柏林的研究有足够的细节让其成为可能。由于Wildavsky对声誉方法持批评态度,我们可以很肯定他不会为了制造有利于提高声誉论者名声的结论而摆弄他的数据。[22]研究了在奥柏林挑起政治辩论的所有议题之后,Wildavsky发现有22个被社区积极分子提名为有影响的人实际上成功地参与了决策的制定。[23]另外21人属于名不副实的"大人物",拥有权力声誉但并未实质上参与决策的制定。[24]Wildavsky在研究中考虑得非常周全,找出了另外86人,他们是大大小小的决策者,但并未得到提名声誉领袖的那些人的赏识。[25]Wildavsky没有告诉我们那些既无权力声誉,也未在现实中参与决策的"无名之辈"的数量,但根据美国人口普查局的统计,1960年有3 608名年龄在25岁或以上的成年人生活在该社区。如

果我们减去在其他三个类别中列出的 129 人，则剩下 3 474 名成年人，这些人很不活跃，说他们缺乏显著的权力声誉和影响非常正确。

如果我们说 Wildavsky 的决策制定方法论描绘了奥柏林权力现实的精确画卷，那么，查明声誉和现实之间的关系不过就是个计算问题。在这个案例中，Q 系数是 0.95。当两种现象被发现如此紧密相关时，则在大多数社会调查领域中，它们被视为差不多同样的事情。这也是声誉论传统中的学者所做过的事情。毫无疑问，批评者恰如其分地指出这是夸大其词，声誉论者招致批评的热情确实有些过度，犯的错误有些出格。

Wildavsky 从他自己提供的信息当中得出的结论是，“影响力的声誉是一种奇怪的混合物：部分是现实，部分是神话；部分是猜测，部分是了解；部分是行为，部分是地位；部分是观察，部分是假设”[26]。虽然 Wildavsky 没有明确说明这些部分当中每一小片的大小，但他的行文叙述中强烈地暗示，声誉中的神话与现实基本上同样多。这一判断的证据是，以声誉方法论识别的“大人物”的数量与真正“有权力”的人的数量几乎相等。然而，在推测声誉方法论的精确度时，必须考虑到表 7.1 中所有四格中的人数，而不仅仅是上面两格的人数。在计算了一个适当的关系系数时，声誉和现实之间的关系便接近统一。对于声誉方法的批评，自身在方法论上存在缺陷，严重地低估了从声誉方法论工具中获取的信息。最起码，声誉方法为识别那些影响政府政策的人提供了一个简洁的手段。

但是，有什么可以说得更精确一些吗？也许，对这样一个名单的意义最合情理的推断是能够一览已经收集的特定信息，这些特定信息要求严谨地表述既存的问题。在 Hunter 自己的研究和到目前为止的大量研究里，一个关键的问题是以这样的形式表述的：“假如社区有一个重大项目要求一个领袖团队的决策，这个团队的领袖成员要得到几乎每个人的接受。在不管你是否认识他们的情况下，你会选谁？”[27] 请注意，这个问题在指导提供答案的人思考有利于城市整体利益的项目和政策。同时,它也提到了受到整个社区高度尊敬的那些人。虽然研究者用这些词语表述的这个问题也许是为了掩饰真正的分析意图(揭秘社区的“权力精英”),该问题实际上是要求受访者辨别出谁最有能力代表城市的整体利益去制定政策。当问题以这种方式加以表述时,受访者就是被请来思考发展政治的。

在社区权力结构的研究中频繁讨论的政治议题,进一步证明了这种研究在很大程度上涉及了发展的政治。在 Hunter 的研究里,有两个得到最充分讨论的地方议题正在吸引一个国际贸易协会来到亚特兰大,带来一个新的产业落户该地。[28] Schulze 对“Cibola”的研究探讨了城市领袖们兼并邻近一个镇的努力,这个镇富裕的税基对城市未来的繁荣具有决定性的意义。[29]在 Agger、Goldrich 和 Swanson 的四城市研究中,吸引了精英们最大关注的是经济的重组和市民社会的改善。[30]还有一项对“Wheelsburg”的研究表明,经济精英们参与了市中心商业区的开发、大都市规划机构的建立、机场候机楼设施的改善、为资助停车设施的建设而提议发行城市债券、拟议中的对郊区购物中心的兼并等诸如此类的议题。[31]

考虑到声誉论者表述问题的具体用词以及“权力精英”乐于参与的种种议题,有理由认为这些研究主要是对发展政治的分析。在这个分析框架当中,商人占据了数量上的优势不再令人感到奇怪。这些人知道哪些因素能够增强社区的经济能力,他们拥有充分的资金和其他资源对此施加影响。当然,不是所有的商人都积极参与社区范围的计划。[32]声誉方法论的价值在于,它会将那些具有公益心的人挑拣出来。这种公益心不总是但最频繁地产生于商人自己的利益最大程度地与城市利益相吻合之际。这样,许多研究发现,银行、商业区的零售公司、报纸以及本地产业的头头们是发展的政治最为积极的参与者。

并非只有商人才是贡献于城市发展的社区居民群体。富裕的社交界、杰出的专才、政治家,特别是那些与州和联邦政府有联系的政治家,甚至一些具有公共精神的工团主义者,在某些案例中也展现出了辨别公共福利或者为城市获取资源的特殊能力。一个城市的未来越是依赖于上级政府的行动,政治家就越能主导发展的政治。例如,英国社区的繁荣迄今为止还能够被政治行动所影响,社区繁荣像依赖于同私人部门的关系一样,严重地依赖于同中央政府部门的接近渠道。结果,与同类美国城市相比,在英国的社区中,政治领袖们在发展政策中发挥了更为突出的作用。[33]

声誉方法论没有揭示出发展政策的决策过程。但是,许多外围的讨论强调了这些决策过程的全体一致和隐秘的特性。在亚特兰大,“可能有几个对政策决定不满的孤案,”Hunter 说,“但主要还是全体一致。”[34]“在 Wheelsburg,” Clelland 和 Form 解释道,“没有什么迹象表明在经济强人、公共领袖和选任官员之间存在着基本的价值差异。”[35]几位作者觉得,这与“社区决策的趋势被导向私人而非公共领域”有关。[36]在“Cibola”,政策是在“非正式的朋友圈子”里制定的,商会的职员承担起责任,去“‘摸清’关键的经济单位和可能有关的志愿性的协会”[37]。

在发展领域里,政策的制定似乎特别适合这种全体一致模式。如果一项政策能够轻易地借由城市利益而得到保护,就没有多少必要为了这个政策建议去争取公众的支持。相反,公众的支持会迅速地膨胀,所以最好是在秘密的状态之下决定政策的可行性,这样就不会唤起虚饰的希望和预期。情况的确如此,当发展项目涉及城市以外的参与者时,地方公众的关注会起到完全相反的作用。激起了地方巨大的热情,领袖们只会削弱他们同相关产业或者联邦机构的谈判地位。这些相关产业是地方领袖想要引进的,联邦机构则是他们想要从中获取援助的。当公众的预期上升时,外来行为者提出的条件就会更加苛刻。

社区权力结构的研究提供的信息,更好地表现在发展政策中表现积极的个体的种类,而不是这些个体到底行使了多大的权力。即使所有那些被视为精英成员的人一起行动,也不一定能够确保目标的实现。虽然有影响力的公民名单对于个人政治资源的排序起了一定的作用,然而,与社区所有其他的参与者相比,这些被提名的个人拥有多大的权力，声誉方法论对此却没有提供什么信息。更有甚者，这个名单的构成并没有告诉我们，名单中的个人或者集体影响城市以外的政府或者私人公司作出决定的能力。但是这些个人或者集体仍然是经常决定城市发展的实体。正是那些能够将权力结构统一联系在一起的计划，通常只有少许的成功机会。为了一个重要的科学机构的落户，为了接通州际高速公路系统，或者为了一个制造业工厂的选址，某个社区可能会同其他社区展开竞争。必须以内部的合作将社区对于外人的吸引力最大化。但是，就算社区的领袖在这样的议题上变得尽量积极，在另一个州或区域，他们可能仍然会丧失他们的目标，即实现一个同样统一的领导。

然而，假定他们成功了，他们作为公民领袖的声誉将得到极大的提升。除了讨厌政治的商人之外，发展的政治具有特别大的吸引力，因为为了一个有益于社区整体利益的计划而付出的成功努力，会赢得一个神圣的光环。商人因为他的公益之心而受到广泛的尊重，他的公司被认为是社区的支柱，极少——如果有的话——社区的论争会玷污他的名字。难怪那些积极参与发展政治的人得到了广泛的赞赏而被誉为公民领袖，男男女女中的“每一个人都将接受”成为集团成员，掌控“社区面前的主要项目”。

总之，运用声誉方法论的社区权力研究告诉我们许多有关发展政治的有价值的事情。参与者是备受尊敬的居民，他们控制了经济资源，能够接近外部的政府机构。在大多数例子当中，政策制定者的特殊利益并没有与社区的整体利益产生尖锐的矛盾。政策形成的过程将是全体一致的，且更广泛地贴近公众，直至技术和政治上的可行性很好地确定下来。成功地取得政策目标将有利于决策制定者的声誉。准确的参与者名单会随着关系城市重大利益的发展政策类别的变化而变化。在发展成效集中在私人部门的地方，商人会深度参与其中；在所需获取的资源掌握在上级政府机构手中的地方，政治领袖们的作用处于最为核心的地位。

但是，正如这些社区权力结构的研究所提示的，它们对于发展领域的政策制定过程仍无法提出具体详细的信息。因为它们对于结构的安排比对于政治过程更感兴趣，它们的案例研究常常粗略而草率。为了获得对这个领域政策制定过程的真切感受，人们必须转向城市更新的政治，其中大多数系统性的努力是为衰败中的大中心城市的经济发展作出规划。

城市更新的政治

James Reichley 曾经写信给新当选的费城市长 Richardson Dilworth，说他是商人的“能干的雇员，而非为商人卖力而无效的奴仆”[38]。在这些言辞当中，他抓住了在发展政策问题上，商界和地方政治家之间两种富有特色的不同类别的关系。有时候，是政治家们很快认识到，对商业有利的事情对社区也有利。在其他情况下，则是商业领袖必须在很大程度上独立于城市政府之外并组织竞选，说明他们的计划是维系地方经济所必需的。毫不奇怪，商界和城市同一个任职的“能干的雇员”在一起，比同一个“无效的奴仆”在一起，能够享有更多的健康。商业在它的影响最不明显的时候，就是它最繁荣的时候。这话看似矛盾，却是千真万确的。我们对比一下城市更新政治的两种研究，就可以很轻松地揭示这些观点的真实存在。

能干的雇员

不要以为只要一项政策代表了城市的利益，就可以轻而易举地达到政策的目标。首先，每个城市都要与其他城市相竞争。如果任何一个特定城市的领袖很久都不能辨清城市利益，或者误判了实现城市利益的最佳技术手段，该城就会输给它的竞争对手。其次，代表城市利益的东西是只要有利于一个居民，就会有利于所有居民的集体物品。然而，集体物品很难提供，因为大多数个体并没有足够的动机为集体物品作出贡献。假如他们等待他人提供公共物品，他们就能不付出成本而为自己获得收益。Wolfinger对于纽黑文“进步政治”的研究显示，获得公众对发展的支持，就是对甚至最“能干的雇员”征税。[39]

基本上无人怀疑城市更新增强了纽黑文的经济生产力。这项政策打通了到中心城市的交通干道，鼓励了对市中心商业区购物设施的利用。它为原先堵在内城街道上的机动车提供了停车场所，使中心城市的居民购物更加方便，像郊区居民一样；允许新的高层公寓的建设，因此为想在邻近社区中心地带生活的中高阶层居民提供了舒适的居住条件。而且，它还保护了耶鲁大学——这个城市最有价值的资源之一，免受城市凋敝扩散的影响。所有这些收益都是由地方纳税人以最小的支出收获的。市长Richard Lee拥有高超的企业技巧，他想方设法以不增加地方纳税人负担的方式，找到了为联邦援助配套的地方资金。有时，他甚至还争取到了联邦资金来支付公共服务，这些开销本应由地方资金支付。

谁会去反对不用增加自身公共开支而提升本地经济生产力的一个项目呢？Lee的政策如此清晰地代表了公共利益，只有那些自身的特殊利益遭到最直接威胁的人——比如，在小商人的小规模企业占据了城市最好的地块而又不想换地方的时候——才会组织起持久的抗议来反对它。但市长的任务还绝不是一件容易的事情，特别是在地方规划的第一或第二年，当收获还比较遥远或者还不明朗的时候，就难以得到太多的支持。地方大商人不想在可能会出差错的浮夸方案上浪费他们的时间。地方政治家感到地方空间经济如此大规模的重建会搅动政治的宁静，这种宁静一直以来让他们能够从公共服务上得到适度的收益。思想死板的地方官僚特别喜欢对他们的专门事务进行日常的管理；他们不愿意用项目把这一切弄糟，打乱现行的管辖权限。

费尽九牛二虎之力，Lee市长成功地获得了必要的地方支持。他雇用了其职业生涯系于项目成功的新的管理者，谋求想从城市更新中发一笔横财的开发商的资助，让华盛顿的官僚们确信纽黑文能够成为一个模范“更新”城市。Lee 市长甚至设法将一群在任何影响力名单中都可能得到高分的社区领袖们汇聚在一起。他为城市更新所创立的公民行动委员会的成员包含了市中心商业区的商人、金融家、工业家、优秀的专业技术人才以及一到两个工团主义者。把这个委员会的成员聚在一起是一个复杂又费时的过程，需要熟练的政治领导技巧，光是招募该委员会的主席就花了数月的时间。

发展政治常常在选举时受到力捧。Lee 市长在启动他的城市更新之旅之后的 20 余年时间里，在两年一次的选举中一次又一次地当选市长。芝加哥市长 Richard J. Daley 在取得发展政策的成功方面仅次于 Richard Lee，正如他时常观察到的，“好政府就是好政治”。他所说的好政府，并不是指改革者使用这一术语时所想到的没有分肥的政府。Daley 所说的好政府意味着代表社区整体利益的政府，是给予能够增强经济生产力的政策以优先地位的政府。如果这一目标成功达到，政治上的人气就会相随而至。声誉、名望、人气以及权力就会流向那些将城市利益视为自身利益的人或者运气够好、其特殊利益与城市利益能够汇合在一起的那些人。

无效的奴仆

不是每个城市都能有幸拥有热心追求城市经济利益的能干的政治领导。是否大多数城市都可能拥有像 Lee 和 Daley 所展现的政治领导，Wolfinger 对此半信半疑。[40] 在当地政治家没有提供这样的政治领导的地方，私人部门中由具有公益精神的商人领导的那些集团就会提起发展政策的诉求。在费城，一个商人的改革集团诱导了政治变革，让“能干的雇员”Dilworth 成为了市长。[41] 在纽约，城市规划者 Robert Moses 提供的对于发展政策的推动力似乎在许多城市市长的能力之外。[42] 而正是对西部城市加利福尼亚州奥克兰市的充分研究，为城市政府仅仅是一个“无效的奴仆”时发展政治的状况提供了最好的观察依据。[43]

在奥克兰，经过冗长而断断续续的社区讨论之后，城市更新才在犹豫和延迟当中得以实施。当Lee市长早在1954年就忙于将纽黑文的复兴整合为一体、1957年将他最初的计划付诸实施之际，奥克兰市才在最后期限到来时，创立了一个再开发机构，制定了一个初始的更新计划。[44]到1966年，纽黑文已经用掉了人均790.25美元的联邦经费（同所有城市平均53.51美元形成对比）；[45]但是，甚至迟至1971年，奥克兰的“城市再开发”项目还被报道在吸引“许多中产阶级家庭”来到奥克兰中心城区方面行动“迟缓”。[46]

奥克兰在城市更新方面的无效，在很大程度上归咎于其碎片化的、政治上营养不良的政府体制。[47]该市市长是兼职的，主要承担的是礼节性的职责，市议会由非党派的普选产生，没几个议员具有推动新的宏大计划的政治动机。相反，议会只对其他地方产生的程序性事务作出回应；显然，回应可能是支持性的，也可能是负面的。[48]

由于市政厅不能依靠自身的努力来组织再开发，一帮商业领袖劝导市长任命了一个特殊的委员会，称“奥克兰城市更新公民委员会”（OCCUR）。[49]“在委员会的构成当中有一批令人印象深刻的经济精英，别的不说，有三个来自凯撒工业公司（Kaiser Industries）的代表，西尔斯罗巴克公司、衡平人寿保险公司和富国银行的代表各一人”，该委员会如此有效，“很快就成为参与城市更新进程的商业和政府集团的联络点”[50]。几经挫折之后，包括他们最初的计划被市议会完全拒绝，OCCUR最终“战胜了政治家们的反对”[51]并于1957年建立了再开发机构。纵然竭尽全力，OCCUR也从未超越Lee市长在纽黑文享有的成功。由于地方政府的合法性和资源没有完全用于再开发计划，奥克兰着手进行城市更新要比纽黑文晚得多，接收的联邦资金要少得多，也从未有与纽黑文同样丰富的资源来支持计划的实施。Hayes报道说：“市中心商业区中那些想成为城市更新计划主要受益者的商家，离实现他们最初的目标都还有一段距离。”[52]

权力和发展的政治

那些从事奥克兰和纽黑文案例研究的人，在涉及地方城市更新当中的商业权力时，得到了不同的结论。Hayes 对于奥克兰的分析显示，OCCUR 是由高级商界领袖所组成的。由于政策的制定是 OCCUR 努力的结果，也因为地方政府最多只发挥了次要的作用，Hayes 的结论是“在城市最近的历史当中，整个商界积极、直接的参与已经成为一个突出的特征”[53]。另一方面，Wolfinger 发现商业利益在纽黑文被分割开了，在许多事情上没有影响。虽然 Lee 市长“与商人和耶鲁的联盟”被视为影响结果的一个要素，但同等重要的影响也被赋予了其他三个“Lee 政府拥有的重要有利因素：技巧上的熟练、公共关系方面的才能以及 Lee 对他的政府和政党的控制”[54]。商业影响在奥克兰更加明显，但市中心商业区的商业利益得到的服务在纽黑文似乎还要好一些。Lee 是这样一位有效的领导者，在他的治下，商人不需要为持续有助于城市经济环境的城市更新计划作出多少贡献。在西方的城市里，市长和市议会虚弱无力，要发起哪怕是不怎么要紧的城市更新计划，商人们都要组织起来采取政治行动。如果说纽黑文的商人没什么权力这个判断是正确的，那么这种无权的状态似乎还求之不得。

当发展政策得以仔细考虑之际，试图弄清楚任何个人或者集团的权力，如果不是在误导，也是毫无意义的。在这一政策领域，城市作为一个整体具有某种需要保护和增进的利益。对城市有益的政策有助于所有居民的兴旺发达。市中心的商业受益了，工人也会指望增加工资，住房业主希望房价上升，失业者则在寻求新的就业机会，而政治家则着眼于再次当选。那些好像对发展政策拥有“权力”的人，是那些尽量为所有城市成员获取这些收益的人。在发展的舞台上，社会控制的能力不像说服的权力那样必要。能够诱使他人为集体物品作出贡献的领导力，与压制政治异己的力量有着天壤之别。

那些为城市的集体福利尽力的人，经常要求政策服务于他们的特殊利益。奥克兰的商人们是城市更新特别积极进取的支持者，因为商业区繁华程度的改进会对他们的经济利益产生特别显著的成效。Lee市长推进了城市更新事业，因为他希望作为市长的成功将有助于他选举更高阶位的公职。但商业"影响"在奥克兰的实施并不是以市长或者市议会作为代价的，而政治"影响"在纽黑文的实施也并非以城市中心区的商业界作为代价。在发展领域，权力最好不要理解为"零和"游戏，即一个人或一个集团的获胜以另一个的失败作为代价。权力可以从系统的术语来理解，它是社区作为一个整体认识它的目标的能力。权力所需要的不是把领导力理解为将某种意志强加于他人的能力，而是能够游说他人为共同的目标作出贡献。

想在城市更新政治中得到的东西，有一部分在私人部门，但大部分是在公共部门。虽然私人利益团体被诱导介入城市更新事务，但城市更新政治最大的益处是联邦援助资金，可望按照地方社区的愿望定期给付。为了达到这个目标，政府官员的政治领导通常是关键。由于联邦机构行事的特点是与它们的下级政府同仁联系和磋商，因此私人部门的努力最好也不过是地方政治领导勉强的替代品。

结论

发展政策对城市作为一个整体的优势有所助益，发展的政治以此为前提。基于此，发展政策常常由自治机构制定和执行，对它们自己的项目带来的收益产生作用，免于通常的政治限制。若这个过程不可行，发展政策就由有名望的社区领袖以全体一致的方式制定出来，这些领袖通常是一些商人，熟悉如何促进经济的增长。他们能够被诱导参与发展政策的推广，因为政策的收益分布广泛，政策制定者毋需为他们的行为承受太多的批评。

但是，即使最“有权力”的社区成员经常从事发展政策的制定，却并不意味着他们的努力可能获得成功。发展政策是以其他社区的损失为代价的，地方的领导只有在同其他社区竞争资源的情况下，才能保证社区的利益。结果，假如正式的政府领导也能够为政策提供合法性，竞争对于社区就会具有很大的利益，特别是在同联邦政府谈判的时候。政府的权威对于地方资源是一个长远的保证，同私人利益集团相比，政府对项目和计划通常具有更强的管理能力。倘若失去了政治领袖们的热心支持，社区就会发现很难实现对它有利的发展政策。

发展政策全体一致的特征并不会在每一个案例中都表现出来。除了派别和集团可能会把它们的个别利益置于社区之上，在有些情况下，社区领袖也许根本不会认同社区的整体利益。特别是在小规模的社区和郊区，经济利益和法律地位利益可能出现分野，社区领袖们就会分成“增长”派和“非增长”派。当某些人表达对于社区经济基础的关心时，其他人则认为社区应该抵挡城市化，或者作为同商业活动中心和工业活动中心相分离的居住飞地而存在下去。如果在城市的整体利益上没有一致，共识就会让位于痛苦、充满对抗的观念之争。但是，这些政策模式的例外并不是大中城市政治的特征。只有在四周近邻地区提供的经济基础能够支撑居住社区繁荣的情况下，居住排斥才是一个可以安全追求的目标。对任何规模的城市来说，这都是一个不可得的选项，发展政策在很大程度上保持了全体一致的特性。

【注释】

[1] Eckstein 1960.

[2] Lowi 1964a，pp. 677—715，另参见 Froman 1967，pp. 94—103。

[3] 当“权力精英”研究从社会经济分析转向对地方议题和政策形成的研究时，它就会集中到发展政策上。

[4] Banfield 1961 给予大量关注的区位决策，是分配政策方面著名的例子。

[5] 在为数不多的几个地方，再分配政策并非消极退步的，而是对地方经济具有积极的影响。例如，在非熟练工短缺的地方，地方政府可能会为非熟练工人的住房提供补贴，以吸引他们到本地市场。再分配具有积极经济收益的情况太少，故不对此种情况进行分析。

[6] Crenson 1971.

[7] Williams and Adrian 1963, p. 304,另参见 pp. 192—193, 305。
[8] Doig 1966; Danielson 1965.
[9] Lupo, Colcord, and Fowler 1971, p. 181.
[10] 同上,p. 211。
[11] Doig 1966, p. 34.
[12] Lupo, Colcord and Fowler 1971, p. 243.
[13] Caro 1974.
[14] Lupo, Colcord and Fowler 1971; Hartman et al. 1974, p. 66.
[15] Hunter 1953; Miller 1958; Clelland and Form 1968.
[16] 对于该研究文献的一个有趣的调查以及更多的参考书目,见 Hawley and Wirt 1968。
[17] Bachrach and Baratz 1962.
[18] Polsby 1980, p. 145.
[19] 同上;Banfield 1961; Wolfinger 1974。
[20] "对于(声誉论者)问题的回答可能意味着很多事情,在政策形成的具体事例被验证之前,它们的含义什么时候都是不相干的。"见 Polsby 1963, p. 64。
[21] Wildavsky 1964, p. 312;另参见 Presthus 1964, pp. 112, 147。
[22] Wildavsky 1964,第 20 章。
[23] 文中数字指积极分子提到的作为普通精英、住房精英、水务精英以及教育精英成员的决策个体的总数量。数字由 Wildavsky 1964, p. 313,表 83 第 1 列中的数据计算得出。
[24] 这是没有参与决策,但被积极分子作为在表 83 第 2 列中辨识的四类精英之一的成员提名的总人数,Wildavsky 1964, p. 313。
[25] 这些数字由表 83 第 3 列 A 和第 3 列 B 中的数据计算得出,Wildavsky 1964, p. 313。
[26] Wildavsky 1964, p. 319.
[27] Agger, Goldrich, and Swanson 1964, p. 710; Hunter 对问题的表述,见 Hunter 1953, p. 62。
[28] Hunter 1953, pp. 160, p. 164 及以下,p. 175 及以下。
[29] Schulze 1961.
[30] Agger, Goldrich, and Swanson 1964,第 6 章。
[31] Clellandand Form 1968, p. 85.
[32] 同上;Jennings 1964; Schulze and Blumberg 1957。
[33] Miller 1958.
[34] Hunter 1953, p. 111.
[35] Clelland and Form 1968, p. 86.
[36] 同上。
[37] Schulze 1961, p. 67.
[38] Reichley 1959, p. 61,同引自 Banfield and Wilson 1963, p. 272。
[39] Wolfinger 1974.
[40] 同上,第 12 章。
[41] Reichley 1959, p. 61.
[42] Caro 1974.
[43] Hayes 1972.
[44] 同上,pp. 108—109。
[45] Wolfinger 1974, p. 195.
[46] Hayes 1972, p. 120.

[47] Pressman 1972.
[48] Hayes 1972,第 5 章。
[49] 同上,p. 112。
[50] 同上,pp. 112—113。
[51] 同上,p. 115。
[52] 同上,p. 120。
[53] 同上,p. 194。
[54] Wolfinger 1974, p. 346.

分配的政治

大多数作为城市政治来讨论的内容都属于分配政治。分配政治包含了政策方面的冲突，这些政策对于城市经济利益的影响很成问题，有理智的人不会轻易认同它们的成效。在这个领域，政治交易影响了政策，交易的模式具有很明显的多元主义色彩。关于分配议题，那些同时在发展政策的背景下团结一致并共同反对实质性再分配的人，彼此之间也有冷嘲热讽。联盟形成的方式伴随着参与者在变化的议题上发现新的盟友而不断地变化。政策的选择很显然是竞争的利益集团间的妥协，妥协的条件受到政治领袖竞选内容的影响。

许多政治争吵属于分配领域。花费城市政治家们很大精力的地方政治，通常涉及政府资源在城市的这个或者那个地区的分配。[1]学校建筑位于什么地方？一条急需的道路应该如何布线？一所新医院该建在公园用地上吗？政府的内部服务包含了另外一套分配事项。哪些街道应首先清理？哪些人行道需要修理？垃圾多久收集一次？消防站应坐落在哪里？有关城市停车和交通条令执行的政策是什么？甚至很小的税收问题在很大程度上都属于对城市长远利益没什么用的分配问题。是否应该通过提高供水和排污的费用、对城市博物馆收取门票、增加图书馆的图书超期罚款或者稍微提高财产税等，来征收城市所需的财政收入吗？

激起最长久的地方纷争的分配政策与公共就业的条件与限制有

关。这些政策在地方政治中的中心地位通常可以归结为它们的物质性和可分割性。工作可以一项一项地分成更小的部分，分配给社区内不同的特定人群。随着公共服务部门的不同以及服务内容层次的不同，管理这些工作分配的政策也几乎变幻无穷。每一个不同的集团均被给予属于它们自己的一批职位，这些职位的招聘和提拔政策针对的就是那个集团的利益。而且，这种收益非常具体和实在，是一种价值能够相当精确地加以计算的有形物品。

可分性和物质性是公共分肥(public patronage)广为人知的特征。以一套或另一套标准来对公共就业机会进行分配对城市整体的经济利益没有——鲜有例外——人所共知的成效，很少有人意识到这一点。当然，从原则上讲，城市能够以有竞争力的工资水平招聘拥有最合适的工作技能且最有才干的人。那样的话，城市的公共服务就能够以最优的效率运行，进而实现收益纳税比的最大化。一个卓有成效的就业政策将对社区整体的生产率发挥最有利的影响。

然而，虽然可以从理论上表述发展性的人事政策是一个什么样子，但在现有的技术条件下，不可能在人事招募中取得多高的效率。即使人事指导顾问现在能够使用复杂精巧的判断工具，整个社会还是不知道有什么可以归结出原因的或者既存的人事特征，能够以人尽其才的表现方式应用于公共服务职位的招聘上，并将此做法用于地方法典的编制。有一种思想流派声称，一定的教育经历对于某种公共服务的绩效是关键性的，比如说教学、社会服务的传递、救火或者拘押罪犯。还有观点认为，某些书面测试的成绩能够预测人在多种公共服务活动中的胜任情况。另外，不可否认，要求一定程度的教育经历以及在学习能力测试中要达到某个最低成绩的法律，有助于淘汰完全不合格的人。但是，这些要求有时候设置得不好，超过了最低要求的界线，排斥了可能拥有很合适的就业技能的人。此外，许多通过这样的考试并符合教育标准的人，仍然无法在工作岗位上施展他们的才能。教育上的业绩和工作上的业绩之间的关联时常不太紧密，要展示学习能力测试成绩与执行公共服务任务的技能之间的任何关系甚至更加困难。[2]事实上，Summers 和 Wolfe 对于教育绩效的仔细分析展现了考试成绩和真实的课堂能力之间的负面相关性。[3]简言之，在地方政府中要详尽描述一套“最好”的招聘与提拔政策非常困难。一系列范围广泛的政策具有大致相同的效力，为政策的灵活性留下了非同寻常的广阔空间。

正是这种政策灵活性导致了公共就业或者分肥政治的多面性，如同这一问题常常被贴上政治争论的标签。分肥一直是机器政治和好政府改革者之间聚讼的核心，是种族政治的钱币、少数族裔躁动的焦点以及最近表现出来的，是地方工会政治的锋刃。

机器—改革间的冲突

城市专家们长期以来一直强调内在于机器政治家和城市改革者之间斗争的阶级冲突。[4]政治机器的力量在低收入种族的社区，正好毗邻城市的工商业中心。改革者则诉诸生活在舒适的边缘地区的、土生土长的中产阶级居民。机器政治家自己通常是工人阶级出生的移民的第二代，应用他们的政治影响去促进他们的经济福利。改革者大多由专业人士和进步商人所构成，他们在著名大学受教育，与控制选区组织的“粗鄙之徒”在社会性方面基本上没有共同之处。

到目前为止，这是关于机器政治家和他们具有改革精神的对手的相当精确的社会写真。所有那些谈论净化政府、改进公共服务效率的人，薄薄地遮掩了扬基佬同他们的新教徒盟友之间，另外还有同通常是天主教徒的移民之间的社会距离。然而，不应将政治机器与改革运动之间的冲突与公开的阶级战争相混淆。比较而言，阶级冲突采取了特别温和的方式。冲突双方没有挑战商人对他们私人财产的控制，也没有质疑经济增长对城市福利的极端重要性。没有人提出根本性的社会改革计划。机器政治家只想要一点经济增长所带来的报偿。他们做的与提议中的一整套再分配政策最相近的事情，是把受贿款转给越来越多的索要者。同时，改革者通常是在结构改革而非社会改革上取得了更多的成功。虽然一些改革者发起运动，反对出租房和儿童饥荒带来的问题，但最为持久的市政改革仅仅是在涉及狭义的政治与政府革新方面取得了胜利。[5]

对于什么是城市经济发展的最好机制，政治机器和改革者自然各执己见。改革者认为，通过非党派的普选，领导者会被挑选出来保卫城市的整体利益。虽然机器政治家们不善言辞，但机器政治的学术辩护者认为，幕后交易和政治腐败可以减少对地方投资的法律障碍。然而，机器—改革之间的不同是行事风格和技巧上的冲突，而非追求目标上的不同。政治机器和改革者在历史上就区分了分肥和腐败，而不是在经济繁荣或社会分配方面进行争论。1900 年以来，纽约市的民主党组织的每一次失败，都是因为反对政治腐败的运动。[6]几十年来，腐败是芝加哥政治中的核心主题，改革者赢得 1924 年的市长选举之后，伴随而来的是"大佬 Bill"Thompson 对公共基金的大肆滥用。[7]旧金山的政治生活被腐败和分肥的议题绝对主导，以至于对城市政治最具有综合性的分析结论认为，"三大价值——诚实、胜任和变通——在这里塑造了城市治理的起点和绩效"[8]。用一位当代观察家的话说，19 世纪的城市政治

> 就像一个病人，发现他在床上没有翻身的地方，但又想通过翻来覆去减轻他的痛苦。这个病人就时不时地要在一种剧烈的治疗方法中获得病痛的缓解，比如制定一个新的宪章、在选举中把一帮流氓无赖赶走。但是现在，宪章的弱点暴露出来了……公民热情冷淡了，让坏人偷偷回到了主要岗位上。[9]

在许多城市的改革着手实施的几十年之后，这些问题依然在地方政治中流行。一心分肥的民主党组织与改革力量之间的冲突在费城、纽瓦克、加里、圣路易、芝加哥、纽约和许多其他城市引发了关键性的选

举。[10]尽管被设计的结构变革是用来抑制分肥和腐败的，但在任何一个城市，“对诚实的追求”似乎并“没有展现出与结构形式的关系”[11]。

分肥和腐败问题之所以主导了地方政治，不是因为地方官员特别贪婪或特别不厚道，而是因为就业问题属于为数不多的在地方上容易得到解决的事情之一。就业议题具有持续性，就是因为就业已经成为最为突出的分配议题，围绕这个议题，地方政府部门得以表达自己的意愿。在那些准入资格和专业技能确实十分关键的情况下，机器政治家最愿意运用这些资格标准和技能。19 世纪末期，开始出现效果很好的疫苗，能够消除致命疾病对儿童的威胁，地方健康服务机构需要合格的医药师去管理这些疫苗，甚至坦慕尼厅也让党派政治不要涉足对健康服务的管理。[12]但是，像在医药行业才有的真正的资格标准，在大多数公共服务的工作岗位上不会被事先精确地加以规定。对相互竞争的政治势力来说，就业政治是公平的游戏。

冲突的双方都作出了合理的说明，声称他们的政策对城市有好处。在政治机器把为政党服务视为在公共服务中招聘人员的主要标准时，他们认为这种政策不但对政党组织有利，对城市政府同样有利。在选区和基层政治复杂而充满竞争的过程中表现出的能力，也许可以作为能够胜任法警、警察、垃圾收集员或者花木匠的一个相当合理的指针。另外，无论何时，当政党忠诚成为雇佣的一个条件时，雇员们也都会对更大的政府管理目标作出某种承诺。同时，市政服务的因循守法者将雇员与政党压力隔绝开来，使“开除哪怕是最不称职的公务人员，都成为了 Hercules 的第十一项伟业”[13]。

政治机器式实践的改革批评者仍然有合法的抱怨。因为完成了政党组织内的工作而得到公共服务机构的任用和提升，削弱了公共服务本身拥有的等级结构。名义上的上司对其雇员行使监督的能力被减弱了。另外，政党组织的工作，无论其表现多么有力，都不会必然使一个人适合承担地方政府中的那些管理任务，这些任务对于书面交流的技能要求很高。

多年以来，改革运动在不断取得成功，将其人员招聘标准施加于城市政府。可以这么说，他们的成功证明了考试和教育作为招聘人员的标准相比于机器政治的党派标准，产生了更高水平的政府效率。还有别的因素能够解释改革的成功。无论在什么时候预测到选举失利，政党自己都会支持市政服务的改革；通过这样的改革，能让他们自己的朋友保住职位。随着招聘实践不断地合理化，公务人员也体会到了任期的安全保障。此外，随着受到良好教育的人开始依靠报纸、电台和电视来获取投票的消息线索，政党组织开始失去它们对选民的影响力。在芝加哥，一个政治机器还在控制着许多公共服务岗位招聘的主要城市，公共服务的效率似乎与其他同类城市处于同等的水平。事实上，当芝加哥同纽约形成对比时，大多数评论家认为，芝加哥在政府绩效上拥有更高的效率。这一对比并非证明政治机器比改革政府更有效率；在美国最大的两个城市之间，还有许多其他变量能够说明任何可观察到的差异。这个对比不过是显示，要建立一套优于他者的招聘惯例是多么困难。

政治机器的增长可归结为多种因素，包括美国 19 世纪持续的社会和经济变革、1920 年之前欧洲农民的大规模迁入、工业化之前城市政府的民主化、对于社会流动机会的广泛信念以及浸淫美国文化的个人而非集体的道德观。[14]还有，机器—改革冲突产生的制度背景也有助于持续地对腐败和分肥议题形成特别强烈的关注。就业政治占据主导地位，就因为它提供了一个能够在地方解决的实践议题。

当地方政治同全国的政治运动和争论相比时，这一点变得最为明显。在腐败已经位于地方政治的最中心时，它在总统大选中只是第二类主题。甚至在 19 世纪机器政治处于鼎盛之际，全国性的冲突议题也是在外交事务、经济政策和区域间关系这些方面。内战产生的分裂不仅从根本上塑造了党派权力的基础，而且，当战争记忆开始减退时，关税和货币议题变得突出了。随着平民主义的成长以及民主党向布莱恩主义的转变，像自由银币、公司垄断、帝国主义以及对西部自然资源的开采这样的议题，成为美国政治的中心议题。

分肥和腐败当然是全国政治的一部分。求职者的失望之情耗费了 James Garfield 整个一生。轰动性的丑闻带给 Grant、Cleveland、Harding 以及 Truman 政府相当严重的政治伤害。但是，同很多因为对腐败负责而被击败甚至入狱的市长相比，在 Richard Nixon 之前，还没有一个全国政府由于传说中的腐败行为从权力高位上跌落或者在随后的选举中落败。Grant 再次当选；Cleveland 最大的政治灾难是 1893 年的大萧条；Calvin Coolidge 轻易地超越了他继承的 Harding 丑闻；Truman 的人气在朝鲜战争恶化之后急速跌落。总之，在全国政治中具有决定意义的议题与地区分裂有关，或者与对和平与繁荣的持续要求有关。有这样极其重要的议题主导全国性的议程，腐败和分肥虽然是固定的竞选议题，但除非出现最不同寻常的情况，否则它必定是一个次要的因素。

种族政治

正如分肥和腐败燃起了机器政治与改革之间的竞争，同样的分配性议题促成了地方政治中种族争论的广泛存在。当然，分肥自身并没有成为地方种族冲突的持久模式。从欧洲所有国家、拉丁美洲、亚洲以及美国南部的农村地区持续流入的移民，是地方政治另一个实质性的构成要素。然而，随着这些移民不断的同化，融入现代工业社会，许多预期中的种族政治让位于阶级政治。如果这个观点是正确的，那么由于那些种族集团的迁移基本上被 1920 年的“入籍归化法”终结了，所以种族政治应该已经消亡。

如果政治实践到了只反映主流社会内部不满的程度，种族政治的衰落便是可以预期的事情了。[15] 但是，因为政策影响了政治，政府做的——以及政府能够做的——便影响了政治参与。即使种族集团不断进行着内部分化，地方政府结构还是在几个方面有助于种族政治的延续。首先,地方政府一般不会去助长阶级政治。地方领袖可用的选项不允许围绕阶级利益的广泛诉求来发起运动。相反,候选人往往同意给予经济发展相对于社会再分配的优先地位。这样,他们就可以避免为经济上倒退的公共政策承担责任。如果对阶级政治没有什么激励,对种族政治则是另一回事。

在地方层次上,种族政治超越于阶级政治的主导地位,是由于政治家们满足种族方面的热切愿望相对要容易一些。在 Weber 的分类里,种族集团是社会身份的集团,拥有获得社会授予的荣誉的不同渠道。社会地位较低集团的需要,是获得社会其他集团更多的承认和尊重的需要。种族集团想要他们的语言、种族、文化或者民族的合法性得到权威的政府行动的肯定。而且,有许多办法能够让地方政治领袖给予这些集团这样的承认,而不必对城市的经济地位产生不利影响。公共官员许可在各种国家节日上进行种族游行,以种族英雄之名命名街道和建筑,参与社区种族集团的庆典,用种族语言说话,公开享用种族菜肴,从种族社区中任命城市董事会和委员会的领导人,给予种族集团成员特殊的机会以获得公共就业的岗位——特别是在那些种族集团集中的地理区域——以及,最重要的,让种族候选人竞选高级别的公职。在大多数美国城市,为选举活动造势的那一天,都会看到政治候选人刻意努力以赢得这样或那样的民族团体的支持。地方政治中种族身份的识别一直具有政治上的重要性,甚至对那些在大都市地区已经居住了两三代人的移民集团来说,也是如此。这是种族政治的部分成果。[16]

工作已经成为地方种族政治的一个至关重要的组成部分,因为“种族的一体性让政治家们可以少用他们所获得的宽容”[17]。并非一个种族集团的每一个成员都要给予政府岗位,以为政党赢取种族社区的喜欢。“给予少数人的奖赏,多数人感同身受。”[18]或者,用 Lowi 的话说,“每次基于种族或宗教立场的任命……都是对集团成员彼此间身份的重新肯定”[19]。这样,一个移民集团在城市官僚系统中取得的代表性,成为该集团在社区政治生活中身份地位的象征。在爱尔兰人那里,占据政府职位成为他们向上流动的主要渠道，这点他们做得很成功。[20]

种族诉求并非地方政治所特有。全国性政府和国家级的政治家也通过类似的手段寻求政治支持。每隔四年，竞选国家职位的候选人会被发现走在种族游行的队伍里，品尝外国食物以及用外语说着话。有一定数量的联邦职位，必须以心目中最高的种族标准去分配。种族诉求甚至在激烈竞争的选战当中具有决定性。Ford总统误称波兰是一个自由国家，就意味着东欧人支持他们的共产党政府；总统对于犹太人担心以色列状况的敏感以及总统候选人对堕胎问题小心翼翼的处理，所有这些都是全国竞选运动的显著特征。另外，当John Kennedy这样的候选人来自很容易识别的种族集团时，它对全国选民排队的影响会相当大。[21]然而，种族特点在全国政治中发挥的显著作用似乎不如地方政治。候选人对外交政策和经济的观点，赋予了大多数总统竞选的形态。种族方面的平衡票是一个引人注目的地方现象。Robert Lane观察到："从真正意义上说，种族政治的落脚点在地方社区，而不是国会山。这得到了事实的证明，也就是说，虽然种族集团同土生土长的白人新教徒相比，在全国选举中投票不是太频繁（这是犹太人所期望的），有时还很少，但他们在地方选举中的投票通常更加频繁。"[22]

全国政治和地方政治之间的这些差别，可以与全国政府和地方政府职责的差别相类比。在关键性的国外、国内议题处于政治饕客力所能及的范围之内的地方，这些问题便塑造了政治战略、政治运动的过程以及投票行为。而在政府行为界限被严格约束的地方，政治战略和政治运动相应地进行了调整。候选人将力量集中在那些可以有所作为的议题上。种族承认就属于为数不多的政策中的一种，地方政治家能够在不损害城市经济生产力的情况下，在这个方面有所作为。种族差别的界线就这样通过在种族相关的公共政策上的政治集中而得以强化。即使在工人几乎是中心城市全部人口的地方，政治家们也在使用种族而非阶级的诉求来长期维持政治上的追随者。

少数族裔的集团政治

颜色改变了种族政治的特征。少数集团的可见性要大得多,因此集团成员同化融入主流社会的过程更加痛苦而漫长。在美国黑人的例子中,奴隶的经历给黑人留下了深深的社会伤口,随之而来的歧视模式久治不愈。[23]结果,同原来种族政治的形式相比,少数集团政治表现得充满仇恨。

有两个因素应该可以解释这一现象起因。第一,有色的少数族裔似乎充满着怨恨和被剥夺感。同以前的少数种族的需要相比,他们对社会改革的需要范围广泛,一切都在要求之中。特别是美国黑人,他们一直是最好斗的少数族裔,这一特点不断在美国城市地区显露出来。虽然骚乱、抵制、静坐和示威标志着黑人作为有组织的政治势力的出现,这一现象也被他们自己在政治上弄得混乱不堪,但这绝不仅仅是一个策略问题。第二,更为重要的是,他们自己的要求广泛深远,在地方上是完全不现实的。这些要求包括全方位的学校和居住融合、绝对的平等,甚至在公共资源的分配上给予少数族裔地区特殊的照顾,给少数族裔分配特殊基金以补偿他们过去的损失。黑人还压倒性地支持一整套的措施,执行足以匹敌任何一个西欧国家的福利国家政策:社会化的医疗、有保障的就业、有保障的最低收入、公共财政支持的大规模住房计划以及所有层次教育的机会平等。这些在“自由预算”里的项目要求国家财富的大规模重新分配。这些要求超出了美国主流政治经验的范围。只有对于美国黑人特别严重的经济和政治剥夺,才能解释一种更具欧洲而非北美特色的激进主义的产生。

这些要求的力量被美国白人反方向的激烈回应所抵消。如果美国黑人想要完全的融合,美国白人防御性的反应是朝那些方面迈出的步子更小了。邻里融合激起了白人的逃离。黑人进入公立学校导致私人学校数量的扩张。当黑人发起运动要获取部分的政治分肥,他们就被指控挑起对白人的逆向歧视。只有最温和的黑人政治家才能留住白人的选票。从全国来看,黑人的这些需要几乎是在撕裂让民主党成为全国统治性政党的新政同盟。

从地方上看,少数族裔的集团政治并没有像传统的种族政治一样,成为多元主义的政治。黑人自己把再分配的要求作为他们主张的集团承认的一部分,而白人则把黑人最温和的分配需要看成具有再分配性质的需要。对黑人有利的都被感觉到是在损害白人的利益——事实就是这样。社区机构的表面融合被白人理解为种族间关系变化总体过程的第一步,在一个自我实现的预言当中,白人停止了对社区资源的利用。[24]结果,少数族裔集团的需要通常属于再分配性质,因此在地方官员的能力所能给予的东西之外。

这样,美国黑人赢得的最大胜利是在全国政治领域。首先也是最重要的是1964年的《民权法案》以及在1965年拆毁了制度性的隔离、拒绝给予南方生活方式特有的政治关照。但是,联邦政府代表美国黑人所做的努力并没有局限于老南方联盟范围内社会关系的重建。伟大社会计划包含了医疗保险和医疗援助、综合健康中心、食品券计划、对教育弱势群体的援助、社区行动计划、人力培训和就业政策以及扩大的社会保障计划,这些都是在全国范围内对经济、社会的机会和资源的重新分配。它们的通过是与全国政治的改革魄力一起产生的,这个魄力大部分应归功于民权运动。尽管这当中的许多计划在地方层次的执行过程中遇到了很大的障碍,但无可置疑的是,国家的政策制定机构对于黑人在20世纪60年代积聚的力量是敏感的。

地方官员也对黑人的需要作出了回应,但是方式很不一样。虽然他们不愿意执行范围广泛的反隔离计划或者其他的再分配计划,黑人的分配需要还是能够更加方便地得到满足。街道和学校被以著名的黑人英雄的名字重新命名。在许多城市,Martin Luther King的生日现在成为公共节日。今天,黑人和其他少数族裔的代表经常被任命为各类公共董事会和委员会的成员,几乎同他们人口总数的比例相当。

地方政府对少数族裔集团在公共就业方面的需要作出了最大程度的回应。在民权运动赋予黑人新的权力之前，根深蒂固的种族歧视排斥他们获得公共工作岗位的公平份额。甚至在纽约和芝加哥——黑人在历史上被提供了最大的政治参与机会的地方，Harlem 和 South Side 这两个政治机器所能够提供的政治分肥，不过是低级的服务岗位。[25] 20 世纪 60 年代，地方政府在各个层次上持续招聘人员的压力迅速增强。在联邦基金允许地方管理的项目快速增加时，招募少数族裔到新岗位的特殊努力便着手进行。社区行动计划、模范城市计划、人力和培训计划以及社区健康中心等，配备的人员主要是具有少数种族背景的人。同时，肯定性行动计划由保守的政府机构来承担。虽然官僚对于少数族裔任命的抵制相当强烈，政府领袖们还是逐渐地引入了新的作法，很少带有明显的种族偏见。[26]

作为这些改革的成果，公共部门已经对黑人开放了。David Greenstone 和我比较了地方政府岗位上的黑人就业情况和美国经济作为一个整体黑人的就业情况。[27]我们计算了一个反映黑人代表性的指数，在某一特定的职业阶层当中，如果地方政府雇用的黑人的百分比与那个职业一般情况下雇用黑人的百分比相同，那么代表性指数取值为 1.0。指数值大于 1.0 表示黑人代表性过度，指数值小于 1.0 表示黑人代表性不足。我们发现，在 1970 年，黑人在地方公共部门中一般是被过度代表了；所有职业的指数值为 1.2。我们还发现，过度代表性指数的值增加，职业类别的声望会更高。在服务岗位上，地方政府的黑人代表性不足，但是在专业岗位和技术岗位上，黑人的代表性过度，指数值达到了 1.7，在管理岗位和行政岗位上的数值为 2.5。在所有的可能性当中，黑人在公共部门的过度代表性至少可以部分地归因于直接的政治压力。Browning、Marshall 和 Tabb 对加利福尼亚 10 个城市的一项对比研究提示，随着黑人合并到地方政治的过程当中，与成年人口中黑人成员的数量相比，市政厅中雇用黑人的比例显著提高。[28]另外，对印第安纳州加里市政治的一项分析声称，成功的黑人市长 Richard Hatcher，

“用一架黑人政治机器，取代了白人政治机器”[29]。

“为什么职业招聘……特别容易吸引少数族裔集团的注意？”Frank Thompson 在他对奥克兰就业政治的研究中问道。他回答说：“这是他们的努力最能够奏效的领域。”他继续说，少数族裔羞于再分配的政策建议，因为他们觉得“城市没有什么钱，比其他层级的政府控制的社会服务更少”。他们对肯定性行动的需要“相比之下更不会激起强烈的反对”[30]。不管少数族裔就业的变化，像 Thompson 所认为的，是由于在这个领域特别大的压力，还是由于政府官员在这方面表现出来的更高的回应性，或者是两者俱全，种族政治在分配领域和再分配领域似乎有不同的结果。

政府机构对黑人就业需求的回应，实际上大大削弱了美国种族冲突的锋芒。黑人中间出现了一种趋势，从融合主义者的民权修辞，转向对肯定性行动和社区参与提出黑人的权力要求。[31]受到这种趋势的支持，城市政治领袖发现在就业问题上的回应是一种非常有用的机制，可以借此将黑人合并到地方政治的过程中，而不用为范围广泛的再分配去牺牲地方经济。

城市政府雇员

近年来，就业政治已经成为地方政府一个更加直接的中心议题。随着许多城市里政治机器权力的过时，随着老的种族对抗在一定程度上的衰退，也随着有色的少数族裔不断在政治上合并到地方政治当中，就业政治采取了一种更加可见的形式。城市政府雇员常常已经成为地方政治的积极参与者。与社区中的其他人群相比，地方政府的雇员更加直接地受到了地方公职人员决策的影响。他们的薪水、工作条件、职责甚至他们岗位的存在，都依赖于选任官员的决策。基于这些原因，公共部门的雇员比那些在私人部门工作的人更容易介入到政治当中。[32]

公务员对政治的更多参与，在全国性的舞台上似乎没有什么影响。

除了居住在华盛顿特区周围地区的那些人以及很久以前对邮政雇员福利的关心，国会议员和总统似乎都没有意识到，对联邦公务人员的需求给予特别的照顾，可以收获更多的政治红利。在全国政治中，长期存在的党派分野、广泛的议题和候选人个人的人气支配了选举的产出。很显然，政治分肥在全国政治中是一个如此微小的因素，在对于全国投票行为的主要研究里，没有一个发现政府雇员参与的特定比例或者政府雇员的党派倾向值得一提。[33]

在地方上，公共雇员看来具有相当大的政治影响力。一者，选民的投票率很低，因此数量不多的公共雇员就能够发挥明显的政治效应。这方面的案例不多，“能见度低”的学校董事会选举和教育债券方面的投票似乎属于此类。[34]在公共雇员这个劳动密集型的公共服务领域，有可能在地方选举中投票的雇员数量非常庞大。如果没有分裂性的政治运动，公共雇员及他们的家属就能够主导选举的结果。例如，为学校监管人所熟知的是，任何教育债券方面的公投运动应该静悄悄地加以引导，将注意力集中在那些对学校体制的财政健康最感兴趣的人身上。公投失败的可能性随着投票率的上升而逐渐提高。[35]最近，纽约市建立了一种邻里学校董事会的体制，它的成员逐次逐地由选举产生，不同于定期安排的选举。最初一次选举的投票率只有14%，教师工会决定性地影响了许多次选举的结果。[36]

典型的市政选举的投票率位于全国性选举(有60%的投票率)和最低能见度选举之间，后者投票率可能低至成年人口的5%。在选举参与度的中间范围里，公共雇员可能不会主导选举结果，但是如果他们安排了一次有组织的竞选运动，政治家们就会得到劝告说，要认真对待他们。其实，Lowi认为在纽约市，公共机构的雇员是“新的机器”，他们提供资金、选举日的游行以及据有人估算的20%的选票。[37]基于这种权力，“多数大城市的官僚”确保了“在(Wagner)政府内层核心的政治代表性”[38]。虽然城市政府雇员的选举影响没有以应有的精确性被记录下来，但在别的作者那里，几乎是顺带地提到了这个规律性，让公共雇员这一势力在地方选举中找到了感觉。Williams 和 Adrian 发现，在他们研究的四个城市中，有一个城市“最有权力的政治势力是城市雇员工会”[39]。Wolfinger 报道，在纽黑文，警察工会和消防员工会拥有“高度政治化的成员”，他们“谈判的时机”看上去与地方选举紧密地联系在一起。[40]在洛杉矶，“全市雇员协会的成员是一种占据优势的力量。他们训练有素，十分均匀地分布在各个选区，积极对他们领导的指示作出回应”[41]。有一个因素，使旧金山宪章改革的通过严重地复杂化，那就是“在市政厅工作的那些人拥有的权力”[42]。

在过去的 10 年里，市政工作人员传统的选举影响力因为一种新的能力得以增强，这种新能力就是与地方政府集体谈判的能力。[43]当公共部门的工团主义在 1961 年 Kennedy 总统时期得以合法化时，劳联产联就着手把地方政府中的白领雇员组织起来。各州法律禁止城市政府雇员罢工以及开展其他工会活动的作法，不再能够有效地阻止公共服务部门的雇员使用他们的杀手锏。全国上下，地方政府受到了一系列市政罢工的打击。根据 Levi 的报道，停工事件由 1958 年的 14 起上升到 1970 年的 386 起，参加罢工的工人数量从 1 690 人增加至 168 900 人。[44]

地方政治中公共雇员综合的经济与政治实力，一度看起来要将就业议题从分配领域中排除。工人的需要变得如此全面，工人的权力达到了这样一个前所未有的高度，致使一些最大的城市达成的解决方案只有以高度累退的地方税才能为其提供财政支持。在早期有关城市财政危机的论文里，Piven 认为公共雇员钻了城市政治领导虚弱的空子，因而才赢得了地方政府在经济上的让步，这些让步是地方政府无法做到的。[45]受到她的论文影响，大量的马克思主义者开始谈论“州的财政危机”，感到地方政府的财政压力将会缓解劳资间的冲突。[46]而且，当我发现芝加哥教师工会通过成功的谈判，争取到比其他地方同类情况下的教师多出 15%到 20%的工资时，我就想，当城市的领导人面对“由未收集的垃圾、没有巡逻的街道或者未开门的学校所引起的眼前危机”时，他们能否阻止“一场长远的破产危机”[47]。

从一定程度上更加长远的视角来看，我的第一个念头就是公共雇员取得的这些进展不过是暂时的现象，不足为虑。这个想法也许更加准确。公共雇员当前获得的让步，似乎是“统治者在转型期适应集体谈判技巧时所犯的错误”[48]而导致的反常现象。对集体谈判的成效所进行的研究表明，“有集体谈判存在的地方产生了比没有谈判的社区更高的工资率，但是在大多数情况下，差距不大”[49]。在最近对61个城市的研究中，Clark和Ferguson发现，在有组织的公共雇员力量所占百分比与雇员的薪水之间，存在着适度的关联，但是他们还发现，在有组织的雇员百分比与公共服务的成本之间则没有关联。无论薪水和组织存在之间存在着什么样的正向关联，都会被有组织雇员的比例与付给每一个政府雇员的工钱之间的反向关联所抵消。“在雇员被组织起来的城市……给付的工资越多但雇用工人的人数越少……城市政府雇员有足够的力量来增加给他们的报酬，但却不会提升政府的总体支出。”[50]即使是在纽约市，财政危机好像已经归咎于长期因素的影响，而不是因为在20世纪60年代末期令人称颂的工会效能(参见第10章)。

城市政府雇员仍然对地方政治具有影响力。与联邦雇员相比，地方工人在政治与经济的综合影响方面，拥有着一种非同寻常的强大权力。但权力的行使大多集中在分配部门内部的问题上：聘用和提拔产生的期限、影响工作条件的特定因素以及长期工作的稳定性。在这类事情上所能作出的让步不会严重损害城市的经济。只要年薪、工资、养老金以及额外的福利只超过市场价格一点点，城市就会容忍它们的雇员拥有不危及城市长期经济利益的特殊政治权力。

结论

分配的政治没有终结。它正在延续、蓬勃发展，是具有潜在爆炸性的政治领域，会燃起选战，常常让决策者受到紧绷的政治气候的约束。由于无论多少地方争论都可以列入分配领域的范畴，我在这里能够提供的就只有一个浓缩、简化的概览。我强调的是就业议题，这个议题一直是机器—改革冲突、种族政治和少数族裔政治的中心。另外，近年来城市政府雇员也已经成为地方政策制定中有权力的直接参与者。在所有这些方面，就业议题在地方政治中发挥了比在全国政治中更大的政治作用，就因为地方政治强调了——也许是夸大了——分配问题的重要性。

就业和其他分配议题的重要性突出了地方政治行动受约束的特性。发展议题受到全体一致原则的控制，再分配议题很少是地方能够解决的事情，而地方政治关注的则是对于全国政治来说很小且不重要的事情。在没有别的事情可以讨论的时候，谁得到了什么样的工作、现在流行什么样的工作条件这样的问题，就能闹出很大的动静。由于大多数市民对地方事务的参与甚至比对全国事务的参与更少，因此来自一个特定种族或者在某一特殊的公共官僚机构中工作的规模相对较小的集团，就能够发挥超过其人数规模的政治影响力。它们发挥的这种杠杆效应一般限制在分配议题上，但是对于小规模集团的政治行动来说，这大概是能够产生足够收益的领域。

许多人认为，地方政治是这样一个领域，它充满了谈判、妥协、横向切开的差距以及变幻的政治议题。这个观点并非谬误。相反，这个观点描绘了地方政治关系中最可察觉的特征。但是，城市利益限制了它的行动自由，除非这一点也被人所领会，否则对讨价还价的地方政治的理解自身也是有限的。地方冲突发生在范围相对较窄的全国性的争论领域。即使在这个我们称之为"分配领域"的狭窄区间内，地方政治也采取了一个特殊的形式。因为更大量的公众对地方政治注意很少，所以小集团在这些分配议题上行使的权力就特别强大有效。

【注释】

［1］Banfield 1961 对于在芝加哥政治影响的研究几乎完全聚焦于地区位置的议题。他的研究揭示了在分配领域政治争吵的多样性和复杂性。

［2］"在大多数职业中，主管的级别与工人的智商之间平均的关联系数约为 0.3。雇主与雇

主之间存在着巨大的差异,在许多情况下,关联实际上是负向的。"Jencks 1972, p. 186,另见 Berg 1970。

[3] Summers and Wolfe 1977.

[4] 参见第 1 章的引注。

[5] Holli 1969.

[6] Lowi 1964b.

[7] Counts 1928,另见 Salisbury 1970。

[8] Wirt 1974, p. 131.

[9] Bryce 1910, pp. 654—655.

[10] Reichley 1959; Meyerson and Banfield 1955; Lipsky and Olson 1976.

[11] Wirt 1974, p. 130,此处的观察是关于旧金山的,但似乎具有普遍性。

[12] Shefter 1976.

[13] Wirt 1974, p. 99.

[14] Stephen David 和我在 David and Peterson 1976, pp. 11—18 中,讨论了美国政治中影响机器—改革冲突的其他因素。

[15] Dahl 1961, pp. 34—36.

[16] Wolfinger 1974,第 3 章;Parenti 1967; Glazer and Moynihan 1963。

[17] Wolfinger 1974, p. 36.

[18] 同上。

[19] Lowi 1964b, p. 46.

[20] Clark 1975.

[21] Converse 1966.

[22] Lane 1959, p. 239,一项对于圣路易的研究发现,城市中 77%的德裔社区和 80%的东南欧移民后裔居民,在市政选举中至少投票一次,而据报道,只有 61%的美国"老居民"和 62%的黑人曾经在这样的选举中投过票。Lineberry and Sharkansky 1971, p. 60。

[23] Greenstone and Peterson 1976,第 2 章。

[24] Molotch 1972.

[25] Katznelson 1973.

[26] Thompson 1975, 第 6 章。

[27] Peterson and Greenstone 1977, p. 272.

[28] Browning, Marshall, and Tabb 1978.

[29] 该项研究引自 Caputo 1976, p. 85。

[30] Thompson 1975, pp. 170—171.

[31] Peterson 1979b.

[32] Tingsten 1937,第 3 章;Lipset 1960。

[33] 例如,这个问题既没有在 Campbell et al. 1960 中加以讨论,也未见于 Nie, Verba, and Petrocik 1976。

[34] Ziegler, Jennings, and Peak 1974.

[35] Miner 1963.

[36] La Noue and Smith 1973, pp. 187—195.

[37] Lowi 1976,对雇员选民百分比的估计,见 Long 1972, p. 114。

[38] Lowi 1976, p. 34.

[39] Williams and Adrian 1963, p. 73.

[40] Wolfinger 1974, pp. 380—381.

[41] Banfield and Wilson 1963，p. 215.
[42] Wirt 1974，p. 144.
[43] Levine，Perry，and De Marco 1977.
[44] Levi 1977，p. 155.
[45] Piven 1976.
[46] O'Connor 1973；Levi 1977.
[47] Peterson 1976，p. 255.
[48] 同上。
[49] 引言来自 Levine，Perry，and De Marco 1977，详见 Lipsky and Drotning 1973；Ashenfelter 1971；Ehrenberg 1973；Freund 1974。
[50] Clark and Ferguson(待出)。

再分配的政治

再分配很少是地方政府运行的一个重要方面，因此这个议题大多被排除在地方政治的议程之外。虽然在中心城市给城市所有地区分配类似服务的过程中，会有一些再分配发生，而且即使较富的地方比贫穷的地方更能够承担较高水平的再分配服务(见第 3 章)，甚至在最有利的情况下，对再分配程度存在的明显限制还是能够轻易地发生。由于再分配的政策通常会与城市的经济利益不相一致，拥护者们发现在聚集此种政策的支持力量时存在着困难。既然这些政策在经济上明显不太现实，甚至那些自己在短期内将从再分配中受益的集团，也对这样的政策建议支持甚微。致力于一项如此不太可能成功的事业是不值得的，无论其可能的收益是什么。[1]再分配政策就这样成为了 Matthew Crenson 所称的“非政治”。[2]这是一个议题形成过程只会偶尔发生的政策领域。当再分配议题真的出现了，那些负责保护城市经济利益的人就会创设政治战略，让城市能够避免执行实质性的再分配计划。

再分配政策：商业会拒它们于地方议程之外吗?

地方再分配政治的缺失导致有些分析家得出结论，认为地方的权力精英拒绝将某些议题列入政治议程。[3]经济报复和社会排斥的威胁很有力量，足以阻止被剥夺的贫困集团行使他们表达和组织的权利，甚至在自由民主的国家也是如此。尽管这类压制的事例肯定能够得到辨别，[4]但这不太可能是对地方政治中再分配议题不足的主要解释。相反，正是地方发起的再分配计划的消极经济后果，才塑造了这个政策制定领域。

Crenson 对于空气污染政治的研究，是对地方非决策最令人难忘的经验性分析。即使他研究的议题与我们已经在使用的再分配术语不具有同样的意义，严格的污染控制所产生的不利的经济效应还是给地方的决策者带来了问题，这些问题同那些由低收入者住房计划引起的问题以及其他明显的再分配性质的问题相类似。所以，重要的是考虑空气污染议题是否如 Crenson 仔细观察和相信的，因为工业精英非直接的影响力而难以接近市政议程的中心舞台；或者如我所争辩的，是因为施之于地方决策者的结构性约束而妨碍了对此类政治问题的处置。

Crenson 的研究有两个不同的材料依据：(1)对 20 世纪 50 年代印第安纳州的东芝加哥和加里的政治的比较案例分析；(2)对空气污染作为政治议题的构成要素的分析，分析样本包括 51 个美国城市，人口规模从 5 万到 7.5 万。材料用标准的调查研究技术加以收集。在这两套材料中，Crenson 都找到了依据，让他得出结论，认为工业精英促使将空气污染拒之于市政议程之外。

在他的比较案例研究中，Crenson 展现出了围绕空气污染的冲突在东芝加哥比在加里更容易出现；结果，东芝加哥在 1957 年通过了一项空气污染法令，而加里对这样一项法律未予考虑。在 Crenson 看来，两个城市之间的差异是由于以下几个因素的作用：(1)在东芝加哥有公共听证会供市民们发泄他们对于市政服务的不满；(2)东芝加哥有更具竞争性的政党政治；(3)东芝加哥有大量的制造业工厂，相比之下，加里是一个由美国钢铁公司的商业活动所主导的城镇。从普遍意义上说，他认为在没有什么政治和经济多样性的城市里，有权势的工业利益集团能够把像空气污染这样的议题阻挡在地方政治的议程之外。他对来自 51 个样本城市材料的分析得出了同样的结论。在空气污染水平高的城市，污染作为一个议题的出现，与工业界的政治影响呈现出反向的关联。污染少的城市，工业势力不会妨碍议题注入地方政治当中，但是会防止市民的充分讨论。总之，“污染者行使政治权力，减小污染议题存在和扩大的前景”[5]。

虽然 Crenson 的案例研究和对调查材料的分析在许多方面令人印象深刻，但 Crenson 报告的关键发现很难与他自己的结论相符合。举一个例子，Crenson 对调查数据的回归分析为他的主要观点所提供的仅仅是最没有说服力的证据。当空气污染成为议题的程度与社区中的工业影响力水平相关的时候，这种关系并没有呈现出统计学上的显著性。无论报纸、商会、劳工议会或者地方政党，是否在空气污染议题上表明立场，都与工业界的权力没有任何实质的关系，这与调查对象的感觉是一样的。Crenson 自己都说，“大多数的关系很微弱”[6]。只有在 Crenson 把他的样本区分为高污染城市和低污染城市的情况下，他才发现了一些关系的存在，这种关系被解释为某种工业影响力存在的标志。然而，即使存在这些关系（表 9.1 所示），它们仍然不太明显且飘忽不定。对此，最合情理的解释似乎是，工业影响力对于污染能否成为一个议题没有产生稳定的作用。

表 9.1　工业的影响和空气污染的议题性：对空气悬浮颗粒水平的控制

工业对空气污染的影响	议题性的范围			
	报　纸	商　会	劳工议会	政　党
高污染城市	−0.34 (18)	−0.23 (18)	0.07 (18)	0.03 (17)
低污染城市	0.05 (27)	0.30 (28)	−0.24 (26)	−0.36 (28)

资料来源：Crenson 1971，p. 117.

同样，人们被 Crenson 对他案例研究的解释弄糊涂了。在分析的部分，作者通篇都在强调与加里相比，东芝加哥工业精英的相对弱小。但在他的后记中，Crenson 仍然写道，东芝加哥的法律是以如下方式得以实施的:“在检查员和地方商人之间的一份非正式协议排除了污染的标准……所有机器设备的安装都是在污浊空气法令制定之前进行的。”[7]虽然该法令看起来暂时对污染水平的控制有一些正面作用,但在1962年,污染水平的这个“下行趋势……还是被反转了”。有意义的是,“反转的转折点与东芝加哥一家钢铁厂采用一项新的炼钢技术的时间相一致,该项技术产生了相对较重的粉尘排放”[8]。换言之,无论对东芝加哥已有的还是新的设备来说,法令的应用都是无效的。总而言之,没有迹象表明,东芝加哥对空气污染问题的处理最终比加里更为成功。

像空气污染控制这样的政策,对地方经济会有不利的作用,不会轻而易举地成为地方议题。即使在污染控制确实成为地方公共政策的时候,也很难在不损害社区经济福利的情况下得到有效执行。对工厂排出的污染物进行认真规制的地方政府,必定对工厂征收成本费用,而那些在没有什么规制的地方运营的竞争者则不用负担这些费用。在同等条件下,受到更多规制的公司将在市场竞争中遭受损害。这个公司迟早会被迫迁到他处,或者被迫交出原先的市场份额。公司的经济衰退或者完全撤离,将使社区承受不断增加的失业、财产价值的下跌以及地方政府财政收入的减少。在空气质量方面的任何潜在所得都伴之以可观的经济成本。甚至厌恶被污染环境的那些人似乎都可以理解,是有效规制的成本阻止了地方官员的行动。于是,他们往往把关注的焦点放在上级政府的活动上,上级政府的政策会公平地应用于行业中的所有公司。

由于地方政府解决像空气污染控制这样的问题存在着困难,因此Crenson强调这个问题成为主要地方议题是存在困难的是对的。考虑到工业界承担了污染控制成本,人们就很想从工业界的政治权力上解释污染控制的不足。而如果那种权力在地方政治活动中没有得到公开的表达,人们就可能受到进一步的诱惑,去强调工业界对地方议程设置的非直接影响力的分量。但是,对地方空气污染控制的限制,似乎可以从对地方政策更一般的限制中得到更好的解释,这些一般性的限制来自束缚地方政府的结构性约束。毫不奇怪，只有在州和联邦政府官员共同工作以制定全国性标准的情况下，空气污染控制才成为美国公共政策一个不可或缺的特征。Crenson 自己观察到，“污染政策制定的政治重心已经平稳上移到联邦系统之内……联邦政府已经在减轻污染方面承担了新的责任……因为……低层次的政府自己通常无法采取行动”[9]。

并非地方工业界独特的政治权力阻止了污染控制成为地方议题。很少有地方背景中的重要行为者热心将污染当成一个主要的关切点。由于空气污染控制会给地方工业（如此便给地方经济）带来明显的经济成本，从整体上考虑，甚至污染控制最可能的支持者通常都不会积极地参与此事。就像我们要看到的，人们预料在大面积的再分配议题中出现的政治上的被动状态，将由工人阶级的组织和政治家引发。

工会

工会可能是在大城市政治中提出再分配政策的最有权势的一套组织。至少自第二次世界大战以来，工会在工人阶级人口占据绝对优势的大工业城市中，掌握了拥有很大权力的职位。甚至在美国，工会政治化程度小于欧洲的地方，市长们定期向工会领袖咨询已经成为治理城市的一个日常组成部分。[10]工会在大多数地方理事会和委员会中有代理人；许多地方议会成员和其他资浅的选任官员都要靠工会资助他们的竞选；最近发现他们有能力进行罢工的市政雇员工会能够远离正常的政治程序之外，通过实施劳工行动而使一座城市瘫痪。在许多对工会运动具有重要性的议题上，大城市的政治家行动快速而敏捷。

工会在为他们的工人阶级选民争取再分配政策上也有一种强大而明示的利益。尽管很多东西包含了工会领袖们所谓的保守主义成分，福利国家还是难以摆脱工会权力去构想什么政策。[11]即使在美国，工会化产生得晚，工会也不是像欧洲那样好战的社会主义者，它仍然同民主党构成了联盟；在那个联盟里面，工会运动在福利、住房、健康和教育计划方面已经取得了相当大的成功。[12]

工会对再分配目标的追求在国家层面上最为有力。在大城市政治里，工会的要求对许多观察家来说令人称奇地狭隘而自利。工会强烈要求城市法令规定在地方建筑物的建设和维修当中使用工会工人。他们已经成功取得了对进入熟练劳动力就业岗位的控制，进而让工会成员在专业化的服务方面获得更高的工资。工会已能够为公共部门中组成工会的雇员赢得大概可以同私人部门比肩的工资和福利。但是，地方工会既没有通过立法机构为未加入工会的工人规定较高的最低工资，工会也没有在地方层次上积极开展活动，为福利受益人、低收入者的住房问题、给穷人扩展的医疗服务，或者为特别针对贫困者的福利计划争取更大的好处。[13]正如 Banfield 和 Wilson 所言："地方领导人普遍比国家领导人更少意识形态的色彩。"[14]

在一项对工会政治的综合分析里，Greenstone 从国家和三个大城市这两个层次对国家与地方的差异进行了详细的论述。Greenstone 于多元主义者在分配政治上的兴趣与对再分配议题的福利国家导向之间进行了区分，他注意到：

> 组织化的劳工在地方选举中的参与……反映了多元主义者对特定工会组织利益的关心。（洛杉矶）工会在 1961 年支持一位在任的保守市长，1965 年则对一位自由派候选人缺乏热情。然而，还是这些工会，在为州，特别是全国性的职位展开的党派竞选运动中，追求的是福利国家的目标，代表了相对自由的民主党候选人的利益。同样……在底特律和芝加哥，工会在全国性选举和地方选举中行为的差异也清晰可见……从更一般的情况来看，在地方政治中，大多数劳工的努力保住了相对多元的非工厂工会的独占地位……但如我们所见，大量具有意识形态色彩的产业工会则在全国政治中投入了他们的大多数资源。[15]

对地方工会独特的保守主义的一个解释是他们小规模的选民。McConnell从普遍的意义上观察到，如果选民规模小而同质化，“它最可能寻求的目标将会狭隘、特殊、具体以及通常具有物质上的属性。如果选民规模大而异质化，它的目标将会宏大、普遍以及时而含糊不定”[16]。从这个角度出发，工会在地方层次上非再分配性质的导向可归因于地方劳工运动中规模小、同质化的选民。Greenstone自己对工会政治中国家与地方差异的解释是这样的：

> 同质性的选民在地方上非常普通，与全国政治正好相反。就它所包含的公民的数量和利益的种类来说，联邦政体远比州和地方更加多样……在地方政治中，需要满足的利益需求比在全国政治中更少，从个人利益出发作出特定安排的可能性……增加了。[17]

一个补充的解释是，范围广泛的再分配政策建议不适合由地方政府讨论处理。例如，如果城市范围内的最低工资通过了，它将会驱使工商业迁往城市边界之外。如果质量好、有补贴的住房用地方资金修建，不仅必定耗尽地方税金，还会对别的地方的低收入家庭产生很大的吸引力。其他再分配政策具有类似的结果。因此，工会把注意力集中转向从地方政府获得那些只限于自己会员的特殊利益。这些利益的再分配效应得到了充分的限制，对经济产生的不利影响非常小。

工会极力主张范围有限的分配性质的收益。他们也热情参与发展的政治。至少有一些工会领袖参与起草了社区的经济扩张计划。对迁入社区的工商企业的补贴得到了支持，因为它们将增加就业机会。由于对社区福利政治家式的贡献，工会领袖们在地方社区的制度化的谈判过程中，赢得了受人尊敬的地位。在一个对相互尊重和相互关心具有共识的世界里，与其最为相关的特定利益受到了保护。在全国政治里产生阶级冲突的再分配要求，在地方政治中几无立足之地。显然，城市行动的极限通常有利于地方工会领袖。在地方和谐与善意的氛围中，工团主义者在社区中赢得了受人尊敬的地位，而毋需牺牲工人合理的要求。

工人阶级政党组织

严重依赖工人阶级投票的政治组织也可能是再分配政策的拥护者。特别是在工人阶级构成人口绝大多数的中心城市，这些政党也许感到不得不追求解决城市问题的再分配渠道，只是为了保持工人阶级的支持。这些政党派代表去了全国立法机关，自己肯定站在了大多数全国性政治议题再分配的一边。甚至在美国，民主、共和两党在再分配议题上的显著区别，自从新政以后就被相当清楚地描绘出来了。而且，民主党内最支持再分配政策的那批人，就是那些代表城市地区的人。

在地方层面上，再分配的这个导向很不明显。在全国政治中支持全国健康保险计划的民主党人不愿意将公共健康服务扩展至城市里的低收入群体。投票赞成提高全国最低工资的民主党人反对为地方公共雇员增加工资。支持对经济上贫困的儿童提供国家财政援助的民主党人也容忍了这些援助资金改变方向，转向社区内的中产阶级儿童。显然，对美国州与地方公共政策的系统研究发现，党派政治的差异很少有政策上的结果。[18]一旦考虑到了社会经济因素，政党间的权力平衡就只具有一定的政策结果。在一项对公共政策构成要素的研究文献进行的全面评论中，Fried 发现了"政党影响的缺乏，可能打乱从'责任政党政府'角度出发的城市民主模型"[19]。

对地方政策输出缺乏清晰的政党影响没有阻挡地方竞选偶尔满足工人和穷人的需要。出于意识形态的信念或者政治上的需要，候选人习惯性地寻求社区中贫困弱势群体的认同。但是在这么做的时候，他们常常会挑选没有消极经济后果的那些政策。有多种对策可供选择。候选人可以主张带来经济增长进而为工人带来更多就业机会的政策。假如他们主张再分配政策，如更好的住房或者福利待遇的改善，他们就会推荐可以从更上一级的政府得到财政资助的政策。有时，自由派候选人也许会提议由地方资助的扶贫项目，但是，无论多么受欢迎，这些都是不太贵的项目，比如年轻人的娱乐项目，或者为老年人提供的在避峰时间内的低成本公共交通费用。

即使是一些只有象征性价值的再分配计划，都可能不太被地方官员所支持。威斯康星州在20世纪60年代末期的无歧视住房立法是一个恰当的案例。[20]建议的立法禁止了住房市场上的种族歧视。但是，立法仅有象征性的意义，既因为如法院所解释的联邦宪法已经禁止了这样的歧视，也因为要在任何特定的案例中确认歧视的事实非常困难。在州和地方层次通过这种法律，既没必要也没有用。Henry Maier是密尔沃基带有自由派印记的市长，既受人喜爱又能干，他也不能给予无歧视住房政策以全力的支持。当在普遍的基础上为威斯康星全州提出该立法建议时，他强烈地赞成这个具有象征性意义的民权改革；但反对仅适用于密尔沃基市的任何地方法令。他声称，没有涵盖周围郊区的配套法律，一项地方法令的通过只会加速白人从中心城市的逃离。

抗议集团

虽然地方再分配政策很少由工会或者大城市的政治家们所建议，而且极少利益集团会为再分配提出重大的计划，一种新型的抗议集团却在20世纪60年代的民权运动和越南战争的刺激下，在美国如雨后春笋般涌现出来。这些集团是地方政治博弈中新的参与者，其产生由公民参与的浪潮所导致，通常得到了对地方政策的经济极限没有什么了解的联邦机构和全国性基金的补助。分析这些集团的骚动具有以下几方面的启示：(1)这些集团的要求同传统地方政治模式的分野，恰好澄清了非再分配性质的地方议题的典型性如何；(2)地方体制对这些要求作出回应的过程，展示了地方体制具备的应对得以强力表达的再分配要求的能力；(3)这些集团在地方政治中的衰落揭示了地方舞台上再分配政治的脆弱性。

Michael Lipsky 对 1964 年哈莱姆拒付房租事件的研究，属于抗议政治的开创性分析，他描述事件的方法值得检验，它展露了城市政治的极限。[21]首先，纽约市的抗租要求涉及大规模的再分配。他们要求为纽约穷困的少数族裔居民进行全面的住房再建，或者对现存住房进行修缮，仅此而已。这一要求能够通过下列方式实现：(1)坚持要求私人房东将低收入居民的住房维持在符合城市建筑法规的标准上；(2)将私人地主手中的物业转由公共承担，或者动用公共资金使物业达标；(3)为低收入居民新建足够的住房。为了追求这些政策中的一项或多项目标，发生了集体拒付房东房租的事件，直到违反建筑法规的现象被纠正为止。为取得拒付的成效，针对住在未能达到纽约市建筑法规标准住房里的成千上万名穷人，事件领导者发起了一场旨在让这些穷人知晓的宣传运动。

其次，就拒付者追求的再分配目标来看，拒付房租运动相当成功。抗议运动的领袖 Jesse Grey 争取到了数百名参与者加入到他的拒付运动中来——比通常在地方政治争论中动员的积极分子的数量要多得多。他获得了大学生和外来志愿者的援助，他们为运动贡献了他们的技能，弥补了运动中游说者、打字员和小册子作者的不足。另外，报纸挖掘出具有新闻价值的主题，从而给予拒付房租运动免费的宣传，比给予日后行动主义集团的要多得多。而且，政府中也有许多人承认拒付房租者申诉的合法性。纽约在一位自由派市长 Robert Wagner 的治下，他的很多顾问和部门官员对拒付者的需求和目标持同情的态度。Grey 也从政策制定所处的高度政治化的背景中受益良多。彼时，Wagner 政府的任期行将结束，许多候选人正在为即将到来的、John Lindsay 一举获胜的选举寻求议题、支持者和自由派标识。由于贫困的少许族裔群体数量庞大，他们的要求决不可小视。简言之，你很难想象出一个较适于再分配集团的地方政治环境。

但是，即使有所有这些政治上有利的因素，也没有结出很实在的果实。对抗议者要求的充分回应绝不在纽约市政府的能力范围之内。举一个例子,它不能强制执行建筑法规。从某个层面上看,这是建筑检查员数量不足的结果,也是建筑部门组织化规程的一个结果,建筑部门没有把检查员集中于有最大需求的领域。从另一个层面看,组织化的因素本身也受到了现实条件的约束,即城市建筑法规真正的强制执行将陷纽约大多数供低收入者居住的住房于破产托管的境地。将建筑物标准维持在法律规定的水平,将使许多房东承担逐渐上升的费用,远远多于他们收回的房租。而且,由于在低收入地区的建筑物的资产价值即使有的话也是非常低微的,因此房东可能会通过拒绝交纳财产税的办法,而将对财产的控制权交给城市。许多这样的财产通过这种渠道已经实现了"国家化"。

城市接收贫民窟的财产也有其自身的难处。为了避免仅仅以一个剥削的房东取代另一个,城市将不得不维修和改造住房,而低收入居民能够承担的房租不足以支付改造的费用。如果城市选择对住房进行补贴,那么地方纳税人的负担可能会变成天文数字。有一个可选的途径,就是拆除出租房,建造现代的低成本住房代替之,但这个途径如果由地方资金出钱实施,在财政上也是不可行的。由于联邦资金有限,可能做不了什么事情来满足拒付房租者范围广泛的要求。

在这种情况下,地方政治领袖的任务就是管理冲突。拒付者的要求不能立即被回绝,他们的抗议不能通过惩罚性的行动给予压制,除非抗议者严重干扰了公共秩序。在 20 世纪 60 年代初期,贫困的少数族裔甚至城市具有自由派思想的中产阶级居民,对这些再分配要求都表示同情。彻底的压制可能只会挑起广泛而更为恶性的政治骚乱。在另一方面,抗议者的要求也不能以任何真正有意义的方式加以满足。那样做会破坏城市的经济活力。在这些情况下,政治象征具有极端重要的价值。

纽约市政府使用了范围广泛的政治象征,所有这些象征都显示出对抗议作出回应的迹象——但同时没有明显的再分配要求。引起恐慌的事件会得到特殊的处理。这些事件，特别是危及全体公众的事件，为新闻媒体提供了戏剧化的素材，政府某种程度的反应是必要的。例如，联邦资金资助建设的紧急供热项目被用来给那些在严寒的冬季缺乏暖气的房客。联邦资助的灭鼠项目的创设是对年幼儿童被啮齿动物咬伤的新闻报道的回应。为从长计议，一个城市委员会建立起来，以调查负责住房政策的政府部门重组的可能性。在低收入地区规划新的联邦住房项目被热热闹闹地宣布出来。

Lipsky 的详细分析认为，实质上，纽约低收入社区的住房市场并没有什么变化。城市的任何参访者不久就会发现，城市的贫民居住区还在；如果有什么变化，只是它们的边界在这些事件发生后的 15 年中扩大了。然而，抗议运动本身趋于平静。维持对抗议行动的热情参与，可能不超过几个月的时间。Jesse Grey 几乎不可避免地犯了策略上的错误。报纸记者发现他夸大了拒付房租事件的规模。拒付者承认为了取得成效，他们把房租交到法院指定的一个基金，同时他们同房东的争执得以解决。如果缺乏加入拒付事件的经济激励，他们之间的继续合作将很难维持下去。在此期间，公众的注意力转移到了其他议题上。通过对政治象征的操纵，纽约的政治领袖们将主张有力的再分配运动的影响降至最小。

管理冲突

在 Lipsky 和其他抗议政治研究者的研究基础上，有可能明确提出一套可供地方政治领袖使用的技巧，以应对任何时候强力表达出来的再分配要求。这些技巧可以在三个通用标题下加以分组：(1)拖延实质性的回应，进而让有要求的集团泄气；(2)将再分配议题转化为分配性的议题；(3)将经济上的再分配议题转化为政治性的议题。

拖延策略最为便利也最易实施。在开始时，公众领袖对于没有资源给予支持的要求完全未予理会。事实上，是这些要求看起来太没道理，让提出要求的集团变得不合常理，领导人的动机也令人怀疑。别人也会以同样的眼光来看待这些要求，公职人员完全可以照常继续他们的工作。高阶官员不愿意与这群人交往并承认他们有公众的支持，或者听任重大问题的存在。然而，如果该集团聚合了众人的支持或者能够引起大家的注意，抑或设法扰乱了社区必不可少的服务，政府官员则会采用更为复杂的拖延战术。他最终会答应同这帮人当面谈一谈，有时候，这种会谈本身对于平息不满已经足够了。在少数情况下，当局会认识到不满的合法性非常充分，应该缓解这种不满。抱怨的人会有某种程度上的满意，因为不满已经得到了宣泄，或者被告知某位官员已经离职。也许就在那一刻——比如，在市长办公室的尊严氛围下——该集团自己突然认识到它建议要求的不合理。

如果仅仅是政治上的认可还不能平息抗议，政府还有其他拖延的办法。由政府授权或者自行组织的委员会去调查问题是最为常见的策略。既然抗议集团要求对现行政策作出重要的改变，则有必要在作出决定之前进行仔细的斟酌。而且，由于该集团自身的建议似乎太不现实，因此，此事显然必须交由一个在此方面富有经验和专长的集团处理。

这种形式最突出的表现，是针对 20 世纪 60 年代末期的骚乱，在全国和地方层次授权建立的大量委员会。[22]这些委员会的建立仅在黑人组织发起抗议的数年之后。这些委员会得到任命时所处的形势，是潜在的暴力冲突威胁到政治体制的稳定。完全无视黑人社区的关切不再是一个安全的政治策略。相反，应建立具有广泛代表性的特设委员会，调查种族关系问题并提出综合性的解决方案。这些委员会完成任务常常费时数月到两年，一旦任务完成，委员会自身并没有权力去落实它们提出的方案。然而，在此期间，政治领袖可以宣称某些积极的事情正趋于完成，而不用实际去执行经济上的再分配政策。到委员会报告的时候，改革的压力不再那么强大，报告中推荐的最具再分配性质的建议被置于一边。

只有在极端危急的时候，当局才会采用更为阴险的拖延策略。抗议集团有时候能够通过超出法律界限之外的战术，攫取当局认为关键的有形资源。比如，为了给一条主干道让路，有些房子需要拆迁，拆迁房的住户有时候拒绝离开他们被宣布要拆毁的住房。或者，环境行动集团的成员可能把他们自己绑在树上。面对这些情况，政府必须努力去谈判——要装出一副讲道理的样子——而不用牺牲它最终的目标。在这样的案例中，协商的外表下掩盖的是强制性的暴力。在最极端的恐怖主义劫机案里，当局可以用虚假承诺为强制行为争取时间；恐怖主义组织与民意之间的隔绝，为官方虚晃一枪留足了空间。在地方抗议的案例中，当局试图不作出虚假承诺，说服抗议集团进行合作。另一方面，抗议集团与民意间隔绝的程度越高，则越容易采用掩饰与强制相结合的手段。[23]

政治领袖的第二个策略是将再分配议题转化为分配性质的议题。当抗议集团要求在地方层次上进行再分配改革时，政府的领导人就会基于他们作出某些回应可资利用的资源，探索分解这些改革提议的方法。最有用的一个办法是针对主张进行重要改革的集团，满足其非常独特的那些要求，同时对总体的问题少做或者不做回应。例如，在拒付房租的事件中，导致抗议集团拒付行动的那些不满得到了城市政府部门的优先考虑。为了平息动荡，政府努力在最迫切的问题上让有特定不满的集团满意，虽然在全市清除不达标的住房难以得到认真的考虑。

这一技巧很有价值，但有时会起反作用。如果不满又快又容易地得到消除，就会引起其他人提出类似的要求。例如，当纽约两个社区的集团从有关未成年人犯罪的项目中获得社区发展资金时，它们成功刺激了城市其他地区大量有更多类似想法的集团的形成。[24]另外，当特殊福利，比如冬季衣物补贴被给予“社会福利权组织”的时候，所给予的实惠只会鼓励其他福利受益人加入该组织，并提出类似的要求。[25]

为了避免这类困境，政府机构经常发起实验性项目。从表面上看，这项措施被称为“实验”，是因为政府想发现计划在全面推开之前，在一个特定的环境中是否行得通。实际上,有关机构只是缺乏在它全部的管辖范围之内执行该政策的资源,不管这种政策多么有效地解决了所面对的社会问题。但是,通过称该项目为一个“实验”,当局就能够对来自某些特定集团的压力作出回应,而不必承认马上实施一项成本高得多的、同类别的普遍性政策。结果,当局极少通过实验性设计研究的方式,决定政策在处理问题时是否有效。而且,如果存在再分配性质的实验得到推广的情况,也是极少的。[26]

这种分散策略的一种替代形式是辨别出集团的领导人,并给予他们特殊的优待。倘若此法奏效,也并不需要包含赤裸裸的贿赂。相反,集团领导人可被雇用到相关的公共服务岗位,在政策审议时给予其荣誉性的职务,或者邀请其参加在外地举办的会议。虽然这些技巧经常被称为“招安”,但也可以被理解为给他们提供公共政策分析方面的训练。对再分配的需求要作出充分的回应,通过接触这些问题,这些领导人被鼓励将他们的精力投入到思考更加现实的解决方法中去,又不必放弃他们的目标。

另一种有用的分散策略方法是集中关注冰山的顶端。处置问题最为明显的方面可以让有关当局在不牺牲城市重大利益的情况下,对政治压力作出负责任的姿态。对纽约拒付房租这种令人感到害怕的事件的处理,明显是一个恰当的例子。医院的急诊室是另一个可用的例子。尽管医疗服务可能没有均等地加以分配,但是在涉及生死的状态下,每个人都会得到救治。[27]推及一般,地方缓解贫困的计划,虽然很难说是充分的福利援助计划,却也在几十年来减弱了对更加公正的福利分配计划的要求。[28]

拖延和分散是当局在面对它们无法回应的要求时经常使用的技巧。第三种方法不太常用,是把对政府服务的再分配要求转化为对地方权力的再分配要求。以改变城市的治理结构来回应政治抗议,通常只发生在经久不绝的争论之后。因为当权者不愿意分享他们的权位,他们只会在压力之下改革治理的结构。但是,他们自己实施的政治改革不会影响到城市长远福利所依赖的经济生产力。政治变革这样一种最终的手段被用来阻止城市在经济方面的再分配政策。

“向贫困宣战”中的社区行动计划提供了一个例证，以说明政府对弱势少数族裔群体分享政治权力要求的回应。这类要求包括贫困立法、社区居民应该拥有“最大可行性的参与”的机会、成为少数族裔广泛参与各类地方政府计划的决策过程的渠道。[29]这种参与在一定程度上改变了分配政策；少数族裔收到了更大份额的政府服务，他们在为这些改革计划招聘新雇员的过程中得到了特别的优待。但是，即使分配决策受到了这些政治权力变革的影响，地方政府还是很少作出新的再分配性质的许诺。[30]

美国大城市的学校政治提供了另一个指导性事例，说明政治形态是如何改变以适应抗议的。[31]作为民权运动的副产品，中心城市的学校在20世纪60年代末期受到黑人领袖和邻里集团不断升级的审查。学校委员会服从于各种不现实的再分配要求，包括要求种族融合、学校资金的大幅增加、重新配备教师、教育资源的完全平等，甚至补偿性的教育政策，即将附加的资源分配给低收入地区的学校。然而，大多数中心城市的学校委员会没有向这些要求当中最具再分配性质的要求低头，甚至在黑人占据了城市投票人口中很大比例的地方，也是如此。每一项偏离民权要求的策略都被投入使用。抗议集团被忽视了。当一切不再可能时，研究组织和调查委员会被要求撰写报告，这些报告在总结的时候，不是被委员会大幅修改了，就是根本没有被执行。为了对政治压力作出一些让步，委员会设立了实验性计划和试点项目。他们给予社区领袖学校体制内的实职。但是，在有些城市里，这些策略没有一个是充分的，公职人员设计出一项引人注目的政策选项，也就是将学校治理的权限分散到全市的邻里委员会中。在底特律和纽约这两个政治组织的改变得到了最完全执行的城市里，重组政治冲突的基础被证明是成功的。中央委员会不再提出大规模再分配政策的要求，社区集团通过选举地方委员会的成员，重点关注改善他们所在地区的学校。这些地方委员会资源有限,依赖于其他机构的资助,受到上级政府决定的政策的束缚。虽然分配政策得以改变,但实质性地对教育服务的传送进行再分配还是在地方委员会的经济能力之外。

结论

地方层次上的再分配政治是这样一个领域:市民特定种类的需要和偏好很少成为要求;一个要求在表达时得不到很多支持;一个再分配问题即使摆出主要政治议题的架势,也会被各种设计出来的策略预先阻止、拖延以及防止其执行。有人从这些事实当中得出结论,认为一个有权势的精英集团将再分配议题排除在地方政治的议程之外。[32]也就是说,这个精英过于强大,以至于那些喜欢再分配的集团、害怕经济制裁或者社会排斥的集团,都被劝阻让这些再分配议题成为政治议题。但是,以我们的观点看,再分配政治议题的缺乏,很少是因为一个有组织的经济精英的压制。[33]

还有观点称,正是地方治理制度的结构,打消了地方集团酝酿再分配议题的念头,这些制度太结构化,几乎不存在回应再分配要求的希望。依这些看法,称地方政治体制"有偏向"更有说服力。[34]如第7章展示的,经济增长的建议比要求社会再分配的主张更容易进入地方政治的议程。而且,通常在发展建议背后达成的全体共识,似乎可归因于地方政府的结构性特征,这些地方政府被要求从它们自身的资源中获取财政收入,通过私人债券市场的交易去从事金融资本的扩张。这些相同的结构性约束反过来限制了地方政府的再分配计划。

但是,即使美国的地方政治体制有反对再分配议题的偏向,也不能把这个事实归纳为美国政治的总体特征。地方难以做到的是对全国政治中的交易开放。如果再分配不是适合于地方政府的一项职能,那也不意味着从整体上考虑,美国没有能力再分配具有社会价值的东西。市场经济中的国家政治体制受制于国际资本和信用的流动,但是,地方受到这些因素的约束更为严重。国家控制着人口的流动，它们竖起关税之墙，禁止资本流出国境。这样那样的权力使再分配成为全国性政府行动的一个可能的焦点，而它在任何一个国家政治体制当中发生的程度则可开放探讨。那些在地方层次最终可能被拒绝的要求，或者通过象征性的操弄和策略上的花招加以应付的那些要求，有可能在全国政治中得到应有的考虑。

【注释】

[1] Peterson 1975.

[2] Crenson 1971.

[3] Bachrach and Baratz 1962.

[4] Agger, Goldrich, and Swanson 1964，第 11 章。

[5] Crenson 1971, p. 130.

[6] 同上，p. 117。

[7] 同上，p. 55。

[8] 同上。

[9] 同上，p. 10。

[10] Banfield and Wilson 1963，第 19 章；Reichley 1959; Greenstone 1969。

[11] 关于大不列颠，见 Beer 1969。

[12] Greenstone 1969，第 2 章和第 11 章。

[13] 在住房政策方面全国与地方层次的差异，见 Freedman 1969；关于贫困，见 Greenstone and Peterson 1976, pp. 77—78。

[14] Banfield and Wilson 1963, p. 279.

[15] Greenstone 1969, pp. 170—171.

[16] McConnell 1966, p. 345.

[17] Greenstone 1969, p. 170.

[18] Dye 1966; Brazer 1959; Lewis-Beck 1977.

[19] Fried 1975, p. 345.

[20] 这个案例来自 Lipsky and Olson 1976, p. 279。

[21] Lipsky 1970，接下来的段落从这个案例研究中自由抽取，虽然 Lipsky 自己的解释有赖于一个交易框架，在此框架中，房租抗议者被认作一个相对无权的集团。

[22] Lipsky and Olson 1976.

[23] 人们可以从正在出现的对于地方政治的马克思主义研究中，发现对于这类策略的描述。见 Castells 1977; Cockburn 1977。

[24] Greenstone and Peterson 1976, pp. 41—42.

[25] Wilson 1973.

[26] Marris and Rein 1967.

[27] Crawford 1974.

[28] Piven and Cloward 1971.

[29] 这个分析来自 Peterson and Greenstone 1977。

[30] Greenstone and Peterson 1976,第 10 章。

[31] 有关美国的学校政治,参见 La Noue and Smith 1973; Rogers 1968; Peterson 1976; Crain 1968。

[32] Bachrach and Baratz 1962.

[33] Wolfinger 1971.

[34] Schattschneider 1960.

第四篇

改变城市政策的极限

第10章 纽约不同寻常吗?

1975年11月16日,Gerald Ford总统向全国宣布,他将向国会提出新的立法建议,允许联邦政府"为纽约州提供一个临时的授信额度,使它能够为纽约市人民的基本服务提供季节性的财政支持"。他说他正在迈出的这不寻常的一步,是因为"在未来数月,纽约市缺乏足够的资金来维持它的日常用度"。由于该市已经积累了大量的短期债务,"私人信贷市场仍然对其关闭"[1]。换句话说,纽约的财政在实际上已经破产,只有联邦政府的直接干预,才能拯救纽约债权人的投资。

这个令人称奇的结论是长达一年不负责任地对待完全债务违约的结果。对前面的章节所提出的观点,这似乎既是肯定,又是质疑。一方面,纽约发生的事件突出了限制地方公共政策的经济约束。如果这些限制长期被系统性地忽视,对地方政府的影响无异于灾难。另一方面,此事对地方政府领袖守护城市经济利益的能力提出了怀疑。纽约市几近违约的现实似乎在暗示,地方政府归根到底是对城市内部短期的政治势力负责,而罔顾城市政策长期的经济后果。

舆论有关纽约市财政危机的导因在认识上产生了分歧。许多人说,纽约的困境是长期社会经济趋势的结果,这些趋势对城市的财政资源产生了不利的影响。较大社会中的社会和经济变化让纽约市的资源几乎穷尽,无法支持居民所需要的服务。还有人说,财政危机的起因实质上是政治性的。纽约市的财政状况在一个相对短的时期内急剧恶化,恶化的缘由是纽约政治在短期内的明显改变。从某种意义上看,这两种看法都对,每种都抓住了财政危机的一个方面。但两种看法都有局限,因为它们都没有将影响纽约市预算总体规模变化的因素与影响支持预算必要的短期借贷水平的因素区别开来。在以下的分析当中,我们展示了短期政治因素是 20 世纪六七十年代纽约债务上升最好的独特解释;同时,长期因素说明了地方支出的总体增长。

长期的经济因素

对许多人来说,纽约财政危机是由长期的社会经济力量和国家促进郊区增长的政策从外部决定的。据此看法,在人口密度低的地区,草地和空间更为充足,噪音和污染也不厉害,新的通讯和交通方式使个人和公司在这些地区落户成为可能。纽约市的人口外流可以追溯到第一次世界大战,第二次世界大战以来,大都市区内增长最快的地区位于中心城市之外。在此期间,还发生了区域的转移,商业和个人被吸引到气候更加温暖、干燥的区域。最后,过去的 15 年内,小城镇的增长是以牺牲大城市为代价的。随着交通体系的改善以及电话减少了面对面交流的需要,公司发现,距离主要的人口中心远一些所带来的不利影响被低工资水平、低工团化水平和小规模社区里更加可靠的劳动力所抵消。

结果,中产阶级居民和公司从纽约市迁走,让大都市成为一个只对低收入群体具有吸引力的地方。黑人、波多黎各人和其他说西班牙语的人来到纽约,寻找与两三代人以前吸引欧洲移民来此奋斗一样的经济机会。黑人、波多黎各人和其他低收入居民比例的上升是一件好坏参半的事情。在他们持续提供维系纽约庞大的服务行业所需劳动力的同时,伴随低收入群体而来的是犯罪、不卫生的环境和消防隐患,这些同对社会服务的巨大需求一起,使城市产生了大量的成本。

多种公共政策为这些社会经济趋势火上浇油。南部持续的种族歧视以及波多黎各缺乏充分的经济机会,刺激了少数族裔向纽约市的迁移。联邦政府对州际高速公路系统的支持便利了人口、商业和工业在大都市地区的分散化，把小地方同主要的人口中心连接起来。联邦住房管理局和退伍军人管理局喜欢新建的住房，将黑人和种族混居的社区标出“红线”，进一步加剧了中心城市的人口流失。另外，大量的军事和太空复合体落户在“阳光带”，加大了区域间关系变化的比率。

这些变化对纽约财政政策的效应逐渐累积。最后，外部力量对城市经济能力的消极影响变得很强大，致使纽约无力支撑市民需要的市政服务。财政危机于是不可避免。

这种观点正当其道，在纽约应该被最新的市政领导牢牢把握。[2]此外，国会预算办公室人员在一份背景材料中坚持了这些观点，对此进行了深刻的论述。虽然他们在广泛的范围内考虑到了推动财政危机的多种因素，但突出强调的还是长期因素的影响。正是这些长期因素，迫使许多城市“将新一波的农村移民吸收到工业经济当中，而这时，工业所提供的就业机会正将工业运行的基础转移到城市以外”。根据这项研究，“城市税基的增长无法像财政需求的增长那样迅速”，这个现实是“城市无力改变的既复杂又困难”的因素所造成的。[3]

短期的政治因素

在财政危机的这种“社会经济的”观点在纽约市官场流行之际，在全国范围内，它只得到了有限的信任。当联邦政府在对纽约的援助问题上表现得极不情愿时，大家广为相信，政治家们自己在很大程度上对财政困境难辞其咎。[4]这种政治上的解读将危机归咎于 20 世纪 60 年代末期发生的变化，这些变化使公共支出前所未有地增加，城市再无能力承担。这些变化包括城市政府雇员的工团化、少数族裔对地方政府要求的增加、一个野心勃勃的政客 John Lindsay 在经济上的轻率政策以及大量的州与联邦项目施之于地方财政的压力。

由纽约市自己组织的“城市财政临时委员会”在它对财政危机的最

终报告中,大体赞成上述解释。虽然注意到了经济趋势对城市的不利影响,该委员会并不同意纽约市成为它所不能控制的事件的俘虏这一说法。相反,委员会批评城市的政治家们,说他们喜欢"忙于与相当明显的长期需要不一致的政策和实践"。委员会的看法被广为接受,有必要更详细地加以引述:

> 赋税的征收超出了经济的理性,有助于驱离易于流动的企业和个人;债务的发行超出了市场以竞争性费率加以承受的能力,使市场最终完全无法承受;工资和福利的谈判超出了地方政府的能力,使其无法在财政上支撑工资福利的增长,除非削减劳动力、砍掉基本公共服务、恶化纽约市的生活质量。在每一种情况下,城市官员显然是要追求代表短期利益的政策而破坏城市的未来。[5]

尽管这份公开文件并没有特别指出,到底哪些群体和个人应该对将短期利益置于长期需要之上负责,城市学者们还是弥补了这一不足。在早期的一篇对城市财政危机的评论中,Piven 辨识出了一系列自那时起被许多有关研究视为关键的政治因素。"政治不稳定的时代,"她写道,"滋生了新的权利主张和权利人。这是在 20 世纪 60 年代的城市所发生的事情,它发生的时间是在城市政治体制缺乏特别的措施来抑制居民要求的螺旋式上升之际。"[6]在她看来,"正是城市黑人制造了麻烦,是有组织的制造商集团……得到了最大的好处"[7]。比如在纽约市,"工资单上的市政工作岗位在 20 世纪 60 年代扩张到了超过 145 000 个,增长率在市长 John V. Lindsay 离职之后翻了一番"[8]。

Shefter 的著作出现在纽约财政危机的后果全面显现之后。Shefter 发展和延伸了 Piven 的分析:"当前纽约市的财政危机主要是政治危机。它的缘起在于 20 世纪 60 年代城市经历的一系列政治变迁,导致市政支出和负债增长到了一个爆炸性的地步。"[9] Shefter 认为,"20 世纪 50 年代治理该市的政治家们"对财政和预算的约束感觉敏锐,只是因为他们“特别留意城市中有税收意识的中低阶层住房业主的意见”[10]。结果，城市的“支出预算在 1953 年至 1960 年间，平均每年的增长率仅为 6.6%”[11]。然而，“这个政治上的平静……被新出现的三个政治集团打破了……民主党的改革运动、学校融合运动和城市雇员工团化运动”[12]。由于政治家们自己与这些运动结为联盟，旧的机制被破坏了，开创了“预算膨胀的现时代”[13]。

David 和 Kantor 的分析沿着类似的路径发展。他们报告：“从 20 世纪 40 年代末期到 20 世纪 60 年代初期，城市的预算和城市的财源明显保持了稳定。从 1949 财年到 1962 财年，平均每年的支出增长为 6.5%。”[14]正是在这种稳定的环境中运行，“纽约市财政预算委员会推行了从紧控制支出种类的程序”[15]。但是，“在 1963 年之后的 11 年里，城市政治体制的转变引起了对预算参与者预期的重大变化。决定战后体制基础的全体一致被城市少数族裔和公共雇员的政治化所打破”[16]。结果，“是预算规模的空前增长”[17]。

David 和 Kantor、Shefter、Piven 以及“临时委员会”的报告，都强调了 20 世纪 60 年代中后期纽约市在短期内所发生的政治变化。民众暴力、罢工和示威，如果与寻求总统职位的自由派政治家结合在一起，最终就会产生大范围的财政乱象。假如这些政治转变在一个较短的时间跨度内发生，长期的社会与经济趋势的作用肯定必须退居其次。“为了说明市政预算和债务的迅速增长，”Shefter 观察到，“你就一定要解释公务人员为什么会如他们所做的那样，对城市人口和经济基础的变化作出反应。”[18]经济变化只是为纽约的政治家和政治集团发挥领导作用的表现提供一个背景。

长期和短期的因素

虽然对纽约财政危机短期的政治分析和长期的经济分析似乎在许多方面都令人信服，但在许多讨论中还是存在一种倾向，大致地将短期因素等同于政治的,长期因素等同于经济的。事实却是,如表 10.1 所示,这些是两种完全不同的维度。两种主要的经济因素能够影响城市的财政健康。长期因素是影响城市同其他地方和区域之间的竞争地位的那些因素。它们是影响城市出口产品能力的国内经济和国际经济的持续变化。当城市丧失了它的竞争优势,就有可能缓慢而不断地失去维持先前的公共服务水平的能力。影响财政政策的短期经济因素大体上是商业周期中波动的函数。如果国内经济正经历衰退,地方财政收入就有可能少于预期。或者如果国内经济中通货膨胀泛滥,地方成本的增加就有可能比缺乏弹性的地方财源,比如房地产税的增加要快得多。

表 10.1　影响城市财政政策的因素

因素的类型	因素影响政策时间的长短	
	短　期	长　期
政治的	新集团的快速动员 民众暴力 不谨慎的政治领导	影响居民和公司迁移的政策效果 政党/利益集团的代表体制
经济的	经济周期的波动(萧条、通货膨胀)	人口社会构成的长期变化 工商业的迁移

正如经济因素的影响可以是长期的或者短期的,政治因素也是如此。在大多数对于纽约财政危机政治维度的讨论中,短期因素得到了更多的考虑。但是,两种长期的政治因素在解释危机的某些方面时具有更大的重要性:公共政策对地方经济的影响以及对政党和集团代表体制的结构性安排的成效。

这些区别给予纽约财政危机的源头以更加精确的说明。简单地说,我们将说明债务违约的直接原因、城市对短期借贷的严重依赖是短期影响的一个函数,这些短期影响大多在本质上是政治性的。城市运行预算的持续增长,城市不得不求助于短期融资的财政原因跨越的时间段相当长,所以必须归于长期因素。尽管城市官员无法控制的明显的经济趋势是影响城市财政能力的主要因素,但纽约市政治体制的结构性特征也产生了它们自己的成效。

城市负债的增长：短期因素的作用

对短期因素的强调，无论是经济上的还是政治上的，尤其适用于解释纽约市政府预算中短期债务融资的快速增加。虽然法律规定城市每年都要实现平衡预算，实际上在20世纪60年代和20世纪70年代，纽约市就开始严重依赖以前在债券市场上的强势地位，来为它运行的预算提供资金。如表10.2所示，20世纪60年代在长期负债并没有比前十年增长更快的同时，短期负债在20世纪50年代每年只增长4.3%（以不变美元计），在1963年至1967年间，每年增长35.1%，1968年至1972年每年增长27.2%。甚至以不变美元计，纽约市的负债总额从1963年到1975年增长了四倍多。换一种说法，人均负债总额（以不变美元计）从1967年的710美元，增长到1975年的1 021美元，负债总额占城市居民个人收入的百分比从1967年的17.6%，上升到1975年的24.3%。债务融资事实上对于公共服务的供给是如此重要，以至于在1967年至1976年间，平均短期债务被用于支付来自地方财源的城市运行支出的6.4%。由于地方财政收入稳步、一贯地不足以维持地方财政开支，这种类型的预算管理不善在城市接近破产时达到了顶峰。

表10.2 纽约市长期与短期债务的增长（以不变美元计）

时期	长期债务		短期债务	
	期间最后一年的数额（百万美元）	年均增长百分比	期间最后一年的数额（百万美元）	年均增长百分比
1952—1962	4 747.2	1.2	141.3	4.3
1963—1967	5 070.0	1.3	635.0	35.1
1968—1972	5 091.8	0.1	2 115.0	27.2
1973—1975	4 818.2	−1.9	2 816.4	10.0

资料来源：公民预算委员会（1979年）。

地方财政政策如此剧烈的变化对短期解释提出了要求。经济和政治的解释都被提出来了。国会预算办公室的研究强调全国经济的衰退是关键。[19]David 和 Kantor 也注意到“在 1969 年至 1972 年间，城市失去了 25 万个工作岗位，所反映的就业下降不仅在制造业存在，而且在非制造业部门也存在着工作岗位前所未有的丢失”[20]。但是，这些经济变化只在 20 世纪 70 年代十分明显，而债务在 1967 年之前就迅速地上升了。而且，经济衰退影响了所有的地方政府，而不只是纽约市的地方政府。而当纽约与 51 个美国城市的样本进行比较时，仍然可以发现“大苹果”①的人均短期债务是其他城市平均数的 10 倍，或者高出中位数超过 6 个标准偏差。无论正在产生的是通货膨胀的困境、衰退，还是就业水平的下降，这些原因本身都不能解释纽约特定的财政问题。

对于城市不断增加的对债务融资的依赖，作为一种解释，政治分析沿着 Piven、Shefter 以及 David 和 Kantor 开创的路线，似乎相当令人信服。面对少数族裔不断提升的要求以及首次来自组织良好、喜欢罢工的市政工会的挑战，公职人员对于他们要钱的选民的回应达到了地方税收收入所不能支撑的水平。纽约对这些选民的回应甚至比其他城市的更多，因为低收入集团在纽约组织得特别好，工团化取得的进展比在其他城市更快；公职人员，包括 Robert Wagner 和 John Lindsay，在他们寻求更高的公共职位时，都热切地维持着一张自由派的面孔。

人们也不应该不考虑城市里有权力的银行界的特殊重要性。虽然在市政事务当中，银行界精英的权力通常被认为使财政紧缩成为必要，但纽约市的银行家们对政治上流行但财政上有缺陷的政府政策，却展现了罕有的忍耐。20 世纪 60 年代为保证今后大量税收收入的建设高潮、这一时期银行相关的流动性以及纽约债务融资获得的大量收益，都似乎促成了银行在财政上的急功近利。1970 年，第一国民城市银行决定仔细评估纽约长期的金融地位时发现，“由于最近一轮的通货膨胀，

① Big Apple，纽约市的俚称。——译者注

很容易对成本和收入估计不足，这一可能存在的倾向也许过头了”[21]。然而，银行的结论仍然认为，“总之，对未来的展望也许不完全是负面的。有些迹象表明，支出增长的压力得到了适度缓解，通过政府间援助的增加和城市征收税费的增加，城市收入可望继续增长”[22]。这份文件揭示了银行在一定程度上的鸵鸟心态，将投资人的大量金钱托付给纽约的预期税收保证。由于有国内和国际的资源可供利用，银行得以在一定程度上帮助纽约的政府官员，这在美国其他任何城市是被完全禁止的。

运行支出的增长：长期的力量

虽然政治上的解释令人信服地说明了纽约对于短期债务融资不断增强的依赖，但它对于城市预算总体规模变化的解释还不太令人满意。预算的增长在整个战后时期保持了相对的稳定；20 世纪 60 年代和 20 世纪 70 年代增长的百分比的平均数不超过之前的 10 年。依靠地方财政支持的运行成本的影响力量似乎是不变的长期因素，而非 20 世纪 60 年代政治中的奇思异想。

纽约同其他城市的比较

对纽约市运行支出的原始数据的检验，似乎一看就可以证实急剧的短期转变的影响。从表 10.3 中可以看出，运行支出从 1961 年的 22.75 亿美元增长到 1975 年的 116.544 亿美元，年均增长大约 12.4%。当 20 世纪六七十年代预算的急速增长同 20 世纪 50 年代每年增长 6.5%相比较时，人们就会想知道对变化的财政政策的短期解释。

表 10.3 的其他方面似乎也会要求一个政治上的解释。在表中这 15 年间，不仅预算每年增长了 12.4%，而且预算的增加主要集中在再分配的支出上。而每年在发展领域以及在像治安、消防、环境卫生和交

表 10.3　纽约市运行支出年度增长的百分比

政府职能	支出			
	百万美元(当前美元)		年度增长百分比	
	1961	1975	当前美元	不变美元[a]
再分配				
住房	14.7	178.3	19.5	14.5
药瘾服务	……	83.9	……	……
青少年服务	4.7	43.1	17.1	12.1
福利	345.8	3 115.2	17.0	12.0
健康服务	50.4	277.4	13.0	8.2
医院	179.5	726.1	10.5	5.8
人力资源	……	144.5	……	……
小　计	595.1	4 568.5	15.7	10.8
教育				
初级和中等	587.5	2 572.1	11.1	6.4
高等	53.2	537.3	18.0	13.0
小　计	640.7	3 109.4	11.9	7.2
发展与分配				
环境保护	131.5	435.9	8.9	2.8
行为纠正	19.6	109.6	13.1	8.1
养老金(未分配性)	66.9	327.5	12.0	7.3
治安	236.1	928.8	10.3	5.6
交通	108.1	345.0	8.6	4.0
消防	122.0	389.3	8.6	4.0
司法	43.5	135.2	8.4	3.8
图书馆	20.6	59.4	7.9	2.7
公园	45.0	124.7	7.6	3.0
一般政府支出、立法及其他	208.2	516.3	6.7	2.2
供水	45.4	59.4	1.9	2.5
文化				
小　计	964.2	3 450.9	9.5	4.0
债务服务	75.2	525.6	14.9	10.0
总　计	2 275.2	11 654.4	12.4	7.2

注:a 对价格波动的估计来自 United States Department of Commerce 1977，p. 43。
资料来源:Temporary Commission on City Finance 1978，p. 56。

通这样的分配项目中支出的增量，平均只有 9.5%，再分配计划的支出增长 15.7%，教育计划增长 11.9%。城市债务方面的服务成本每年也增长了 14.9%。纽约市的预算不但增长迅速，它的焦点还从传统上很明显属于城市经济利益范围的服务，转向更为直接地面向低收入集团需要的计划。

但是，正如表中材料所提示的，这些经过限定的数字既没有考虑通货膨胀因素，也没有涉及从州和联邦接受的资源。前者，即通货膨胀因素，在地方官员的控制之外；第二个因素源于政府间收入的增加而产生的地方预算的增加，很难说是从不利的方面反映了地方当局的谨慎考虑。如果有这方面的因素存在，那还要祝贺地方官员从上级政府得到了新的资源。

当这两个因素都得到考虑时，城市财政状况的变化则大不一样。在表 10.3 的最后一列，通过报告以不变美元计算的支出增长的百分比，通货膨胀因素被视为持续存在。照这些看法，1961 年到 1975 年期间，纽约市预算的年均增长率不是 12.4%，而是只有 7.2%。在表 10.4 中，第二个因素也得到了检验。预算中只有由地方税收支付的那部分增长被包含在表格的最后两列当中。这一部分的地方财政支出，年均增长率只有 5.4%。换言之，这些年在纽约市预算总规模每年 12.4% 的增长中，大部分属于对地方官员难以问责的两个因素的影响：通货膨胀以及来自州和联邦政府增加的援助。

表 10.4　总预算和税收支出在七个主要服务领域增长的比较

政府职能	预算支出(百万美元)			税收支出(百万美元)		
	1961	1975	年增长率	1961	1975	年增长率
所有支出总额	2 695.4	7 227.5	7.3	2 077.7	4 338.3	5.4
再分配						
福利	394.1	1 931.9	12.0	152.4	476.8	8.5
医院	204.6	450.3	5.8	145.5	244.3	3.8
总计	598.7	2 382.2	10.4	297.9	721.1	6.5

(续表)

政府职能	预算支出(百万美元)			税收支出(百万美元)		
	1961	1975	年增长率	1961	1975	年增长率
教育						
初级和中等	669.5	1 595.1	6.4	435.2	847.7	4.9
高等	60.6	333.2	12.9	24.7	119.2	11.9
总计	729.5	1 928.3	7.2	459.9	966.9	5.5
发展与分配						
治安	269.1	576.0	5.6	248.4	530.4	5.6
消防	139.0	241.4	4.0	122.7	232.2	4.7
环境保护	149.9	220.3	2.8	105.7	199.6	4.6
总计	558.0	1 037.7	4.5	476.8	962.2	5.1

资料来源:Temporary Commission on City Finance 1978, p.57。

在表 10.4 中,人们还可以看到,地方财政支出以或多或少稳定的方式继续在遍及主要类型的城市服务当中得以分配。我们只能在地方政府的七大职能方面获取有关税收支出(tax-levy expenditure)的信息,但至少在这些服务方面没有出现分配模式上的急速变化。虽然对于再分配服务的支出——健康和福利——以每年大约 6.5%的较高水平增长,治安、消防、环境卫生的增长也只是差一点点——每年增长 5.1%,但各地对于少数族裔的要求、自由派改革主张以及总统选举渴望的优先考虑如果有些许转变的话,这些变化也远非巨大,只是对原始统计数字一览的初步提示。

有人认为,20 世纪 60 年代末期的支出模式发生了巨大的变化,一个更加详尽的数据分析对此提出了更大的质疑。从表 10.5 中可以看出,在 O'Dwyer 和 Impellitteri 的任期内,地方性收入的年均增长率为 4.9%。在 Wagner 的前两个任期中,城市政治家据称主要是对有税收意识的中低收入阶层住房业主的关切作出回应,地方性收入年均增长率为 4.7%。在 Wagner 市长的第三个任期中,自由派势力明显增强,地方政府运行预算的增量为平均每年 5.2%,比前面的任期高了一些。

但是在 Lindsay 的第一个任期中，经济上的约束据说被抛到九霄云外，纽约的地方预算增长也再次只有 5.2%。Lindsay 市长第二任期内的增长仅有 4.1%，而 Beame 市长治下的头两年表现出的增长率为 4.5%。

表 10.5　纽约市五位市长任内源自地方资源的支出增长

市长任期	每个任期最后一年的支出（百万美元）[a]		年均增长率（不变美元）
	以当前美元计	以不变美元计	
O'Dwyer /Impellitteri（1949—1954）	1 221.1	1 516.9	4.9[b]
Wagner 第一、第二任期（1955—1962）	1 930.2	2 191.2	4.7[c]
Wagner 第三任期（1963—1966）	2 533.6	2 686.6	5.2[d]
Lindsay 第一任期（1967—1970）	3 644.3	3 289.0	5.2[d]
Lindsay 第二任期（1971—1974）	5 404.0	3 868.3	4.1[d]
Beame（1975—1976）	7 043.1	4 227.5	4.5[d]

注：a 虽然财政年度会在一届政府任期结束 6 个月后终止，但那一年的支出主要还是受到离任政府政策的影响。

b 数据从纽约商会 1960 年的统计数据计算得出。

c 源自地方的收入增长。我们无法得到这一时期税收支出的数据。由于这一时期的短期债务是在一个非常低的基数上、以相对低的比率增加的，因此地方收入流动的增长与由地方资源承担的支出的增长非常相近。数据从公民预算委员会 1979 年的统计数据计算得出。

d 数据从城市财政临时委员会 1976 年的统计数据表 1 和表 2 计算得出。

从一个任期到下一个任期，预算增长的百分比没有太大的变化。Lindsay 市长第二任期的预算增长率不会太低，他应该为他财政上的稳健而感到自豪。但是，数据确实清楚地展现了 20 世纪 60 年代纽约政治的任何变革对支出模式只有很小的影响。纽约市并没有不断地将它的资源过多地用在穷人或城市官僚们身上，相反，市民服务方面的支出模式似乎保持了一个相对稳定的增长率。至少早在 1949 年，无论什么力量导致纽约的预算达到每年 5%的增长率都是合适的。

然而，有一个因素没有在表 10.5 中得到考虑，该因素可能导致在一定程度上对短期政治因素引起 20 世纪 60 年代地方预算膨胀这个观点的信任。这个因素事关 Lindsay 年代对城市雇员养老基金所作出的承诺。这些承诺使城市承担起养老金支付增长的责任,它可能不会马上被感觉到,但迟早会引起支出的明显增加。纽约市的养老金在 1975 年的总预算中占 9.4%,给 1976 年产生了 85 亿美元无基金准备的债务。但即使 Lindsay 的养老金政策引起了质疑,这些政策自身却并未引起财政危机。直到 1975 年为止,养老金的真正支出同前 10 年相比并没有很大的不同,它们至少从部分意义上看是城市以外的力量产生作用的结果。退休费用从 1961 年的 2.9 亿美元(不变美元计)跃升至 1975 年的 7.07 亿美元,年均增长 6.6%。但从 1970 年到 1975 年,这些费用从 5.59 亿美元上升到 7.07 亿美元,年均增长仅为 4.8%。[23]

即便是这些数字,也夸大了城市领袖们承诺的养老金增长的程度。首先,退休收益的总费用中包括来自社会保障的收益,这是一个非由城市控制的领域。这个时期由社会保障承担的费用的增长不在少数:1975 年社会保障用于城市的开销是 2.5 亿美元,或者说占据退休收益总费用的 22%。[24]其次,退休收益中有一些是由州立法部门而不是城市官员来保证的,这在 Lindsay 的第一个任期中是千真万确的。[25]

纽约同其他城市的比较

毫无疑问,纽约的支出一直高于全国其他地方的支出。纽约市 1974 年的人均税负是 699 美元,排在其后的美国 14 个最大城市只有 257 美元。纽约人均承担的城市和州的税负总共是 1 186 美元,相比之下,其他城市的人均总额是 632 美元。[26]与平均水平相比,纽约的数字无疑较高,这是因为它所提供的一些服务在全国其他地区是由县和专区来负责的。但是,当纽约同人口超过 50 万的城市相比较时(见表 10.6),仅在大多数地方政府都会提供的普通服务方面,它的人均支出水平仍然相对较高。1973 年为 273 美元,比较来看,人口流失的城市是 194 美元,人口增长的城市只有 122 美元。表 10.7 显示,每 1 000 个生活在城市的居民当中,执行普通服务职能的城市雇员的数量,纽约比人口增长的城市高出不少，这些雇员领取的工资比其他大城市支付的工资也高出许多。简言之，纽约的居民和公司承担的公共服务成本相当高。甚至当纽约与其他大城市相比时，这些差异也很强烈且一直存在，那么，在纽约和小城市及美国社会正在成长的郊区之间，可以很有把握地说，这些差异会更大。

然而，虽然纽约相对较高的公共服务成本是无可争辩的，它与其他城市之间的差别似乎也并非近年才有的现象。虽然在有些显示服务成本增长率的指标上，“大苹果”在一定程度上比其他大城市要高，但发展趋势并非一律，实际上的差异一般也不是太大。1970 年到 1976 年间，纽约市源于城市的人均收入的增长比例比其他城市确实稍高一些(参见表 10.6)；另一方面，纽约在普通服务方面的人均支出并不比其他地方增长得更快。在表 10.7 当中，即使人们注意到在 1967 年至 1972 年间，纽约的城市雇员的工资比其他的城市增长更快，但每千人当中城市雇员的数量在纽约保持不变，而在其他地方是增加的。

表 10.6　人口超过 50 万的中心城市的支出与税收政策

	普通服务的人均支出[a]（以不变美元计）			支出占居民收入百分比（普通服务）		源于城市的人均收入[b]（以不变美元计）		
	1969—1970	1972—1973	年均增长率	1969—1970	1972—1973	1969—1970	1972—1973	年均增长率
纽约市	220	273	7.5%	6.9%	8.4%	391	5.3	8.8%
人口下降的城市[c]	147	194	9.7	5.4	6.9	184	216	5.5
人口增长的城市[d]	88	122	11.5	3.1	4.0	107	133	7.5

注：a 大多数地方政府提供的服务，通常从地方收入资源中支付。

b 包括所有城市服务，不只是源于普通服务。

c 那些在 1960 年到 1973 年间经历人口下降的城市。它们是巴尔的摩、布法罗、辛辛那提、克利夫兰、波士顿、芝加哥、底特律、密尔沃基、新奥尔良、费城、匹兹堡、圣路易、旧金山和西雅图。

d 那些在 1960 年到 1973 年间经历人口增长的城市。它们是达拉斯、哥伦布、丹佛、休斯敦、印第安纳波利斯、洛杉矶、孟菲斯、堪萨斯城、檀香山、杰克逊维尔、凤凰城、圣安东尼奥和圣地亚哥。

资料来源：Muller 1975，pp. 82—83。

表 10.7　人口超过 50 万的中心城市的就业政策

	每 1 000 个居民中的城市雇员(普通职能)[a]		城市雇员的月平均工资(普通职能)		
	1967	1972	1967	1972	年均增长率
纽约市	12.2	12.2	709	950	6.0
人口下降的城市[b]	11.3	12.5	598	717	3.7
人口增长的城市[c]	7.9	8.9	556	635	2.7

注:a 大多数地方政府提供的服务,通常从地方收入资源中支付。

b 那些在 1960 年到 1973 年间经历人口下降的城市。它们是巴尔的摩、布法罗、辛辛那提、克利夫兰、波士顿、芝加哥、底特律、密尔沃基、新奥尔良、费城、匹兹堡、圣路易、旧金山和西雅图。

c 那些在 1960 年到 1973 年间经历人口增长的城市。它们是达拉斯、哥伦布、丹佛、休斯敦、印第安纳波利斯、洛杉矶、孟菲斯、堪萨斯城、檀香山、杰克逊维尔、凤凰城、圣安东尼奥和圣地亚哥。

资料来源:Muller 1975, pp. 39, 49。

表 10.8 提供了由地方收入支付的服务总成本的附加信息,这些信息的时间跨度要大一些。此表再次提请注意,纽约的人均支出水平相

表 10.8　美国十大城市源于地方的人均支出

城市	1964(以不变美元计)	1974(以不变美元计)	年均增长率(%)
纽约市	407	578	3.6
其他 9 市的中位数	156	208	3.1
华盛顿	392	719	6.3
洛杉矶	203	240	1.7
巴尔的摩	192	259	3.0
费城	171	252	4.0
底特律	156	139	−1.2
克利夫兰	151	208	3.3
达拉斯	139	189	3.1
芝加哥	119	162	3.1
休斯敦	114	61	−6.5

资料来源:Temporary Commission on City Finances 1975, pp. 10—11。

对较高。但是,纽约在起始基数非常高的同时(部分因为它提供了在别的地方由其他政府实体提供的服务),年均增长的百分比只比其他九个城市的中位数高出半个百分点。[27]总之,纽约与其他城市相比较时,地方财政支出在20世纪60年代的趋势数据并没有显示出过高的增长率。

长期的政治与经济的特征

由于地方财政支持的运行支出的增长(以不变美元计)在整个战后期间保持了连贯与稳定,因此为了弄清楚城市最终无力平衡地方收入与地方支出的根本原因,重要的是要考察其他的长期特征和趋势。在这一点上,首先要考虑的是纽约经济竞争力的长期性下降。

经济:竞争力

乍一看,纽约的经济在第二次世界大战后的大多数时期内都呈现出稳定的态势。例如,临时委员会的报告将战后的岁月视为一个均衡期,20世纪60年代是稳步增长的10年,1969年之后的年份属于衰退期。虽然委员会认识到制造业存在着长期性的衰落,但是它觉得直到1969年,制造业的衰落被公司办公部门的增长大体平衡掉了。正是因为过去的趋势并不稳定,委员会才相信"有合理的根据去假设20世纪80年代地方经济的衰落能够显著减缓,甚至也许会停止"[28]。报告认为,如果能够达成恰当的政治决策,预计在人口和经济方面就有可能发生想要的改变。

委员会在很大程度上是用它自己的眼光来审视纽约市内发生的变化。然而,在纽约市同美国整体进行比较的时候,其趋势就不再呈现出易变性,而是朝着长期性衰落的方向稳步前进。为了区分出纽约在全国社会和经济中的独特地位,表10.9展现出了纽约同全国整体的特征有关的一些特征。比如,像第一行所揭示的,纽约人口占全国人口的比例,从1940年的5.66%下降到1975年的3.51%,反映了纽约市人口在一定程度上减少的事实,而同期美国的全国人口规模差不多是原来的两倍。表中其他的所有数字都揭示了纽约同全国相比的一些类似的比率特征。

表 10.9 纽约市的经济与人口变化与全国变化之比

纽约与全国的比率	1940	1950	1960	1970	1975
人口规模①	5.66	5.23	4.34	3.80	3.51
非白人人口①	3.55	4.93	5.27	6.62	5.67
中位数家庭收入②	NA	1.17	0.88	1.16	0.94[a]
新房开工③	NA	2.91	2.68	1.43	0.30
就业(总数)④	6.32	5.85	4.25	3.56	3.14
就业(部门)					
制造业⑤	7.05	6.29	5.11	4.01	2.74
金融、房地产和保险业⑥	20.99	17.54	14.04	12.56	11.00
政府⑦	NA	10.78	11.53	15.03	17.46
就业(岗位)①					
专业性、技术性	9.35	6.77	4.67	5.38	NA
经理、财产业主	7.68	7.47	8.01	3.87	NA
职员	NA	8.91	9.66	6.08	NA
技工、班组长	6.53	4.89	5.91	2.08	NA

注:NA = 无信息可用。

a 部分根据 1972 年纽约市的预测数据计算得出。1975 年的预测数据里面考虑到了消费者价格指数。

资料来源:①美国人口普查局:人口特征。②美国人口普查局:人口特征;Bahl, Campbell, and Greytak 1974。③美国人口普查局:住房、非农住房特征普查,1950;美国人口普查局:住房普查,州、城市和县的住房特征,1970;美国住房与城市发展部:统计年鉴,1974;美国商务部、人口普查局:建设报告,C-20 系列。④美国人口普查局:人口特征;纽约州统计年鉴,1977。⑤美国人口普查局:人口特征;纽约州统计年鉴,1977;美国劳工部,劳工统计局。⑥美国人口普查局,人口特征;纽约州劳工就业观察部;美国劳工部,劳工统计局。⑦美国劳工部,劳工统计局;纽约州劳工就业观察部。

纽约在表中所有指标中表现出的下降,为城市长期性的衰落提供了令人印象深刻的依据。纽约在 1950 年,中位数家庭收入还远在全国平均水平之上,到了 1975 年,则显著低于标准水平。纽约新房开工数量占全国新房开工总量的百分比在 1975 年已经低得不能再低了。如果认为纽约存在着相应的住房存量,而不把新房开工数字当回事的话,那么，比人口数量下降更为严重的就业总量的急剧下降，就很难令纽约自感得意了。就业机会的减少在制造业部门尤其严重，因为制造业工厂不再认为纽约是一个诱人的落脚之地。甚至像金融、房地产和保险这些纽约市认为仍然占据主导地位的行业，在该市的增长也落后于美国其他地方的增长了。结果是城市的相对地位急剧地衰败。纽约获得可观的净增长的一个经济部门是政府的就业领域，也有人说那是纽约的问题之一。

当就业的变化是从岗位的角度来考虑时，制造业部门显著衰落的影响就很明显了。离开纽约的经理人和技术工人的数量都很庞大。与其他地方相比，生活在纽约的专业人员和职员的数量减少得不是太厉害。相对于全国其他地区来说，纽约获得增长的一个领域是非白人和说西班牙语居民的数量。考虑到这些集团在经济上相对弱势的地位，再加上他们对再分配服务的较大依赖，这方面实在说不上代表了城市的经济利益。

在纽约竞争地位的这些长期趋势的基础上，很有可能得出的结论是，它的财政危机在许多方面是由外部决定的。可以这么认为，除了在20世纪70年代早期对短期债务融资的非常规依赖，纽约奉行了一套相对连贯的公共政策。只有城市经济地位的长期性衰落而非对少数族裔或者公共雇员的特殊回应，才能说明城市当前面临的财政困境。可以说，纽约的公职人员同其他地方一样，在给所有地方政府带来极限的经济束缚之下，构筑了他们的公共政策，但是由于所有的社会经济趋势都不利于中心城市的弱势群体，即便是稳健的公共政策，也没有使纽约免于外部因素决定的但却是痛苦的、实质性的破产。

政治：财政政策

对许多城市的财政能力不断增加的压力，提示外部决定因素可以部分地解释财政危机，也可以同时解释许多城市政治和政策制定过程。然而，纽约财政政策的一些方面却不容易与这一解释相符合。虽然社会经济因素已经影响了纽约的竞争地位,但城市本身的财政政策似乎也恶化了它的经济地位。

从许多指标来看,似乎纽约的官员并没有像其他地方的官员所做的那样,有效地追求城市的经济利益。如表10.6、表10.7和表10.8所示的,纽约的税收高、普通服务方面的支出多、工资高、每1 000个居民中的城市雇员数量比人口增长城市的雇员多。不仅纽约的人均支出比其他城市高出许多,而且,对于地方政府来说,为支付这些支出费用而征收的税收似乎应该属于明显的累进性质。例如,1973年,据估计,收入为7 500美元的美国居民平均支付1.1%的州和地方所得税;而收入为5万美元的,税收只有3.7%。纽约人的税率的范围从2%到11.1%。州和地方所得税执行非常接近的税率的城市只有明尼阿波利斯,它的税率从3.9%上升到6.9%。[29]纽约看起来特别喜欢劝告它更为富有、更有生产力的居民不要留在本地。

纽约市有两个长期存在的特征,大概可以解释它对于高支出和再分配税收政策承担的自由主义义务。首先,纽约一度是比其他任何地方更有能力提供高质量的再分配政策服务的城市。它曾经是世界上最富裕的城市。它曾经是世界最大的贸易和商业中心。它曾经是——在某些方面仍然是——世界的金融中心。它曾经是两方交易的中心,一方是位于东北部和中西部腹地的大工业企业,另一方是欧洲的资本。虽然纽约有竞争者,但无人能敌。正如最富有的国家具有最高水平的再分配一样(参见第3章),美国最富裕的城市也能够承担得起更为慷慨的公共支出。结果,纽约承担了17所医院的运营责任,资助了一个全面的高等教育体系;而这时,其他对此适度资助的城市发现,这些活动最终入不敷出。

一旦一个城市承担起公共职能,它就不能轻易放弃。多年以来,纽约一直在尝试至少将一些为学院和大学、福利体制以及大型医院所承担的财政责任转移给州和联邦机构。例如,在1966年,城市财政临时委员会就曾建议"纽约州应该承担起纽约城市大学的财政责任"[30]。但是,州的领导人不愿意接手这一责任,大量的财政负担仍然压在地方的肩上。不幸的是,恰在对于这些服务的要求稳步增长之际,纽约正在丧失其经济能力以资助必要的供给。支持这些超常的地方服务所必需的高水平税收,让留在城市的工商业和居民感到越来越痛苦。

然而,纽约市的财富无法独自产生对再分配的自由主义承诺。除了它自己的财富,纽约还有一套异乎寻常的竞争性政治和集团活动的体制,这是其他地方政治所没有的特性。甚至早在财政危机之前,Greenstone 和 Peterson 就以现在看来仍然恰如其分的语言谈论城市的集团政治,在此有必要作出一个较长的引述:

> 没有任何地方像纽约市那样,让利益集团得到更频繁的认可,让潜在的集团有更多的可能成为“真正”的有组织集团,让可能的冲突具有更大的爆发可能。政府最顶层权力的碎片化以及民主党组织和改革派联盟之间选举力量的分化,使城市机构得以摆脱密切的中央式指挥,向来自城市公民团体的压力开放。由于两个政治派别都必须从利益集团那里寻求支持,因此两边都不可能有效地消除他们所受到的环境影响……城市机构易于受到集团压力的轮流影响,鼓励了在纽约政治的乱象中组建更多的集团。[31]

由于集团生活在纽约得到滋养,因此城市政治势力向地方公职人员施加了特别强大的压力,即使这些压力有可能以牺牲城市长远的经济利益为代价。正是在这个意义上,纽约成为例外,对于通常施加于城市政策的那些极限可以置之不理。但即便在纽约市,这些限制性因素依然得到了应有的考虑。

结论

无论纽约在 20 世纪 70 年代中期倒向破产是如何地突然,向这个方向施压的力量在整个战后时期都在发挥作用。纽约与全国其他地区相比较的竞争地位在稳步地下降,同时,它的运行支出却在以每年 5%

(以不变美元计)的速度上移,它的税收结构相对来说负担沉重,又比较具有累进色彩。财政危机不是由于大家不关心城市的经济利益而产生的,也不是由任何一个特定的市长所带来的。相反,这些趋势缓慢而渐进,甚至第一国民城市银行迟至 1970 年还在说“对未来的展望也许不完全是负面的”[32]。即使公职人员没有尽可能有效地追求城市的经济利益,但其失误也只是边缘性的,而不具有整体性。为长远计采取的渐进决策将会有严重的负面影响。

长期的经济趋势与牢牢稳固的政治关系模式之间的交互作用,把纽约带到了这样一个境地:自由的财政政策只有通过大规模的借贷才能得到资金的支持。到 20 世纪 60 年代中期,只要银行肯为城市的债务买单,城市就弄不清楚它所能够承担的极限。债务融资让 20 世纪 60 年代的城市政治家们无视城市持续衰退的竞争优势,让他们恰恰是在经济评估将会建议执行紧缩政策的时候,在政治上追求“一切如常”。

然而,在 20 世纪 60 年代初期,警报声从各个方向传来,警告公共官员地方政府成本上升所固有的危险。1961 年,Robert Wood 注意到过去的 15 年来,专家已经预测“收入和支出之间的差距,每年从 2 亿美元到 5 亿多美元不等”[33]。纽约商会在一份题为“即将到来的纽约市财政危机”的文件中,以 Wood 式的相同言辞分析了纽约的远景。“近年来的显著进展之一,”他们一开始就说,“是地方政府支出快速而持续的增加。”[34]纽约市的走向尤其使人担惊受怕:“在未来数年,如果纽约市的预算以与 1948 年以来的相同速率继续增长,”他们预计,“1965 年将达到 30 亿美元的水平,到 1970 年,预算将会超过 40 亿美元。”[35]在预测这些趋势之后,报告认为:“纽约市的支出绝对不能以实质上快于税基增长的速度继续增加。无论这种趋势再持续多长时间,都将会招致财政灾难。”[36]

商会不仅精确地预测了城市政策的经济后果,它还评估了制定这些政策的政治因素,并对纠正这种情况提出了建议计划。困难在于,“对于城市的利益似乎缺乏通盘的考虑,城市作为一个整体,政策制定的责任高度分散……对于任何一个给定领域的城市政策制定来说,实质上不可能确定责任的真正归属”。为了改正这些缺陷,商会建议“任命一个由杰出市民组成的咨询委员会,同城市行政管理办公室一起,认真研究上百个部门、机构的活动以及城市政府的活动,形成对于每种服务相对重要性的判断”[37]。

15 年之后,为追求更具经济理性的一套公共政策而设置的解决方案,采用的形式与商会的建议极其相像。主要的区别是,“杰出市民”拥有大量不限于咨询的权力。债务违约之后,市政援助委员会和紧急状况财政管制委员会的成立,深深地分割了市长、预算委员会和其他选任官员的决策特权。用 David 和 Kantor 的话说,“预算过程中权力的真正核心已经转移给了金融和商业精英,实际上是他们建立并支配了紧急状况委员会”。作为他们管理城市财政事务的一个成果,“预算过程的全部目标已经转变为政治协调和经济规划”[38]。颇具意味的是,紧缩的经济措施在政治上受到欢迎;纽约的下一任市长将要证明他在财政上的保守和在社会上的自由。

纽约奉行了一套在经济上问题成堆的财政政策,时间之长是筹资能力稍逊一筹的城市所无力承受的。但是,即使在这个曾经是美国最富裕和最有权势的城市里,经济利益的重要性却变得如此难以显现,最终需要政治变革来引导对经济利益的有效追求。如果说纽约背离了大多数城市遵循的行事方式,曾几何时,纽约的商业精英、政治家和选民都确认这样的背离不会再继续下去了。

【注释】

[1] Ferretti 1976, p.403.

[2] 1975 年 10 月,Abraham Beame 市长写信给 Hugh Carey 州长,认为纽约“因丰富多样的服务和制度而取得巨大成就——不只是为了纽约市民,还是为了全世界的公民。如果我们要保留这些珍贵的资产,我们就必须摆脱过去数十年逐渐积压在我们身上的不公正的负担”。同上,p.337。

[3] 美国国会,国会预算办公室 1975, p.11。

[4] 例如,在 1975 年 10 月,Gerald Ford 如此说道:“纽约市财政问题的责任正摆在了联邦政府的门阶之前——始作俑者不想承担并放弃了这个责任……美国其他大多数城市面临着这些非常相近的挑战,而且现在仍然保持着财政上的健康。它们没有纽约幸运,它们

只是得到了良好的管理。"Ferretti 1976, pp. 350—351。

[5] 城市财政临时委员会 1978, p. 90。

[6] Piven 1976, p. 321.

[7] 同上, p. 338。

[8] 同上, p. 329。

[9] Shefter 1977, p. 98.

[10] 同上, pp. 105—106。

[11] 同上, p. 106。

[12] 同上。

[13] 同上。

[14] David and Kantor 1979, p. 199.

[15] 同上。

[16] 同上, p. 200。

[17] 同上, p. 201。

[18] Shefter 1977, p. 98.

[19] 美国国会,国会预算办公室 1975, p. 7—9。

[20] David and Kantor 1979, p. 208.

[21] 第一国民城市银行 1970, p. 19。

[22] 同上, p. 22。

[23] 城市财政临时委员会 1978, pp. 73, 181。

[24] 同上, p. 83。

[25] Shefter 1977, p. 108.

[26] 城市财政临时委员会 1976, p. 5。

[27] 细心的读者会注意到,在表 10.8 中报告的纽约的年均增长率只有 3.6%,而表 10.5 报告的同一时期的增长率则徘徊在 4% 到 5% 之间。这个不同是因为以下原因:(1)表 10.5 以不变美元,使用纽约市的消费者价格指数的变化去计算支出的变化,而表 10.8 则使用全国的消费者价格指数,这个指标对于城市间的比较而言更为恰当;(2)表 10.5 的数据取自纽约市的资源,而表 10.8 来自美国人口普查局的数据。不同的分类体系在一定程度上造成了这些差异。

[28] 城市财政临时委员会 1978, p. 95。

[29] 城市财政临时委员会 1977, p. 6。

[30] 城市财政临时委员会 1966, p. vi。

[31] Greenstone and Peterson 1976, pp. 39—41.

[32] 第一国民城市银行 1970, p. 22。

[33] Wood 1961, p. 84.

[34] 纽约商会 1960, p. 2。

[35] 同上, p. 6。虽然得到这些美元数字会比商会预期的更快,但他们的预测在本质上还是对的。以 1961 年的美元计算,考虑到因政府间援助的日益减少而带来的变化,纽约市的预算实际上在 1965 年达到了 30.81 亿美元的水平,1970 年增长到了 37.33 亿美元,离预期的 40 亿美元并不远。

[36] 同上, p. 19。

[37] 同上, p. 25。

[38] David and Kantor 1979, p. 210.

联邦体制中的再分配

是联邦政府把纽约从实质性的破产当中解救出来的，最能够说明全国政府与地方政府之间差异的事情，莫过于此。由于追求的政策超出了经济承受能力，纽约产生的财政亏空在1975年达到了人均1 645美元的峰值。而联邦政府实施干预的时候，它自己的债务人均不过1 863美元，政府运行每年还有665亿美元的赤字。[1]地方政府不可能单独或者联合采取的行动成了华盛顿的责任。在将前文分析中所提到的总结为联邦体制的关键特征之后，我再简要勾勒出改革必须遵循的方向。

地方政治经济学

纽约、克利夫兰、芝加哥以及其他地方的财政危机，异常清晰地展现了我的一个中心观点：再分配不是一般也不能成为地方政府政策的组成部分。如果一个城市将它的服务扩展至贫困市民，它只是增强了作为穷人栖息地的吸引力。在其他方面保持不变的情况下，连续、专注地追求这种政策会导致破产。大多数地方因此顶住了再分配的诱惑，结果，美国总体上只有12%的地方财政资源被用于再分配。相反，有超过一半的联邦国内预算花费在再分配计划上。

经济极限不仅塑造了城市公共政策，也造就了地方政治的模式。

地方议题压力不大，地方冲突也不太紧张，地方政党既不是全国性政党的附庸，也并非全然无用。集团生活欠发达，选民参与低迷。自由派平等主义的改革要求以地方的缺席而闻名，在少数族裔为穷人的需要而斗争的特定情况下，他们的主张常常无法获得必要的合法性以进行合理的地方讨论。虽然城市精英在勤勤恳恳地努力推动经济发展，在地方政治聚讼方面，争吵的基本上是分肥、少数族裔人士的任命以及服务配送这些小事。像这些问题对特定的个人和团体是重要的一样，人们必须理解分肥和种族政治缺乏像战争与和平、失业与通货膨胀、不平等与再分配等议题的高度，这些议题大到足以引起全国性的政治争论。

尽管地方政治中存在着这些重要趋势，我提出的模式却很难说是一成不变的。在有些情况下，平等主义的政治压力会产生政策效应。一般而言，在经济资源不太紧张的时候，政策效应会更大一些。

全国政治在这方面作出了最好的描绘。因为全国性政府在政策选择上受到的束缚会少一些，在竞争性政党政治的背景中，集团压力产生了一系列福利国家政策，包括最低工资法、教育补偿、福利援助、低收入者住房、食品券以及失业补偿。当然，即使在国家层次，再分配政策也没有持续地给政府官员带来压力。创新与改革是长时期的合并，甚至分拆交替出现的循环。而福利国家改革一旦实行，就无法轻易退出。一个政府项目一旦已经建立，就会招募行政管理人员，与项目存续有直接利害关系的一系列受惠人集团得以积极形成，特定的政策方向因国会决定而合法化，通常抗衡再分配的政治惯性现在行动起来使其长期化。Eisenhower 没有改动新政，Nixon 政府甚至发现由 Lyndon Johnson 开创的伟大社会计划具有令人称奇的持久性。

这些政治模式在全国政治中特别明显，同时，人们在地方上至少发现一个该模式体现不到之处。例如，在第 3 章中提到过，在那些具有较强财政基础的州和地方，提供给低收入人群的服务会更多。在这些更为富裕的地方，地方政府的征税可以在不比近邻更高的情况下，仍有更多的收入用于满足时运不济的市民的迫切需要。这些社区中的自由派、改革家和低收入集团似乎有能力提出理由，使至少部分的收入“盈余”会被用于再分配的目标。一旦这种政策得以实施，它们就会成为地方政策系统的一个制度化的部分。

纽约提供的也许是这种模式最戏剧化的事例。一个曾经自夸拥有独特经济资源的城市，逐渐积累了范围广泛的政府计划，在地方层次一般都不会有这些资助计划。当它的经济能力受到更多的限制时，它就对其居民和公司征收越来越高的税收，以维持一整套复杂的公共服务。公共政策开始导致了经济的衰退；公民和居民被高税收、高支出的政策激怒而外流。尽管存在着不利的效应，这些政策还是如此稳固，使城市在采取恰当的政策之前就突然倾向于破产。这种在纽约市表现得如此明显的模式，已经在东北部和中西部许多别的中心城市重复出现。与国家繁荣同步的移民流动对许多一度令人敬畏的主要城市产生了离心的效应，恶化了它们的问题，加速了它们的相对衰落。

联邦对地方政治经济学的影响

显然，即使中心城市仍处于不断加强的经济约束之下，全国政府还是挑选了专门为增加地方再分配压力而设计的一套新的公共政策。作为这些政策的核心组件，联邦政府发起了一项社区行动计划，呼吁低收入和少数族裔集团在政策制定过程中进行“最大可行性的参与”。已经饱受资源束缚的地方领导人突然间面对联邦政府资助的集团，坚持要求更多再分配性质的服务配送计划。其时，城市官员顶住了压力，甚至在他们还信奉自己的自由主义社会改革责任、低收入集团质疑他们的改革诚意的时候。城市的争吵一挑即起，用 Douglas Yates 的话说，“街头斗争多元主义导致的冲突”产生了“一个越来越无法治理的城市”[2]。

在关键的方面，向贫困宣战中的社区行动计划取得了令人瞩目的成功。当美国黑人和其他少许族裔在政治生活中遭遇到对他们公开的系统性排斥的时候，新的政府计划为调节他们所提要求中政治方面的狭窄提供了一个渠道。通过计划中的青少年犯罪、社区行动、人力资源培训、模范城市以及补偿教育项目等,同对公民参与和肯定性行动的强调一起,联邦政府令少数族裔的要求合法化,并开放了就业机会。经过这些行动,他们为缓解美国的种族紧张关系作出了实质性的贡献。在这一点上,就像早几十年的机器政治那样,这些计划展现了美国机制对少数族裔政治需要作出回应的超常能力。[3]

然而,对少数种族的政治承认不能够等同于经济上的再分配。就如 William Wilson 所观察的,尽管民权立法和肯定性行动计划对受过高等教育的中产阶级黑人开放了新的机会,贫困仍然是美国黑人的一个难题。[4]在一定程度上,伟大社会计划关心的是减少经济贫困,把经济贫困与种族排斥区分开来,而他们选取的处理难题的办法却完全是不适合的。当许多中心城市正在经历日益紧缩的经济和财政约束的时候,它们能做的只是“盘腿坐下”顶住正在承受的“贫困战争”的重击。政治骚乱结束之后,地方政府从整体上考虑,没有太多地修正对于再分配的承诺。地方用于再分配计划的资源只增加了不到 1%(见第 4 章)。即使在纽约市,这个少数种族的政治抗议被认为取得了很大政策成效的地方,预算当中由地方承担的部分(以不变美元计)增长的比例同前 20 年相比也没有任何上升。

对于伟大社会计划中的许多项目,基本的理论解释是将官僚必须履行的职责和集团过程视为地方再分配的首要障碍。地方政府机构被认为是在管理一个未经协调的服务大杂烩,这些服务以很随意的方式提供给了占据主导地位的中产阶级客户。很多地方服务的重点方面据说多年来一点都没有改变,即使城市中心的种族构成已经发生了很大的变化。为了将地方服务的方向重新转向穷人,联邦政府需要激发低收入和少数族裔社区的政治资源。同时,据信联邦政府可以通过把援助分配给有改革意向的申请者,来诱导现存的机构投入到改革计划当中。以这种方式,有限的联邦资源将撬动数量多得多的地方资源转向再分配计划。

这个理论假设城市在经济约束之下运行，这些约束与联邦政府在其之下运行的那些经济约束没有什么不同。该理论假设，再分配的障碍是地方精英、官僚的无能、低收入地区集团组织的不充分以及非竞争性的地方政治。另一个说法是，这些都属于基本的制度性问题的症状，伟大社会的领导者们试图将地方官员“硬塞”进一系列他们无法承担的政策之中。到头来，联邦政府只能尽量利用新政联盟的力量，该联盟使得国家对于伟大社会改革的承诺成为可能。

联邦政府的这些政策也令人信服地成为老中心城市财政危机的促进因素。正当中心城市失去它们的竞争优势之际，联邦政府强迫它们增加针对低收入居民的计划。这些城市仿佛要抵制扩展这些计划的压力，而它们要削减已经在运行的计划则更为困难。只有在 20 世纪 70 年代，当联邦资助的社区行动团体差不多从地方政治中消失的时候，老中心城市才开始它们的紧缩努力。[5]

因此，城市承担的极限约束但非消除了地方政治。在城市拥有更多资源的地方，再分配政治更有可能发生。即使在经济约束增强的时候，官僚政治和集团政治都能够阻碍必要的政策调整。然而，正如纽约市这一案例所澄清的，一旦经济和财政能力达到极限，政治体制就会随之进行调整。

意欲何为？

对于再分配要做些什么，有三种看法：不作为、事事作为和部分作为。每一个看法都嵌入到对于包含大量公共政策的工业社会的思考当中。虽然在本书这么靠后的地方来详细讨论围绕每个看法的宏观政治背景并不合适，但考虑到前后承接，这种想法还是必要的，即便只是为了展开说明我在前言里提出的一个观点：将自由主义和进步主义的看法推到有关政策争论的边缘是多么地果断。

不作为

对很多分析家来说，特别是对那些在经济学方面训练有素的分析家来说，城市没有对物品和服务进行再分配的能力不是提出警告的理由。当前转向紧缩被大家接受，不仅仅是因为紧缩不可避免，而完全是出于愿望。在这些学者看来，工业社会被一个无效公共部门社会生产率的负面影响所烦扰。如果地方政府对于它们所承受的市场压力变得越来越敏感，如果中心城市不再有准垄断的权利，那么，地方公共政策就会开始更加贴近公众对于它们的经济需求。当人口流动发生时，当地方政府调整它们的政策以吸引移民时，公共部门的效率就会开始与私人部门的效率相对应。社会作为一个整体的长期生产率和繁荣得以促进。我提出的议题仅仅需要"善意的忽略"。

对这些新保守主义的分析家来说，在效率和生力率作为一方、平等和再分配作为另一方的两方之间，存在着一种实质上的利弊权衡。这种权衡的产生是因为个体要对他们的时间作出价值评估。人们只有在他们从事生产性活动所得的边际价值超过了他们先前参与的非生产性活动的边际价值的情况下，才会愿意去从事生产性的活动。当生产性时间的边际价值下降时，个体会以边际时间进行休闲活动，而不会去从事时间价值已经下降的生产活动。税收用于支付无效提供的公共服务，或者用于非纳税人提供的服务，都降低了生产性活动的边际价值。与此同时，公共服务特别针对非纳税人，是对他们的休闲时间进行补贴。高额纳税的生产性活动的平均价值与获得补贴的休闲活动的平均价值两者之间的差别，对许多人来说太小了，导致这些人根本不去从事生产性活动。如果个体对他们的边际休闲时间赋予很高的价值，那么，再分配的税收和支出政策就会产生社会生产的高额成本。

从新保守主义的这个立场来看，我的分析夸大了全国政府和地方政府之间的差异。虽然新保守主义的这些分析家们同意地方再分配是不正常的，他们可能还是觉得我对全国政府受到的经济约束强调得不够,这些经济约束限制了全国政府颁布扶贫计划的能力。全国政府同地方政府一样,必须在政治上流行的事情和经济上非常必要的事情之间作出痛苦的抉择。

美国生产率增速的下降虽然令这个观点在20世纪80年代特别有说服力,但生产率和平等之间在何种规模上实施平衡依然难以界定。除非研究能够更加精确地说明由于再分配的增长而导致的生产率损失,否则西方民主国家不会放弃对于自由和平等的双重承诺。而美国和其他工业化国家将继续允许公民自由和自主地从事私人的、生产性的活动,也将继续使用一些社会资源去照顾贫困和无依无靠者的需要。否则,将同赋予西方国家政治体制合法性的平等主义理念背道而驰。即使不平等不可能被废止,政治领袖们也不会放弃缓解明显的不平等效应的努力。虽然如此,通过不适当的政府结构实施的再分配的平等主义政策,只会使公共部门的无效性更加恶化。推荐对再分配无所作为,期待着再分配从公共议程中消失,既冷漠,也不现实。

事事作为

另一种普遍具有新马克思主义取向的思想流派认为,除了在总体上对西方社会进行重新设计之外,基本上没有其他选择。虽然这一派想象的乌托邦世界的图景描绘出来并不比马克思本人对分配所说的"各尽所能,按需分配"更为精确,但这些学者仍然非常确信,如果缺乏革命性的重建,就不可能解决当前政治经济学中的矛盾。许多秉持这一传统的人都会接受这种观点,就是地方性的再分配基本上不可能达到。他们并没有将此问题看成是地方政治结构与设计的问题,而是认为发达资本主义的经济规则使当前的不平等持久化和严重化。

以他们的看法,我也夸大了全国政府和地方政府之间的差异。城市的财政危机是西方民族国家的财政危机。[6]在纽约和工业化地区的其他中心城市所看到的,仅仅是经济对于资本积累的需要和国家对社会合法性的需要之间根本矛盾的最为可见的方面。[7]因为资本投资的回报率持续地下跌，所以公众增加资本形成的动机持续地扩张。同时，过剩劳动力供给的不断增长（以失业、就业不充分和从劳动力市场中退出等多种形式一起出现）增加了国家扩大社会服务和维持社会控制（通过警察和军事力量）的需要。国家夹在这些竞争性的需要之间，越来越难以解决它面临的财政困境。纽约发生的实质性破产只是各级政府发展的先兆。

由于地方层次的政治为这个主题提供了这么多有用的事例，新马克思主义者已经将城市场景作为他们最重要的一个研究实验室。[8]在研究中，他们展示了社区的"权力结构"，揭露了"权力的另一面"背后赤裸裸的操控，发现抗议领袖的"战壕"已经坍塌，辨识出将中心城市的命运置于公司资本主义之手的二元经济结构。对低收入群体要求的每一次拒绝，经济发展的每个项目以及城市服务供给所有的不均衡，都被解释为涉及发达的公司资本主义极限的关键性证据。

同新保守主义一样，新马克思主义构建了一个笼统的观点，它就是有力量，因为它既不可能用文献记载，也不可能去篡改。就在新保守主义无法明确说明生产率与平等之间的利弊权衡时，新马克思主义也不能明确地说明资本积累和社会合法性是如何成为互不兼容的目标的。新保守主义和新马克思主义都没有令人赞赏的温和品性；两者都把趋势和困难升级为政治当局基本上无法控制的冷酷法则。全国政府和地方政府之间的隔墙倒塌了，因为所有细节上的差异、修改和变化，在纳入了西方文明整个发展方向的宏大图景当中，都小得不足为道了。

新马克思主义的分析，虽然表面上敢言并具有革命性，但实际上同新保守主义一样反动。因为不可能发生什么有意义的变化，除非所有事情都发生了改变。除了在普通市民都处于社会暴力边缘这样极少数的历史关头，任何改革主义冲动都是徒劳无功的。在 Piven 和 Cloward 最近的著作里，他们反对的是政治改革的任何组织形式，而不是诱使社会分裂的群众鼓动。[9]在其他著作里，有更多出于新马克思主义立场的系统表述，学者们对于西方国家的体制维护功能感到如此困扰，致使他们差不多一直在界定资本主义体制进行激进变革的能力。[10]但如果革命仍然是一个乌托邦之梦，改革又不可能立刻展开，那么新马克思主义和新保守主义便合流了。

部分作为

如果我已经认真地应用了经济学的分析工具，也已经接受了经济环境对于地方决策造成的限制，那么我的观点仍然为政治行动留下了空间。制约地方再分配可能性、损害政府间项目效益的那些结构性安排并非全国政治经济学不可变更的伴生物。一旦构筑我们政治生活的政府安排得以充分的理解，有效政治改革的可能性便会浮现。不但替代的治理结构成为可能，而且它们还在与我们没有根本区别的社会当中实际存在。限制美国地方政府政策与政治的联邦体制不是资本主义体制不可或缺的一个部分，也并非公共部门为取得些许效率所必需的。相反，它是西方工业世界的一个变种。结构性的变革将基本上改变美国体制设计的独特性，它损害了再分配计划的功效。如果这些变革自身并不能保证平等，它们至少应提供一种结构性的前提条件，以使更多的公平变得更加可能。

第一，对于联邦政府十足的信任，应成为州和地方政府负债的后援。这种政策变革将消除破产威胁，这一威胁对地方政府的财政政策形成了最终的约束。虽然许多因素都在提请地方注意城市在经济上的极限，但城市绝对无法忽略的一个约束还是它们在信用市场上的级别。当城市见到它们的债券等级先从 AA 级下跌到 BBB 级，再滑向一个根本没有信用可选的地方，一场地方政治的危机一般就会形成。无论城市过去的政治导向如何，公众现在关注的焦点是把经济秩序还给城市家庭。在这样一种环境之下，再分配计划在削减预算面前变得特别脆弱，因为这些计划对社区的经济福利基本上没有什么贡献。倘若城市信用的议题从城市政治中去掉了，对于地方再分配最为重要的约束就将被消除。

为制定这项政策，联邦政府当然也会对地方政府的债务管理进行自己的控制。在美国，地方政府的资本投资受到私人债券市场的规制；如果投资是地方官员（以及地方选民）要求的，只要投资的目标和地方政府的稳定性符合金融界的标准，就能够取得信用。在此处建议的体制安排下，任何这样的投资都将由联邦政府的一个机构仔细考虑。该机构将有责任决定，地方提出的投资政策在技术上是否健全，是否符合社区的利益，是否与全国性的总体政策相一致。在作出决定的过程中，该机构希望既考虑到国家经济增长的总体战略，也要考虑全国不同地区之间的平衡问题。例如，它能够提供一个条理清楚的框架，以处理像“再工业化”这样的复杂议题以及像“投资还是不投资”决策所固有的两难处境。

虽然许多人对于在国家首度创设这样一个令人敬畏的权力表现得畏缩不前，但在英国，“地方当局在行使它们的借贷权力之前，必须获得相应的中央部门的同意”[11]。比如，无论何时，当英格兰或威尔士的地方教育当局（LEA）想要建设一所新学校时，在它的建设计划中必须包含拟议中的资本投资，每年提交给教育与科学部。该部对于 LEA 的决策从三个方面行使控制权：(1)批准或者否决特定的建设提案；(2)强制实施设施的最低标准；(3)限制学校建设过程中可能产生的成本。只有在这些方面获得许可之后，LEA 才能获得建设项目的资金。同时，有些人也许会反对申请方面的这些规则，认为其必然会冗长而死板，Griffith 对于实践中这些规定发挥作用的方式进行了仔细的分析，得出了乐观的评论：

> 这些规则在运行时没有过分地严格……实验完全可能……而且……普遍，因此，规则提供了一个恰当而必要的绩效水平，它不想降低，但在行政管理实践中应用得不会过于严厉，以免扼杀新的想法。[12]

第二，联邦政府应该制定一项收入—分享计划，以努力使各州和地方政府可用的人均财政资源均等化。当地方社区的经济衰退时，它对美国财政部的要求将会增加。当社区经济改善、增加它的地方财政资源时，它在收入—分享资源中的份额就会降低。这样的一项政策将大大削弱地方政府为促进经济增长而产生的财政激励，这些激励措施包括给工商企业的税收优惠或者对低收入居民的服务缩减。地方政府可能还会追求地方经济的改善，但它自身得不到多少财政上的收益。[13]地方收入资源的每一项增加，都会被联邦收入—分享中份额的降低所抵消。

这项政策革新的技术困难太大，不太可能全面实现。首先，给予每一个下级政府的资金数额将要考虑到它在政府功能上承担的职责范围。当前，从州到州以及各州内部不同地区之间，职能分配的差别很大。在全国有些地区，州承担了公共服务资金的很大部分；在国家的另一些部分，超过 2/3 的服务费用是从地方政府的账户里支出的。有些地方，如最有名的纽约市，一个单一的政府对应该由地方政府提供的所有服务负责。在另外的地方，特别是芝加哥，服务配送在市政府、县政府、一个卫生专区、一个教育委员会、一个公园专区、一个区域交通管理局和一大群其他专区之间进行分担。一个收入—分享计划或者将使结构性的安排标准化，地方政府借此履行它们的义务；或者找到一个资源分配的准则，该准则考虑了当下存在的巨大变化性。

地方政府的成本也会随着全国地区的不同而变化。供暖成本在东北部较高；劳动力成本在中心城市要比农村地区高；交通成本在山区州较高；资本费用，包括土地的购买，在人口密集地区比较高；贫困人口在某些地区的集中，大量增加了这些社区的福利和社会服务开支。一项使地方政府人均资源均等化的准则却在调节地方政府面临的可变成本方面无计可施，使地方政府的财政福利仍然依赖于它们的地方经济。

另外，在测定地方资源的容量时，将难以确定一个可接受的标准。一种可能的标准，是通过特定的财产税率获取的财政收入的数量。但是，各地会存在一种低估它们财产价值的动机，将它们财产的重要部分从课税清单中删除（即通过对似乎具有慈善目标的工商企业或者机构执行税收减免而减少应税财产）。同时，一个社区也许拥有不会轻易在土地价值中显现出来的经济资源，但仍然会产生可观的收入或者销售税。一个例子是，旅游度假胜地的纳税大部分由旅游者支付。

对这些困难要求进行认真的研究。这些技术上的难题也许阻止了某个理想解决方案的实施，但这不应掩盖这样一个事实，就是在当前，美国联邦政府的政策对于使地方政府可用的资源达到均等所做甚微。相比之下，许多欧洲国家数十年来一直在同这些技术难题作斗争，而且似乎制定出了政府间的援助计划，在很大程度上使地方免于经济和财政的约束，而这些约束在美国极大地支配了地方的决策。在英国，均衡地方财政资源的主要机制是一般性补贴和税款短收补贴。所有地方当局分享一般性补贴，该项补贴根据各地的人口规模、人口密度、学龄儿童人数和其他代表地方财政需要的指标，在地方间分配资源。税款短收补贴补助的对象，是以任何给定税率征收地方税，获得的人均财政收入少于以同等税率在全国范围内获得的人均收入的地方。由于伦敦和其他南部海岸地区享有很大一部分国家资源，4/5 的地方当局享受了税款短收补贴，有些地方政府的收入有 40%来自这项补贴。[14]合在一起考虑时，政府补贴对于地方支出产生了这样的均衡化效应，使地方当局之间在支出方面的变异系数在英格兰和威尔士小于 0.1，相比而言，美国 50 个州之间支出的变异系数是 0.32。[15]而且，英国地方政府支出的变动情况，如果能够通过地方社区财富的变动情况来加以解释，这种解释非常虚弱，也不一致。[16]

第三，最低标准的服务供给，应该取代现存的援助补贴（grant-in-aid）计划。现在有很多联邦计划产生了持续的政府间争论、无休无止的管理困难以及资源分配原则的矛盾。可以清除这些计划，以全面的收入一分享计划取而代之。地方政府将因此能够以与地方需要和偏好一致的方式，在服务部门之间分配资源。为了避免滥用联邦资金，联邦政府宜设立服务供给的最低标准，以使地方政府有条件申请收入—分享资金。同样，福利援助计划也可以直接由全国政府加以适当管理，就像社会保障计划直接运行的方式一样。由于当前由地方提供的福利援助只占很小一部分，因此国家可以实现在这个政策领域内的指导，而不会太多地牺牲地方自治。总体而言，联邦体制安排的重构将赋予地方政府大得多的灵活性去进行广泛的尝试，有区别地对地方利益和关切作出回应。

许多人会反对这些建议，认为它们在技术上不切实际，存在宪法上的争议，并在政治上不可行。今天的全国政治关心的首要问题是经济发展、节能和政府解规制。然而，由于自由主义的冲动仍然没有完全消失，还能够发现更新的东西因为现在无法预估的原因而几乎在一夜之间消失。甚至在今天保守主义的环境中，我们仍发现联邦政府对于健康、福利和教育政策的责任在稳步加强。迈向政治可行性的第一步，是对值得追求的目标的识别。自由主义改革现在退潮了，尤其是因为它已经丧失了思想的活力和创造性的聪明才智。在因为政治上的乏味而丢弃一个提议之前，首先必须设法解决的是事实上的真相。

但即使得以完全的实施，这些政策革新也不会是一个平等主义的乌托邦，低收入群体的需要由具有自由主义理念的公职人员给予认真的满足。[17]在生产率和再分配之间的选择，或者用一个老的术语讲，在自由和平等之间的选择，将继续要求在竞争的价值之间探寻一种恰当的平衡，不可能有最终的解决方案。一波未平，一波又起，不断引起学术界和实务界的关注。拟议的结构性变革仍然允许平等与生产率之间的权衡在地方框架内进行争论，这至少看起来像一个能够形成全国性争论的话题。无论对于全国资源更加平等的分配的可能性是什么，这些可能性在地方和全国层次都将得到同样勤恳的探索。一旦对于地方再分配的结构性障碍被置于一边，一系列新的政策将成为可能，地方政治本身甚至也可能需要一个新的含义。

【注释】

[1] 总统行政办公室 1979，p. 71。

[2] Yates 1977，p. 45.

[3] Peterson and Greenstone 1977.

[4] Wilson 1978.

[5] Clark and Ferguson(待出)。

[6] O'Connor 1973.

[7] Alcaly and Mermelstein 1976.

[8] Castells 1977；Harvey 1973；Cockburn 1977；Mollenkopf 1977.

[9] Piven and Cloward 1977.

[10] 这一系列整理有序的问题，大多归功于 Antonio Gramsci 的著述。见 Clark 1977。

[11] Griffith 1966，p. 76.

[12] 同上，p. 165。

[13] 只要地方被允许实施差别税率，各地不同的经济基础仍将产生一定的财政盈余。如果一个社区希望提供超出联邦补贴标准的更高等级的服务，它就可以更容易地在联邦最低服务标准之上，提供超出它经济基础的更多服务。也就是说，如果联邦最低服务标准设置得非常低，大多数社区在这些标准之上提供服务，那么平等主义的目标就有可能轻易地受到侵害。正是因为这个原因，州的教育基金项目就未能使地方财政资源得以均衡使用。Coons，Clune and Sugarman 1970。

[14] Griffith 1966，p. 74.

[15] 在英国，1965 年到 1966 年间，与郡平级的自治市每 1 万居民在福利、儿童服务、健康、教育以及图书馆等方面总支出的变异系数为 0.11(Boaden 1971，p. 14)。由所有地方当局承担的每 1 000 居民在初级学校教育方面的支出变异系数，在 1961 年到 1963 年间是 0.14；中等教育方面的系数是 0.11(Davies 1968，pp. 277，283)。虽然较大的变异系数发生在昂贵的公共服务较少得到检验的情况下，作为最大地方服务的教育支出以及总体的支出总量方面的变化还是很小。换句话说，地方当局有一个数量相当固定的地方资源可用(与美国的州和地方形成对比)，但在公共服务之间的资源分配上有所不同。美国的信息见第 3 章。

[16] Alt 1971 发现，财富与教育、住房和消防服务的支出之间存在着负向联系；他发现，在财富和治安、儿童服务、图书馆、公路、地方健康设施和福利之间有正向的关联。偏相关系数的值从未大过 0.21；换句话说，没有哪一项由社区财富承担的公共服务支出的变化会超过 4%。Newton 1976，pp. 70—71 在对英国支出构成要素的研究作出一个全面的评论之后，认为“在社区财富(无论怎样测量)和社区支出或者大量服务的绩效之间，不存在有统计意义的关系”。他说，虽然较富的社区喜欢“在规划和公园方面支出稍多一些”，但它们“在老年人、母亲和幼童以及特殊教育方面的花费会少一些，总的人均支出水平较低”。

[17] 即使完全得以实施，我的建议仍然会让各地最低限度地依靠它们自身的经济基础。另外，财政原因只是让地方官员不关注低收入少数族裔需要的诸多因素之一。甚至在英国，对于地方当局的再分配计划也没有什么热情。Griffith 1966，pp. 256—257 报道，“只有在极少数的情况下，教育和科学部才需要劝说地方教育当局兴建更多的学校，或者由交通部诱使市政工程师……提出更大更好的公路修建计划……在住房方面，差别是根本性的……在这个领域，急迫的感觉以及持续推动清除贫民窟的需要就来自政府部门”。

地方支出的构成要素：一个文献综述

在地方上，虽然方法论问题把水搅得很浑，但再分配政策、发展政策以及分配政策之间的差别还是有的。Brazer 的前期研究结论尤其引人瞩目，特别是因为他对方法论问题的处理通常是合理的。[1]在表 A.1 中，财政能力与教育支出之间的关联紧密。另一方面，财政能力和发展支出之间的相互关系很小，常常没有统计学上的意义。相反，发展政策的支出似乎更是需求的函数。在大城市样本中，对于分配政策来说，它与经济需求之间的关联要大于与财政能力之间的关联，但当所有城市都加入时，两者关系的影响力都适中，很像假设的那样。[2]

表 A.1　城市支出的构成要素：Brazer 的研究

政策类型	支出的决定性因素	
	财政能力：收入	需求—供给：人口密度
教育		
大城市	0.36	……
所有城市	nc	nc
分配		
治安		
大城市	……	0.51
所有城市	0.16	0.33
消防		
大城市	……	0.24
所有城市	0.13	0.16

（续表）

政策类型	支出的决定性因素	
	财政能力：收入	需求—供给：人口密度
环境卫生		
大城市	……	0.26
所有城市	0.14	0.15
发展		
公路		
大城市	……	−0.46
所有城市	0.18	−0.30

注：表中给出的变异系数由 13 个变量的回归分析产生；没有报告统计上不显著的关联；nc：未计算。

资料来源：Brazer 1959，表 C-1。

表 A.2　城市支出的构成要素：Bahl 的研究

政策类型	支出的决定性因素	
	财政能力：收入	需求—供给：人口密度
分配		
治安		
1960 年数据	0.19	0.45
1950 年数据	0.07	0.19
消防		
1960 年数据	0.19	0.26
1950 年数据	0.04	0.09
环境卫生		
1960 年数据	0.16	0.23
1950 年数据	0.25	0.11
发展		
公路		
1960 年数据	−0.02	−0.19
1950 年数据	0.04	−0.17

注：表中给出的变异系数由 10 个变量的回归分析产生。

资料来源：Bahl 1969，表 38。

表 A.3　城市支出的构成要素:Weicher 的研究

政策类型	支出的决定性因素		
	财政能力:收入	需求—供给	
		人口密度	1 月温度[a]
分配			
治安	0.24	3.56	3.96
消防	0.21	0.38	2.33
环境卫生	0.03	1.85	−1.45
发展			
公路	0.02	−2.14	−6.0

注:表中给出的非标准回归系数由 21 个变量的分析产生。

a 天气越冷,街道养护的费用越高。

资料来源:Weicher 1970, p.384。

Bahl 和 Weicher 在各自的研究中,也检验了城市政府履行的普通职能方面的支出。Bahl 收集了 1950 年到 1960 年期间,大都市地区 198 个中心城市在各类分配和生产性政策方面的支出数据。[3]如表 A.2 所示,1960 年分配政策方面的支出是同财政能力和需求/供给关系两者的指标联系在一起的。1950 年的分配性支出所展现出来的关系与 1960 年类似,但更弱些。另一方面,发展政策如同假设一样,同财政能力的指标没有显著关联,但与人口密度有相当强的负面联系。[4]Weicher 对于 206 个中心城市在 1960 年支出的研究,只提供了一个不标准的回归系数,因此表 A.3 中的比较只能按列纵向进行,不能顺排横向展开。[5]虽然回归分析中导入的 21 个变量大大增加了多元共线性的问题,但 Weicher 的研究发现与 Bahl 在 1960 年的研究结论相当一致。分配政策是财政能力的表现,而发展政策则不是。两种政策均以预期的方式,对适度的需求供给关系作出回应。Weicher 自己注意到,对于不同类型的公共政策,联系模式是不断变化的,但他无法说明这些差异:

> 如果我们比较这些回归分析……非常明显的是……治安和消防

> 的结果非常相近，卫生和公路的结果也相似，但是两组之间的相似性很小……
>
> 似乎符合情理的是，收入的影响（在卫生和公路的回归分析中）不显著，这是因为收入与被删除的一些变量有关……作为财政能力的一个测量方法，收入应该对所有服务产生普遍相似的效应。[6]

一旦人们考虑到这种可能性，Weicher 的困惑就是可以解决的。这种可能性是财政能力对于公共政策具有非常不同的影响，要看这一政策是分配性政策还是发展性政策。政府即使在财政资源有限的情况下，也有可能增加用于发展政策的资源。另一方面，分配政策，特别是再分配政策的水平，取决于不同的财政资源，这些资源在统一的税率下会带来收入水平的变化。

Brazer、Bahl 和 Weicher 的研究分析了城市政府的支出。当地方政府支出的数据在国家层次汇总时，会得到类似的结果。在一项对多个国家的全国性研究里，Schmandt 和 Stephens 只单纯地报告了关联系数，他们的发现受到了州对地方政府援助数额变动的严重影响，地方政府将接受的援助用于再分配政策和发展政策。[7]但是，如表 A.4 所示，一旦考虑到了这些因素，研究发现会与其他研究的发现相一致。再分配支出与地方环境变量之间的关联，被州政府用于这个政策领域的特别大额的援助所减弱。但支出和财政能力之间的关联还是统统大于支出与需求供给/变量之间的关联。州的援助也减弱了在发展政策领域支出与地方环境变量之间关联的规模。然而，这一模式与人们从再分配政策那里知道的正好相反。倘若如此，需求变量与支出间的联系要比财政能力方面的指标与支出间的联系更为紧密。例如分配政策，所有关联都非常强，因为州的作用在这个政策领域小了许多。但是，很显然，财政能力与需求/供给因素看起来效果差不多相当。对于县一级汇集的数据更为复杂的分析已经由 Adams 完成。[8]为了在他的分析单位之间取得可比性，消除在再分配和发展政策领域因州援助的数量变动而产生的问题,他只对分配变量进行回归分析。但他的分析只是确认了 Schmandt 和 Stephens 的发现,即需求/供给和财政能力变量都是支出的重要构成要素。

表 A.4 城市支出的构成要素:Schmandt 和 Stephens 的研究

政策类型	支出的决定性因素			
	州的援助	地方财政能力:收入	需求—供给	
			规模	人口密度
再分配				
健康与医院	0.17	0.32	0.16	0.21
福利	0.53	0.18	−0.02	0.02
教育	0.46[2]	0.33	−0.19	−0.18
分配				
治安	0.26	0.55	0.46	0.51
消防	0.05	0.53	0.65	0.62
排污	0.10	0.39	0.24	0.26
环境卫生	nc	0.40	0.51	0.52
发展				
公路	0.50	0.17	−0.27	−0.26

注:表中给出的只是关联系数。
资料来源:Schmandt 和 Stephens 1963,表 4。

由于州与联邦政府在为再分配政策提供资金上具有的重要地位,大多数研究都没有为此目标提供有关地方支出构成要素的可靠信息。基于这个原因,我们报告的仅仅是 Schmandt 和 Stephens 研究中有问题的数据以及 Brazer 研究中的教育支出。但是,Sharkansky 在对县政府给穷人的一般性福利援助支出的一项研究中,小心翼翼地将地方政府再分配支出的变动情况分离出去。这个研究特别有趣,因为 Sharkansky 明确无误地关注财政能力或者对再分配的需要看上去在一定程度上决定了支出的水平。Sharkansky 发现在几乎所有的州里,对于地方决定的一般性援助计划,支出明显受到了财政能力的影响——只有极少数州受到需要水平的影响。Sharkansky 的结论是,“在公共援助计划中,一般性援助最少受到联邦和州的监督;它展现了大多数州里县与县之间存在的最大不平等和随县域经济资源而变化的最明显的趋势”[9]。

【注释】

[1] Brazer 1959.

[2] 在俄亥俄州和马萨诸塞州的发现差不多;加利福尼亚州的发现受到了其城市在 20 世纪 40 年代晚期经历的喷发性增长的严重影响,对于其他时期和其他地方也许不适用。

[3] Bahl 1969.

[4] 由于 Bahl 在因变量包含的支出同时来自州与地方财政资源的分析当中,把州的援助作为一项自变量,因此有理由相信,在人口密度和公路支出之间的 β 系数低估了实际存在的关系。

[5] Weicher 1970.

[6] 同上,pp. 392—393。

[7] Schmandt and Stephens 1963.

[8] Adams 1967.

[9] Sharkansky 1971.

参考文献

Adams, R. F. 1967. On the variation in the consumption of public services. In *Essays in state and local finance*, ed. by H. E Brazer, pp. 9–16. Ann Arbor, Michigan: Institute of Public Administration.

Agger, R.; Goldrich, B.; and Swanson, B. 1964. *The rulers and the ruled*. New York: John Wiley.

Alcaly, R. E. and Mermelstein, D., eds. 1976. *The fiscal crisis of American cities*. New York: Vintage Books.

Alexander, K. L., and McDill, E. L. 1976. Selection and allocation within schools: Some causes and consequences of currriculum placement. *American Sociological Review* 41:963–80.

Alford, R. R., and Lee, E. C. 1968. Voting turnout in American cities. *American Political Science Review* 62:796–813.

Alt, J. E. 1971. Some social and political correlates of county borough expenditures. *British Journal of Political Science* 1:49–62.

Ashenfelter, O. 1971. The effect of unionization on wages in the public sector: The case of fire fighters. *Industrial and Labor Relations Review* 24:191–202.

Babcock, R. F. 1966. *The zoning game*. Madison: University of Wisconsin Press.

Bachrach, P., and Baratz, M. S. 1962. Two faces of power. *American Political Science Review* 56:947–52.

———. 1970. *Power and poverty: Theory and practice*. New York: Oxford University Press.

Bahl, R. W. 1969. *Metropolitan city expenditures: A comparative analysis*. Lexington: University of Kentucky Press.

Bahl, R. W.; Campbell, A. K.; and Greytak, D. 1974. *Taxes, expenditures, and the economic base: Case study of New York City*. New York: Praeger.

Banfield, E. C. 1961. *Political influence*. Glencoe, Illinois: Free Press.

Banfield, E. C., and Wilson, J. Q. 1963. *City politics*. Cambridge, Massachusetts: Harvard University Press.

Barber, J. D. 1965. *The lawmakers.* New Haven: Yale University Press.
Bauer, R. A.; Pool, I. de Sola; and Dexter, L. A. 1972. *American business and public policy.* Chicago: Aldine-Atherton.
Becker, G. S. 1964. *Human capital.* Princeton, New Jersey: Princeton University Press.
Beer, S. 1969. *British politics in the collectivist age.* Westminster, Maryland: Random House.
Bellush, J., and David, S. M., eds. 1971. *Race and politics in New York City: Five studies in policy-making.* New York: Praeger.
Berg, I. 1970. *Education and jobs: The great training robbery.* New York: Praeger.
Boaden, N. 1971. *Urban policy-making.* Cambridge: Cambridge University Press.
Brazer, S. 1959. *City expenditures in the United States.* Occasional papers no. 66. New York: National Bureau of Economic Research.
Brown, L. D. 1978. In *American politics and public policy,* ed. by W. D. Burnham and M. W. Weinberg. Cambridge, Massachusetts: Massachusetts Institute of Technology Press.
Browning, R. P.; Marshall, D. R.; and Tabb, D. H. 1978. Responsiveness to minorities: A theory of political change in cities. Paper prepared for the annual meeting of the American Political Science Association.
Bryce, J. 1891. *The American commonwealth.* Vol. 1. New York: Macmillan.
———. 1910. *The American commonwealth.* Vol. 1. New edition. New York: Macmillan.
Burkhead, J., with Fox, T. G., and Holland, J. W. 1967. *Input and output in large city high schools.* Syracuse, New York: Syracuse University Press.
Burnham, W. D. 1970. *Critical elections and the mainsprings of American politics.* New York: Norton.
Callahan, R. E. 1962. *Education and the cult of efficiency.* Chicago: University of Chicago Press.
Campbell, A., et al. 1960. *The American voter.* New York: John Wiley.
Caputo, D. A. 1976. *Urban America: The policy alternatives.* San Francisco: W. H. Freeman.
Caraley, D. 1977. *City governments and urban problems.* Englewood Cliffs, New Jersey: Prentice-Hall.
Caro, R. A. 1974. *The power broker: Robert Moses and the fall of New York.* New York: Alfred Knopf.
Castells, M. 1977. *The urban question.* London: Edward Arnold.
Cebula, R. J. 1974. Local government policies and migration: An analysis for SMSAs in the United States. *Public Choice* 19:85–93.
Chicago Urban League. 1977. The current economic status of Chicago's black community. Mimeographed. Chicago.
Citizens' Budget Commission. 1979. *Twenty-five year pocket summary of New York City finances for the fiscal year 1977–78.* New York: Citizens' Budget Commission.
Clark, M. 1977. *Antonio Gramsci and the revolution that failed.* New Haven: Yale University Press.

Clark, P. 1959. Chicago's big businessmen. Doctoral dissertation, University of Chicago.

Clark, T. N. 1968. Community structure, decision making, budget expenditures, and urban renewal in fifty-one American communities.

———. 1975. The Irish ethic and the spirit of patronage. *Ethnicity* 2:305–59.

Clark, T. N., and Ferguson, L. C. *Political leadership and urban fiscal strain.* Forthcoming.

Clelland, D. A., and Form, W. H. 1968. Economic dominants and community power: A comparative analysis. In *The search for community power*, ed. by W. D. Hawley and F. M. Wirt, pp. 78–87. Englewood Cliffs, New Jersey: Prentice-Hall.

Cnudde, C. F., and McCrone, D. J. 1969. Party competition and welfare policies in the American states. *American Political Science Review* 63:858–66.

Cockburn, C. 1977. *The local state.* London: Pluto Press.

Coleman, J. S., et al. 1966. *Equality of educational opportunity.* Washington, D. C.: Government Printing Office.

Converse, P. E. 1966. Religion and politics: The 1960 election. In *Elections and the political order*, ed. by A. Campbell et al., pp. 96–124. New York: John Wiley.

Coons, J. E.; Clune, W. H.; and Sugarman, S. D. 1970. *Private wealth and public education.* Cambridge, Mass.: Harvard University Press.

Counts, G. 1928. *School and society in Chicago.* New York: Harcourt, Brace.

Cox, H., and Morgan, D. 1973. *City politics and the press.* Cambridge: Cambridge University Press.

Crain, R. 1968. *The politics of school desegregation.* Chicago: Aldine.

Crawford, R. 1974. The politics of hospital utilization. Doctoral dissertation, University of Chicago.

Crecine, J. P. 1969. *Governmental problem-solving.* Chicago: Rand McNally.

Crenson, M. 1971. *The un-politics of air pollution.* Baltimore, Maryland: Johns Hopkins University Press.

Cronin, J. M. 1973. *The control of urban schools: Perspective on the power of educational reformers.* New York: Free Press.

Dahl, R. 1961. *Who governs?* New Haven: Yale University Press.

———. 1976. Equality and power in American society. In *Urban politics and public policy*, ed. by S. M. David and P. E. Peterson, 2d ed., pp. 28–35. New York: Praeger.

Danielson, M. N. 1965. *Federal-metropolitan politics and the commuter crisis.* New York: Columbia University Press.

David, S. M., and Kantor, P. 1979. Political theory and transformations in urban budgetary arenas: The case of New York City. In *Urban policy making*, ed. by D. R. Marshall, pp. 183–220. Beverly Hills, California: Sage.

David, S. M., and Peterson, P. E., eds. 1976. *Urban politics and public policy.* 2d ed. New York: Praeger.

Davies, B. 1968. *Social needs and resources in local services.* London: Joseph.

Derthick, M. 1968. Intercity differences in administration of the public assistance program: The case of Massachusetts. In *City politics and public policy*, ed. by J. Q. Wilson, pp. 243–66. New York: John Wiley.

———. 1972. *New towns in town: Why a federal program failed.* Washington, D.C.: Urban Institute.

Diamond, M. 1969. On the relationship of federalism and decentralization. In *Cooperation and conflict: Readings in American federalism*, ed. by D. J. Elazar et al., pp. 72–80. Itasca, Illinois: F. E. Peacock.

Doig, J. W. 1966. *Metropolitan transportation politics and the New York region.* New York: Columbia University Press.

Downs, A. 1957. *An economic theory of democracy.* New York: Harper.

Dye, T. R. 1966. *Politics, economics, and the public: Policy outcomes in the American states.* Chicago: Rand McNally.

Eckstein, H. 1960. *Pressure group politics: The case of the British Medical Association.* London: Allen & Unwin.

Edel, M., and Sclar, E. 1974. Taxes, spending, and property values: Supply adjustment in a Tiebout-Oates model. *Journal of Political Economy* 82: 941–54.

Ehrenberg, R. G. 1973. Municipal government structure, unionization, and the wages of fire fighters. *Industrial and Labor Relations Review* 27:36–48.

Elazar, D. J. 1966. *American federalism: A view from the states.* New York: Thomas Y. Crowell.

———. 1970. *Cities of the prairie.* New York: Basic Books.

Elazar, D. J.; Carroll, R. B.; Levine, E. L.; and St. Angelo, D. 1969. *Cooperation and conflict: Readings in American federalism.* Itasca, Illinois: F. E. Peacock.

Eulau, H., and Prewitt, K. 1973. *Labyrinths of democracy.* Indianapolis: Bobbs-Merrill.

Executive Office of the President. 1979. *The U.S. budget in brief: Fiscal year 1980.* Washington, D.C.: Government Printing Office.

Fabricant, S. 1952. *The trend of government activity in the United States since 1900.* New York: National Bureau of Economic Research.

Ferretti, F. 1976. *The year the big apple went bust.* New York: G. P. Putnam's Sons.

Fiorina, M. P. 1977. *Congress.* New Haven: Yale University Press.

First National City Bank (George Roniger). 1970. *The financial position of the city of New York in long-term perspective.* New York: First National City Bank.

Fisher, D. 1967. Local determinants of per pupil expenditures in suburban high school districts. Doctoral dissertation, University of Chicago.

Fisher, G. W. 1964. Interstate variation in state and local government expenditure. *National Tax Journal* 17:57–74.

Flathman, R. E. 1966. The public interest. New York: John Wiley.

Fletcher, P. 1967. The results analyzed. In *Voting in cities*, ed. by L. J. Sharpe, pp. 298–303. London: Macmillan & Co.

Forrester, J. 1969. *Urban dynamics.* Cambridge, Massachusetts: Massachusetts Institute of Technology Press.

Freedman, L. 1969. *Public housing: The politics of poverty*. New York: Holt, Rinehart, & Winston.

Freund, J. L. 1974. Market and union influences on municipal employee wages. *Industrial and Labor Relations Review* 27:391–404.

Fried, R. C. 1975. Comparative urban policy and performance. In *Handbook of political science*, vol. 6, ed. by F. Greenstein and N. Polsby, pp. 305–79. Reading, Massachusetts: Addison-Wesley.

Frohlich, N.; Oppenheimer, J.; and Young, O. R. 1971. *Political leadership and collective goods*. Princeton, New Jersey: Princeton University Press.

Froman, L. 1967. An analysis of public policies in cities. *Journal of Politics* 29:94–108.

Gardiner, J. 1968. Police enforcement of traffic laws: A comparative analysis. In *City politics and public policy*, ed. by J. Q. Wilson, pp. 151–72. New York: John Wiley.

Gerth, H. H., and Mills, C. W., trans. 1946. *From Max Weber*. New York: Oxford University Press.

Gilbert, C. E. 1964. National political alignments and the politics of large cities. *Political Science Quarterly* 79:25–51.

Gittell, M. 1973. Professionalism and public participation in educational policy-making: New York City, a case study. In *Urban policies and public policy*, ed. by S. M. David and P. E. Peterson, pp. 192–217. New York: Praeger.

Glazer, N., and Moynihan, D. 1963. *Beyond the melting pot*. Cambridge, Massachusetts: Massachusetts Institute of Technology Press and Harvard University Press.

Goetell, R. J. 1978. Federal assistance to national target groups: The ESEA Title I experience. In *The federal interest in financing schooling*, ed. by M. Timpane, pp. 173–208. Cambridge, Massachusetts: Ballinger.

Greenstone, J. D. 1969. *Labor in American politics*. New York: Alfred Knopf.

Greenstone, J. D., and Peterson, P. E. 1976. *Race and authority in urban politics*. Phoenix edition. Chicago: University of Chicago Press.

Griffith, J. A. 1966. Toronto: University of Toronto Press.

Grodzins, M. 1966. *The American system*, ed. by D. J. Elazar. Chicago: Rand McNally.

Grubb, W. N., and Michelson, S. 1974. *States and schools*. Lexington, Massachusetts: Lexington Books.

Hansen, A. H., and Perloff, H. S. 1944. *State and local finance in the national economy*. New York: Norton.

Hansen, S. B. 1975. Participation, political structure, and concurrence. *American Political Science Review* 69:1181–1199.

Hanushek, E. 1972. *Education and race*. Lexington, Massachusetts: Lexington Books.

Hartman, C., et al. 1974. *Yerba Buena: Land grab and community resistance in San Francisco*. San Francisco: Glide Publications.

Harvey, D. 1973. *Social justice and the city*. Baltimore: Johns Hopkins University Press.

Harvey, L. E. 1969. Property tax determinants of education expenditure.

Doctoral dissertation, Stanford University.
Hawley, W. D. 1973. *Nonpartisan elections and the case for party politics.* New York: John Wiley.
Hawley, W. D., and Wirt, F. M., eds. 1968. *The search for community power.* Englewood Cliffs, New Jersey: Prentice-Hall.
Hayes, E. C. 1972. *Power structure and urban policy: Who rules in Oakland?* New York: McGraw-Hill.
Hays, S. P. 1964. The politics of reform in municipal government in the progressive era. *Pacific Northwest Quarterly* 55:157–69.
Heidenheimer, A. J.; Heclo, H.; and Adams, C. T. 1976. *Comparative public policy: The politics of social choice in Europe and America.* London: Macmillan & Co.
Heyns, B. 1974. Social selection and stratification within schools. *American Journal of Sociology* 79:1434–51.
Hibbs, D., Jr. 1977. Political parties and macroeconomic policy. *American Political Science Review* 71:1467–87.
Hickrod, G. A. 1971. Local demand for education: A critique of school finance and economic research circa 1959–1969. *Review of Educational Research* 41:35–49.
Hirsch, W. Z. 1960. Determinants of public education expenditures. *National Tax Journal* 13:29–40.
Hirschman, A. O. 1970. *Exit, voice, and loyalty.* Cambridge, Massachusetts: Harvard University Press.
Hofstadter, R. 1955. *The age of reform.* New York: Oxford University Press.
Holli, M. G. 1969. *Reform in Detroit.* New York: Oxford University Press.
Hughes, J. F., and Hughes, A. O. 1972. *Equal education: A new national strategy.* Bloomington: Indiana University Press.
Hunter, F. 1953. *Community power structure.* Chapel Hill: University of North Carolina Press.
James, H. T.; Kelly, J.; and Garms, W. 1966. *Determinants of educational expenditures in large cities of the United States.* Stanford, California: Stanford University School of Education.
James, H. T.; Thomas, J. A.; and Dyck, H. J. 1963. *Wealth, expenditure, and decision-making for education.* Stanford, California: Stanford University School of Education.
Jencks, C. S. 1972. The conventional wisdom. In *On equality of educational opportunity,* ed. by F. Mosteller and D. P. Moynihan, pp. 72–81. New York: Random House.
Jencks, C. S., et al. 1972. *Inequality.* New York: Basic Books.
Jennings, M. K. 1964. *Community influentials: The elites of Atlanta.* New York: Free Press.
Katzman, M. T. 1971. *The political economy of urban schools.* Cambridge, Massachusetts: Harvard University Press.
Katznelson, I. 1973. *Black men, white cities.* New York: Oxford University
———. *City trenches.* New York: Pantheon. Forthcoming.
Kaufman, H. 1960. *The forest ranger.* Baltimore, Maryland: Johns Hopkins University Press.

Key, V. O., Jr. 1949. *Southern politics.* New York: Alfred Knopf.
———. 1964. *Politics, parties, and pressure groups.* 5th ed. New York: Thomas Y. Crowell.
King, A. T. 1977. Estimating property tax capitalization: A critical comment. *Journal of Political Economy* 85:425–31.
Kramer, R. 1969. *Participation of the poor: Comparative case studies in the war on poverty.* Englewood Cliffs, New Jersey: Prentice-Hall.
Ladd, E. C. 1970. *American political parties.* New York: Norton.
Lane, R. E. 1959. *Political life.* Glencoe, Illinois: Free Press.
La Noue, G. R., and Smith, B. L. R. 1973. *The politics of school decentralization.* Lexington, Massachusetts: Lexington Books.
Latham, E. 1952. *The group basis of politics.* Ithaca, New York: Cornell University Press.
Lee, E. C. 1960. *The politics of nonpartisanship.* Berkeley and Los Angeles: University of California Press.
———. 1963. City elections: A statistical profile. In *The municipal yearbook 1963*, pp. 74–84. Chicago: International Managers' Association.
Levi, M. 1977. *Bureaucratic insurgency: The case of police unions.* Lexington, Massachusetts: Lexington Books.
Levin, H. M. 1977. A decade of policy developments in improving education and training for low-income populations. In *A decade of federal antipoverty programs*, ed. by R. H. Haveman, pp. 123–88. New York: Academic Press.
Levine, C. H.; Perry, J. L.; and De Marco, J. 1977. Collective bargaining in municipal governments: An interorganizational perspective. In *Managing human resources*, ed. by C. H. Levine, pp. 159–200. Urban Affairs Annual Review, vol. 13. Beverly Hills, California: Sage.
Levy, F.; Meltsner, A. J.; and Wildavsky, A. 1974. *Urban outcomes: Schools, streets, and libraries.* Berkeley and Los Angeles: University of California Press.
Lewis-Beck, M. S. 1977. The relative importance of socioeconomic and political variables for public policy. *American Political Science Review* 71:559–66.
Liebert, R. J. 1974. Municipal functions, structure, and expenditures: A reanalysis of recent research. *Social Science Quarterly* 54:765–83.
Lineberry, R., and Fowler, E. P. 1967. Reformism and public policies in American cities. *American Political Science Review* 61:701–16.
Lineberry, R., and Sharkansky, I. 1971. *Urban politics and public policy.* New York: Harper & Row.
Lipset, S. M. 1960. *Political man.* Garden City, New York: Doubleday.
Lipsky, D. B., and Drotning, J. E. 1973. The influence of collective bargaining on teachers' salaries in New York State. *Industrial and Labor Relations Review* 27:18–35.
Lipsky, M. 1970. *Protest in city politics: Rent strikes, housing, and the power of the poor.* Chicago: Rand McNally.
Lipsky, M., and Olson, D. J. 1977. *Commission politics: The processing of racial crisis in America.* New Brunswick, New Jersey: Transaction Books.

Long, N. E. 1972. *The unwalled city*. New York: Basic Books.

Lowi, T. 1964a. American business, public policy, case studies, and political theory. *World Politics* 16:677–715.

———. 1964b. *At the pleasure of the mayor*. New York: Free Press.

———. 1969. *The end of liberalism*. New York: Norton.

———. 1976. Gosnell's Chicago revisited via Lindsay's New York. In *Urban politics and public policy*, ed. by S. M. David and P. E. Peterson, 2d ed., pp. 28–35. New York: Praeger.

Lupo, A.; Colcord, F.; and Fowler, E. P. 1971. *Rites of way: The politics of transportation in Boston and the U.S. city*. Boston: Little, Brown.

McConnell, G. 1966. *Private power and American democracy*. New York: Alfred Knopf.

McDougall, G. S. 1976. Local public goods and residential property values: Some insights and extensions. *National Tax Journal* 29:436–47.

McFarland, A. S. 1969. *Power and leadership in pluralist systems*. Stanford, California: Stanford University Press.

Macmahon, A. W. 1972. *Administering federalism in a democracy*. New York: Oxford University Press.

Marris, P., and Rein, M. 1967. *Dilemmas in social reform*. New York: Atherton.

Marsh, P. E., and Gortner, R. A. 1963. *Federal aid to science education: Two programs*. Syracuse, New York: Syracuse University Press.

Maxwell, J. A., and Aronson, R. 1977. *Financing state and local governments*. Washington, D. C.: Brookings Institution.

Meadows, G. R. 1976. Taxes, spending, and property values: A comment and further results. *Journal of Political Economy* 84:869–80.

Meltsner, A. J. 1971. *The politics of city revenue*. Berkeley and Los Angeles: University of California Press.

Merton, R. K. 1957. *Social theory and social structure*. New York: Free Press.

Meyerson, M., and Banfield, E. C. 1955. *Politics, planning, and the public interest*. Glencoe, Illinois: Free Press.

Miller, D. C. 1958. Decision-making cliques in community power structures: A comparative study of an American and an English city. *American Journal of Sociology* 64:299–310.

———. 1970. *International community power structures*. Bloomington: Indiana University Press.

Mills, E. S., and Oates, W. E. 1975. *Fiscal zoning and land use controls*. Lexington, Massachusetts: Lexington Books.

Minar, D. W. 1964. Community characteristics, conflict, and power structures. In *The politics of education in the local community*, ed. by R. S. Cahill and S. P. Hencley, pp. 125–44. Danville, Illinois: Interstate.

Miner, J. 1963. *Social and economic factors in spending for public education*. Syracuse, New York: Syracuse University Press.

Mollenkopf, J. 1977. Southwestern urban development and the flight from political conflict and adaptation. Mimeographed. Palo Alto, California: Stanford University Graduate School of Business.

Molotch, H. 1972. *Managed integration*. Berkeley and Los Angeles: University of California Press.

Morgan, J. N., et al. 1962. *Income and welfare in the United States*. New York: McGraw-Hill.

Morss, E. R. 1966. Some thoughts on the determinants of state and local expenditures. *National Tax Journal* 19:95–103.

Muller, Thomas. 1975. *Growing and declining urban areas: A fiscal comparison*. Washington, D.C.: Urban Institute.

Murnane, R. J. 1975. *The impact of school resources on the learning of inner city children*. Cambridge, Massachusetts: Ballinger.

Murphy, J. T. 1971. Title I of ESEA: The politics of implementing federal education reform. *Harvard Educational Review* 41:35–63.

Musgrave, R. A. 1959. *The theory of public finance*. New York: McGraw-Hill.

Netzer, D. 1966. *Economics of the property tax*. Washington, D.C.: Brookings Institution.

Newton, K. 1976. Community performance in Britain. *Current Sociology* 26:49–84.

New York Chamber of Commerce. 1960. *The coming crisis in New York City finances*. New York: New York Chamber of Commerce.

Nie, N. H.; Verba, S.; and Petrocik, J. R. 1976. *The changing American voter*. Cambridge, Massachusetts: Harvard University Press.

Oates, W. E. 1969. The effects of property taxes and local public spending on property values: An empirical study of tax capitalization and the Tiebout hypothesis. *Journal of Political Economy* 77:957–71.

———. 1972. *Fiscal federalism*. New York: Harcourt Brace Jovanovich.

———. 1973. The effects of property taxes and local spending on property values: A reply and further results. *Journal of Political Economy* 81:1004–8.

O'Connor, J. 1973. *The fiscal crisis of the state*. New York: St. Martin's Press.

Olson, M. 1968. *The logic of collective action*. New York: Schocker.

Orfield, G. 1969. *The reconstruction of southern education: The schools and the 1964 Civil Rights Act*. New York: John Wiley, Interscience.

O'Shea, D. 1970. The impact of political leadership on educational policy. Doctoral dissertation, University of Chicago.

Ostrogorski, M. 1910. *The organization and development of political parties II: The United States*. New York: Macmillan.

Ostrom, E.; Baugh, W.; Guarasci, R.; Parks, R.; and Whitaker, G. 1973. *Community organization and the provision of public services*. Beverly Hills, California: Sage.

Owen, J. D. 1972. The distribution of educational resources in large American cities. *Journal of Human Resources* 7:26–38.

Parenti, M. 1967. Ethnic politics and the persistence of ethnic identification. *American Political Science Review* 61:717–26.

Peterson, P. E. 1975. Incentive theory and group influence: James Wilson's *Political Organizations* and the end of group theory. Paper prepared for the annual meeting of the American Political Science Association.

———. 1976. *School politics Chicago style*. Chicago: University of Chicago Press.

———. 1979a. A unitary model of local taxation and expenditure policies in the United States. *British Journal of Political Science* 9:281–314.

———. 1979b. Organizational imperatives and ideological change: The case of black power. *Urban Politics Quarterly* 14:465–84.

Peterson, P. E., and Greenstone, J. D. 1976. The community action controversy as a test of two competing models of the policy-making process. In *Theoretical perspectives on urban politics*, ed. by M. Lipsky and W. Hawley, pp. 67–99. New York: Prentice-Hall.

———. 1977. Racial change and citizen participation: The mobilization of low-income communities through community action. In *A decade of federal antipoverty programs*, ed. by R. H. Haveman, pp. 241–78. New York: Academic Press.

Peterson, P. E., and Kantor, P. 1977. Political parties and citizen participation in English city politics. *Comparative Politics* 9:197–217.

Peterson, P. E., and Karpluss, S. 1978. The impact of property taxes and educational expenditures on property values in central cities and suburban communities. Mimeographed. Chicago: University of Chicago Department of Political Science.

Piven, F. F. 1976. The urban crisis: Who got what, and why. In *Urban politics and public policy*, ed. by S. M. David and P. E. Peterson, 2d ed., pp. 318–38. New York: Praeger.

Piven, F. F., and Cloward, R. 1971. *Regulating the poor*. New York: Pantheon.

———. 1977. *Poor people's movements*. New York: Pantheon.

Pollakowski, H. O. 1973. The effects of property taxes and local public spending on property values: A comment and further results. *Journal of Political Economy* 81:994–1003.

Polsby, N. W. 1980. *Community power and political theory*. 2d ed. New Haven: Yale University Press.

Pressman, J. L. 1972. Preconditions of mayoral leadership. *American Political Science Review* 66:511–24.

———. 1975. *Federal programs and city politics*. Berkeley and Los Angeles: University of California Press.

Pressman, J. L., and Wildavsky, A. 1973. *Implementation*. Berkeley and Los Angeles: University of California Press.

Presthus, R. 1964. *Men at the top: A study in community power*. New York: Oxford University Press.

Prewitt, K. 1970. Political ambitions, volunteerism, and electoral accountability. *American Political Science Review* 64:5–17.

Psacharopoulos, G. 1973. Returns to education: *An international comparison*. New York: Elsevier.

Rafuse, R. W., Jr. 1965. Cyclical behavior of state-local finances. In *Essays in fiscal federalism*, ed. by R. A. Musgrave, pp. 63–120. Washington, D. C.: Brookings Institution.

Reagan, M. D. 1972. *The new federalism*. New York: Oxford University Press.

Reichley, J. 1959. *The art of government: Reform and organization politics in Philadelphia*. New York: Fund for the Republic.

Riesman, D. 1950. *The lonely crowd*. New Haven and London: Yale University Press.

Rogers, D. 1968. *110 Livingston Street*. New York: Random House.

Rosen, H. S., and Fullerton, D. J. 1977. A note on local tax rates, public benefit levels, and property values. *Journal of Political Economy* 85:433–40.

Sacks, S., and Harris, R. 1964. The determinants of state and local government expenditure and intergovernmental flows of funds. *National Tax Journal* 17:75–85.

Sacks, S.; Harris, R.; and Carroll, J. J. 1963. *State and local government: The role of state aid in New York*. Albany, New York: Department of Audit and Control.

Sacks, S., and Hellmuth, W. F., Jr. 1961. *Financing government in a metropolitan area*. New York: Free Press.

Salisbury, R. H. 1970. Schools and politics in the big city. In *The politics of education at the local, state, and federal levels*, ed. by M. W. Kirst, pp. 17–32. Berkeley: McCutchan Publishing.

Savas, E. S. 1976. Solid waste collection in metropolitan areas. In *The delivery of urban services*, ed. by E. Ostrom, pp. 207–30. Urban Affairs Annual Review, vol. 10. Beverly Hills, California: Sage.

Sayre, W., and Kaufman, H. 1960. *Governing New York City*. New York: Russell Sage.

Schattschneider, E. E. 1960. *The 'semi-sovereign people*. New York: Holt, Rinehart, & Winston.

Schmandt, H. J., and Stephens, G. R. 1963. Local government expenditure patterns in the United States. *Land Economics* 39:397–406.

Schulze, R. O. 1961. The bifurcation of power in a satellite city. In *Community political systems*, ed. by M. Janowitz, pp. 19–80. New York: Free Press.

Schulze, R. O., and Blumberg, L. U. 1957. The determination of local power elites. *American Sociological Review* 63:290–96.

Scott, J. C. 1972. *Comparative political corruption*. Englewood Cliffs, New Jersey: Prentice-Hall.

Sharkansky, I. 1968. *Spending in American states*. Chicago: Rand McNally.

———. 1970. *Regionalism in American politics*. Indianapolis: Bobbs-Merrill.

———. 1971. Economic theories of public policy: Resource-policy and need-policy linkages between income and welfare benefits. *Midwest Journal of Political Science* 15:722–40.

Sharkansky, I., and Hofferbert, R. I. 1969. Dimensions of state politics, economics, and public policy. *American Political Science Review* 63:867–79.

Sharp, A. M. 1965. The behavior of selected state and local government fiscal variables during the phases of the cycles, 1949–61. In *Proceedings of the National Tax Association*, pp. 599–613. New York: National Tax Association.

Shefter, M. 1976. The emergence of the political machine: An alternative view. In *Theoretical perspectives on urban politics*, ed. by M. Lipsky and W. Hawley, pp. 14–44. Englewood Cliffs, New Jersey: Prentice-Hall.

———. 1977. New York City's fiscal crisis: The politics of inflation and retrenchment. *Public Interest* 48:98–127.

Smith, M. P. 1972. Basic findings reconsidered. In *On equality of educa-*

tional opportunity, ed. by F. Mosteller and D. P. Moynihan, pp. 254–69. New York: Random House.

Stokes, D. E. 1967. Parties and the nationalization of electoral forces. In *The American party systems*, ed. by W. N. Chambers and W. D. Burnham, pp. 182–202. New York: Oxford University Press.

Strange, J. H. 1972. Citizen participation in community action and model cities programs. *Public Administration Review* 32:457–70.

Summers, A. A., and Wolfe, B. L. 1977. Do schools make a difference? *American Economic Review* 67:639–52.

Temporary Commission on City Finances. 1966. *Financing the City University: Fiscal issues of public higher education in New York City*. Staff paper 1, February. New York: Temporary Commission.

———. 1976. *An historical and comparative analysis of expenditures in the city of New York*. Eighth interim report to the mayor, October. New York: Temporary Commission.

———. 1977. *The effects of personal taxes in New York City: Some proposals for a more rational system*. Eleventh interim report to the mayor, February. New York: Temporary Commission.

———. 1978. *The City in transition: Prospects and policies for New York*. New York: Arno Press.

Thompson, F. 1975. *Personnel policy in the city*. Berkeley and Los Angeles: University of California Press.

Thompson, W. R. 1965. *A preface to urban economics*. Baltimore, Maryland: Johns Hopkins University Press.

Thurow, L. C. 1972. Education and economic equality. *Public Interest* 28:66–81.

Tiebout, C. M. 1956. A pure theory of local expenditures. *Journal of Political Economy* 64:416–24.

Tingsten, H. 1937. *Political behavior*. London: P. S. King & Son.

Tompkins, G. L. 1975. A causal model of state welfare expenditures. *Journal of Politics* 37:392–416.

Truman, D. 1951. *The governmental process*. New York: Alfred Knopf.

Tyack, D. B. 1974. *The one best system*. Cambridge, Massachusetts: Harvard University Press.

United States Advisory Commission on Intergovernmental Relations. 1964. *The role of equalization in federal grants*. Washington, D.C.: Government Printing Office.

———. 1974. *Local revenue diversification: Incomes, sales tax, and user charges*. Washington, D.C.: Government Printing Office.

United States Congress, Congressional Budget Office. 1975. *New York City's fiscal problem: Its origins, potential repercussions, and some alternative policy responses*. Background paper no. 1, 10 October. Washington, D.C.: Government Printing Office.

United States Department of Commerce, Bureau of the Census. 1977. *Local government finances in selected metropolitan areas and large counties: 1975–76*. Government finances: GF 76, no. 6.

———. 1977. *Survey of current business: Business statistics*. Washington, D.C.: Government Printing Office.

United States House of Representatives, Subcommittee on Elementary, Secondary, and Vocational Education of the Committee on Education and Labor. 1977. *Title I—funds allocation: Hearing on H.R. 15*. 95th Congress, 1st Session.

United States Senate, Committee on Government Operations, Subcommittee on Intergovernmental Relations. 1969. The federal system as seen by federal aid officials. In *Cooperation and conflict: Readings in American federalism*, ed. by D. J. Elazar et al., pp. 331–38. Itasca, Illinois: F. E. Peacock.

Verba, S., and Nie, N. H. 1972. *Participation in America*. New York: Harper & Row.

Vidich, A. J., and Bensman, J. 1958. *Small town in mass society*. Princeton, New Jersey: Princeton University Press.

Ways, M. 1969. Creative federalism and the great society. In *Cooperation and conflict: Readings in American federalism*, ed. by D. J. Elazar et al., pp. 619–31. Itasca, Illinois: F. E. Peacock.

Weber, M. 1921. *The city*. New York: Collier Books.

Weicher, J. C. 1970. Determinants of central city expenditures: Some overlooked factors and problems. *National Tax Journal* 23:379–96.

White, T. H. 1969. *The making of the president 1968*. London: Jonathan Cape.

Wiebe, R. H. 1962. Businessmen and reform: A study of the progressive movement. Cambridge, Massachusetts: Harvard University Press.

Wildavsky, A. 1964. *Leadership in a small town*. Totowa, New Jersey: Bedminster Press.

Williams, O. P. 1971. *Metropolitan political analysis*. New York: Free Press.

Williams, O. P., and Adrian, C. R. 1963. *Four cities: A study of comparative policy making*. Philadelphia: University of Pennsylvania Press.

Wilson, J. Q. 1973. *Political organizations*. New York: Basic Books.

Wilson, W. J. 1978. *The declining significance of race*. Chicago: University of Chicago Press.

Wirt, F. M. 1974. *Power in the city: Decision making in San Francisco*. Berkeley and Los Angeles: University of California Press.

Wirt, F. M., and Kirst, M. W. 1972. *The political web of American schools*. Boston: Little, Brown.

Wolfinger, R. E. 1960. Reputation and reality in the study of community power. *American Sociological Review* 25:636–44.

———. 1971. Nondecisions and the study of local politics. *American Political Science Review* 65:1063–80.

———. 1974. *The politics of progress*. Englewood Cliffs, New Jersey: Prentice-Hall.

Wolfinger, R. E., and Field, J. O. 1966. Political ethos and the structure of city government. *American Political Science Review* 60:306–26.

Wood, R. C. 1958. *Suburbia*. Boston: Houghton Mifflin.

———. 1961. *1400 governments: The political economy of the New York metropolitan region*. Cambridge, Massachusetts: Harvard University Press.

Wright, D. S. 1975. Revenue sharing and structural features of American federalism. *Annals of the American Academy of Political and Social Science* 419:100–119.

Yates, D. 1977. *The ungovernable city: The politics of urban problems and policymaking*. Cambridge, Massachusetts: Massachusetts Institute of Technology Press.

Zeigler, H. M.; Jennings, M. K.; with Peak, G. W. 1974. *Governing American schools*. North Scituate, Massachusetts: Duxbury.

译后记

保罗·E.彼得森是哈佛大学肯尼迪政府学院 Henry Lee Shattuck 教授、教育政策与治理项目主管、美国艺术与科学院院士，学养高深，著述丰厚，在美国学术界享有盛誉。1967 年，彼得森教授在芝加哥大学获得政治学博士学位后，分别在芝加哥大学、布鲁金斯学会、斯坦福大学、哈佛大学从事教学和研究工作，研究领域主要是美国城市政治，特别是学校政治、美国联邦制和教育政策，他在这些领域出版的四本代表性著作，为他先后四次赢得美国政治学会的不同奖项。其中，由芝加哥大学出版社 1981 年出版的《城市极限》，获得当年的 Woodrow Wilson 基金会和美国政治学会最佳图书奖。

20 世纪七八十年代是美国政治的变革时期，也是城市政治的转型与变革时期。城市政治学理论同样经历了演进与创新，新旧交替，流派纷呈。经过种族政治的冲击和民权运动的洗礼，城市政治更加多元化，不同的阶层和集团基于自身的利益考虑，展开了对城市政治权力的争夺，以期实现自己的政策主张。新的利益诉求不断涌现，公共服务的支出需求前所未有地增加，给城市财政带来了巨大的压力，城市发展遂成为城市政治的主导。然而，这一时期城市发展的环境，特别是处于“冰雪带”的大工业城市的发展环境，却发生了历史性的逆转。东北部和中西部大多数工业城市在种族政治取得历史性进步的同时，发现城市经济也陷入了历史性的衰变之中。城市基础设施破败，投资环境恶化，税源流失，财政入不敷出，公共服务有心无力。因此，重建和发展成为城市政治的最大共识。

其时，城市政治学的研究也面临着山重水复疑无路的境地。在对精英政治理论提出系统性的批评之后，多元主义城市政治理论在 20 世纪六七十年代占据了主导地位。即便是增长机器理论和基于权力“两面性”的城市公共政策分析对之前的争论进行了新的修正和发展，也未能超越城市政治权力的单一维度。纠缠于对政治权力的片面观察和考证，局限了城市政治的研究视野，使得城市政治学研究如彼得森所言，“再次退至政治学专业的边缘”。

城市政治无论在现实中，还是在理论研究上，都需要跳出政治本身的局限。彼得森的《城市极限》恰逢其时：它提出的问题是许多城市，包括像纽约这样的超级城市所面对的财政窘境和发展困局，城市发展的经济动因势必凸显出来；在理论上，它跳出了权力政治的循环，将经济视角引入城市政治的研究，站在了城市政治学研究的转折点上。尽管《城市极限》走向了另一个极端，片面强调经济因素，Clarence Stone 把它视为“城市政治的经济学范式的老调重弹”，但正是在后来的学者对其进行批判的基础上，城市政治学的研究才得以进入了新政治经济学研究的主流。从这个意义来说，《城市极限》是一部里程碑式的著作，一出版便引起了学术界的广泛关注，饱受争议，成为西方城市政治学研究者的必读书目，取得了与 Robert Dahl 的《谁统治？》和 Clarence Stone 的《机制政治》在城市政治学中同等重要的地位。

彼得森的观点在学界聚讼纷纭，原因不在于他将城市政治和公共政策分为发展、分配与再分配三种类别和领域，而是他的经济决定论。彼得森认为，作为相互竞争的地方经济主体，城市关注的核心是发展，城市政治就是发展的政治。在政府间进行分工的联邦体制中，城市既无能力也无必要将有限的权力和资源用于居民的社会福利。城市政治由流动着的政治精英所主导，在竞争的压力和地方政治的局限之下，这些政治精英只对增长有兴趣。如果偏离了这个方向，城市政治受到再分配政治的主导，城市居民再分配的需求因而超出了支出的极限，等待这个城市的，将是纽约市1975年那样的财政破产。彼得森孤立地看待经济因素，将经济发展与城市政治相割裂的方法论，受到了以城市机制论为代表的城市政治经济学的不断批评，成为当前城市政治学主流范式形成的前奏。

对于本书的标题，译者曾经在发表的有关译文中将其译为"城市局限"。仔细揣摩本书的内涵，"limits"一词，"局限"和"极限"的含义都有。局限是静态和体制性的，意指在联邦体制中城市政治和经济资源的有限性；极限是动态和政策性的，意指源自城市局限的政治博弈界限和公共政策的边界，一旦突破，便可导致地方政府的失败。从本书对城市政治经济发展动因的强调着眼，译者几经反复，最后还是觉得"城市极限"较为贴切。另外，书中涉及经济学专业的词汇和用法甚多，不属于译者非常熟悉的领域，译文如有讹误之处，请读者批评、指正。

感谢中山大学中国公共管理研究中心暨城市治理研究所编译城市治理与城市发展经典译丛，使我有机会将自己喜爱的经典著作及其作者介绍给对此感兴趣的同行和其他读者，希望能够有利于对西方城市政治学的介绍和批评；感谢何艳玲教授、叶林教授以及《公共行政评论》杂志对我所从事工作的支持和帮助；感谢格致出版社麻俊生先生和顾悦编辑对翻译提供的意见和建议；感谢我的妻子、厦门大学出版社文字编辑杨木梅女士对译稿文字的校阅和修正，以及我的女儿妞妞对翻译进程的督促。

罗思东

2012年5月于厦大成智楼

图书在版编目(CIP)数据

城市极限 / (美)彼得森(Peterson, P. E.)著;罗思东译. —上海:格致出版社:上海人民出版社,2012

(城市治理与城市发展经典译丛)

书名原文:City Limits

ISBN 978-7-5432-2070-6

Ⅰ. ①城… Ⅱ. ①彼… ②罗… Ⅲ. ①地方政府-行政管理-研究-美国 Ⅳ. ①D771.232

中国版本图书馆 CIP 数据核字(2012)第 033984 号

责任编辑 顾 悦

装帧设计 人马艺术设计·储平

城市治理与城市发展经典译丛

城市极限

[美]保罗·E.彼得森 著

罗思东 译

出 版 世纪出版集团 www.ewen.cc 格致出版社 www.hibooks.cn 上海人民出版社

(200001 上海福建中路193号24层)

编辑部热线 021-63914988

市场部热线 021-63914081

发 行 世纪出版集团发行中心

印 刷 上海市印刷十厂有限公司

开 本 635×965 毫米 1/16

印 张 17

插 页 1

字 数 224,000

版 次 2012 年 6 月第 1 版

印 次 2012 年 6 月第 1 次印刷

ISBN 978-7-5432-2070-6/F·518

定 价 42.00 元

上海市版权局著作权合同登记号:图字 09-2010-564